2023
长沙统计年鉴
CHANGSHA STATISTICAL YEARBOOK

长沙市统计局
国家统计局长沙调查队 编

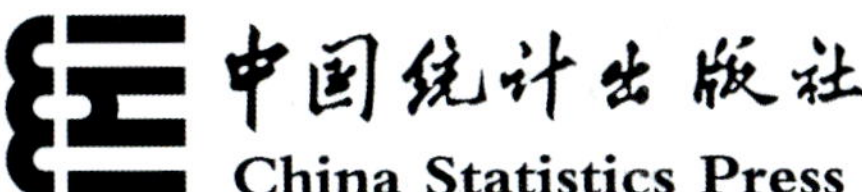

图书在版编目（CIP）数据

长沙统计年鉴. 2023 = Changsha Statistical Yearbook 2023 / 长沙市统计局，国家统计局长沙调查队编. —北京：中国统计出版社，2023.11

ISBN 978-7-5230-0295-7

Ⅰ. ①长… Ⅱ. ①长… ②国… Ⅲ. ①统计资料—长沙—2023—年鉴 Ⅳ. ①C832.641-54

中国国家版本馆CIP数据核字(2023)第199075号

长沙统计年鉴2023

作　　者 / 长沙市统计局　国家统计局长沙调查队
责任编辑 / 钟　钰
校　　对 / 王成亮
装帧设计 / 孔江陵
出版发行 / 中国统计出版社有限公司
地　　址 / 北京市丰台区西三环南路甲6号
邮政编码 / 100073
电　　话 / 邮购(010)63376909　书店(010)68783171
网　　址 / http://www.zgtjcbs.com
印　　刷 / 长沙市雅高彩印有限公司
经　　销 / 新华书店
开　　本 / 890 × 1240毫米　1/16
字　　数 / 432千字
印　　张 / 21　　彩页0.75
印　　数 / 1500册
版　　别 / 2023年11月第1版
版　　次 / 2023年11月第1次印刷
定　　价 / 280.00元

如有印装差错，由本社发行部负责调换。

户籍总人口（万人）

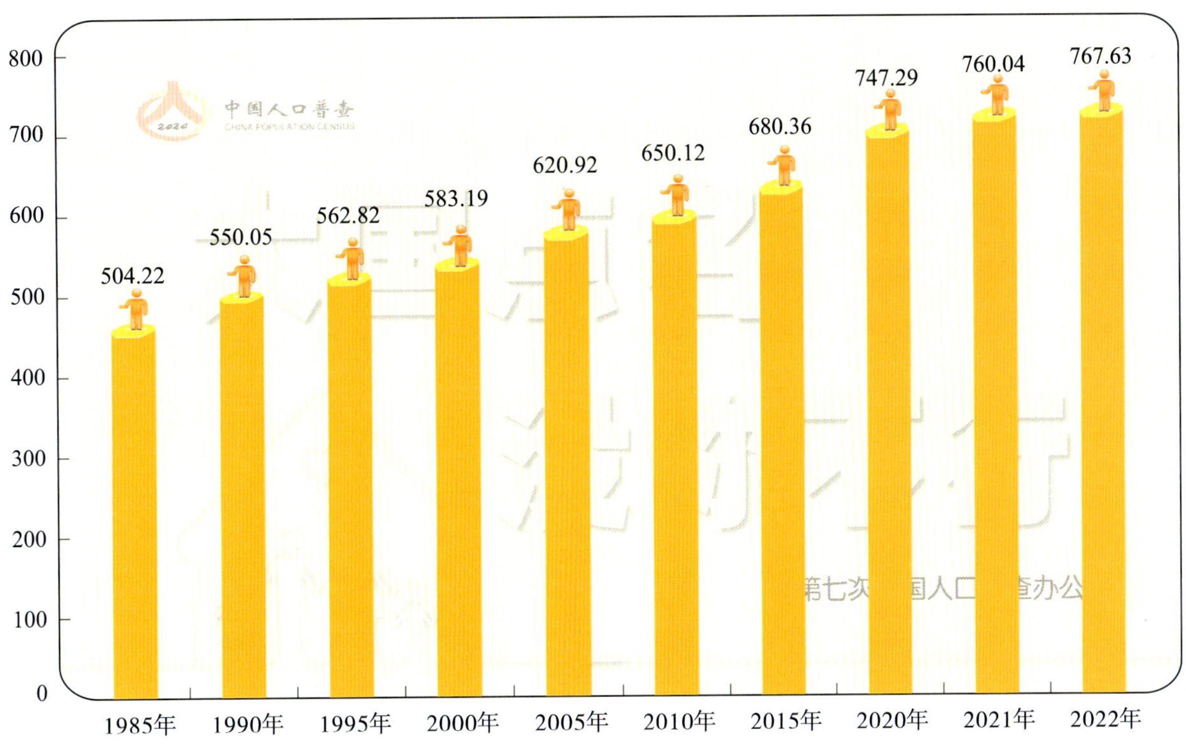

地区生产总值及增长速度（亿元、%）

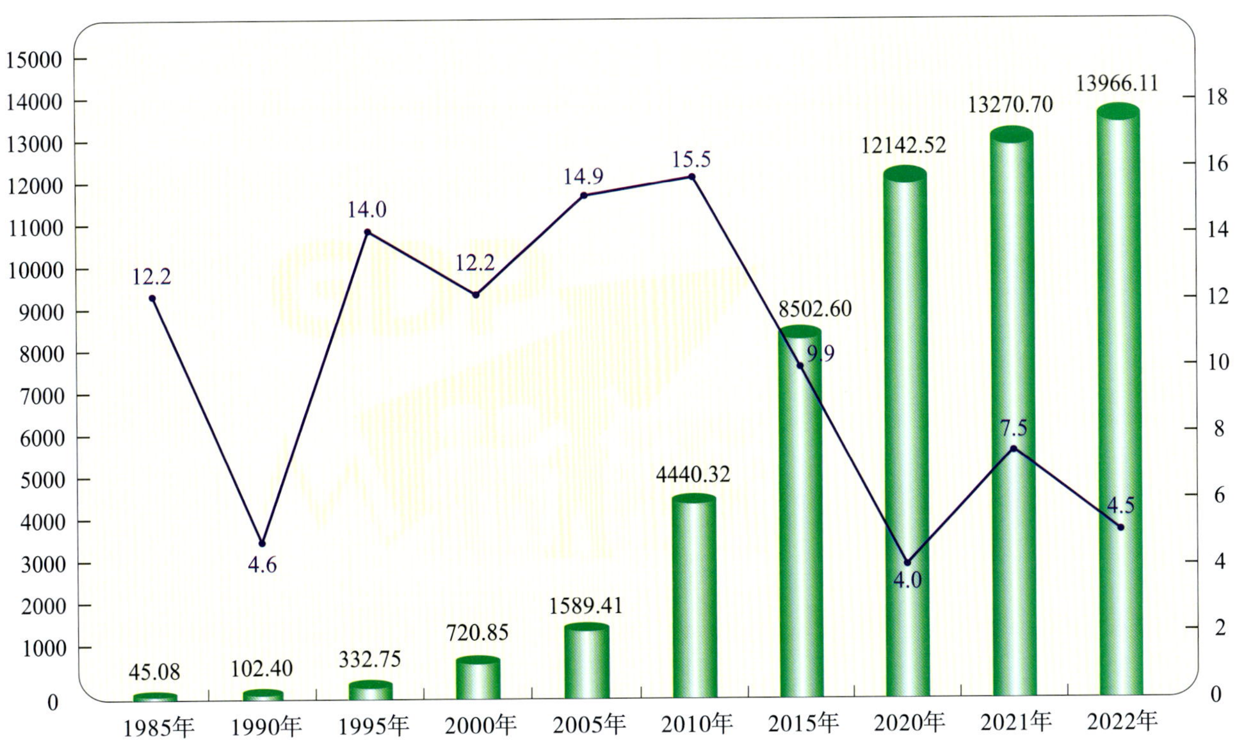

人均地区生产总值（元/人）

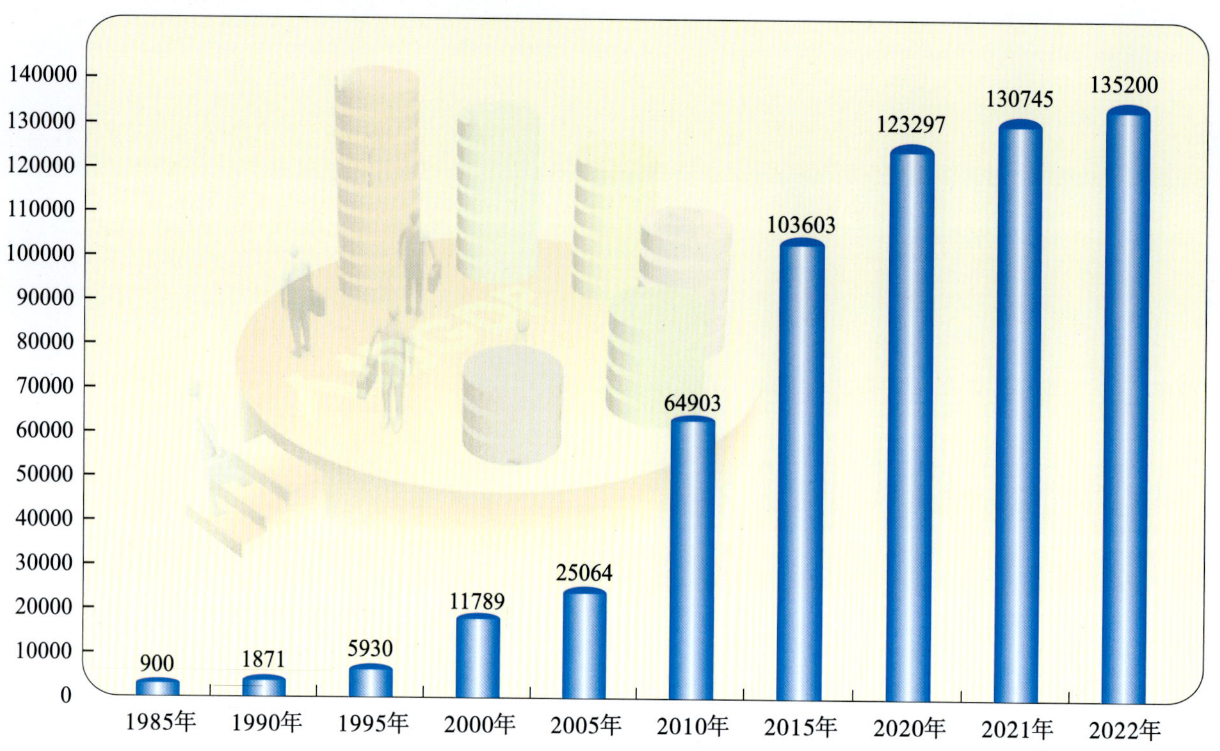

注：2000年以前人均地区生产总值按户籍人口计算，2000年以后按常住人口计算。

三次产业增加值（亿元）

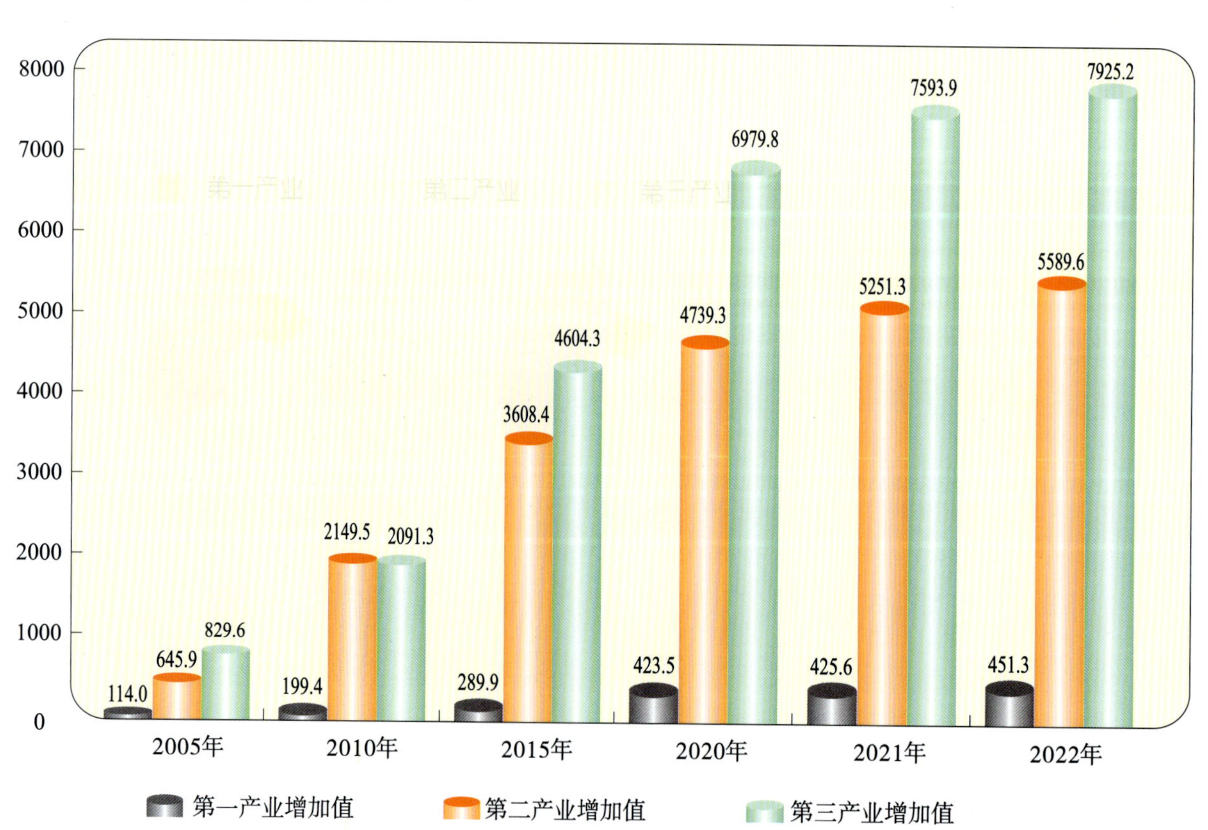

三次产业构成

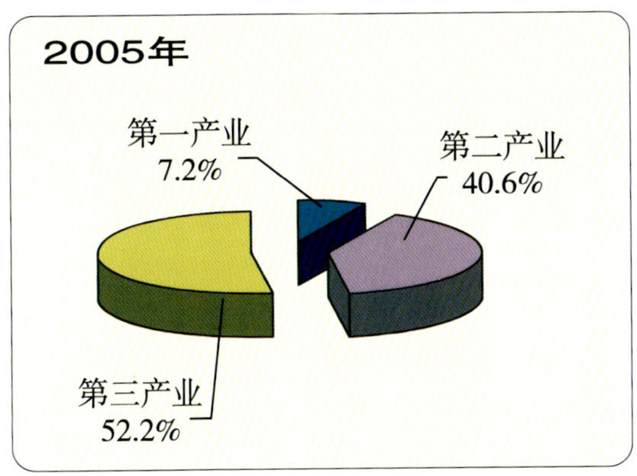

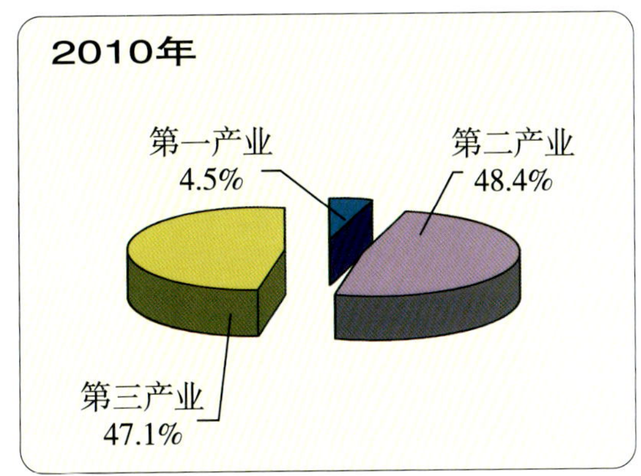

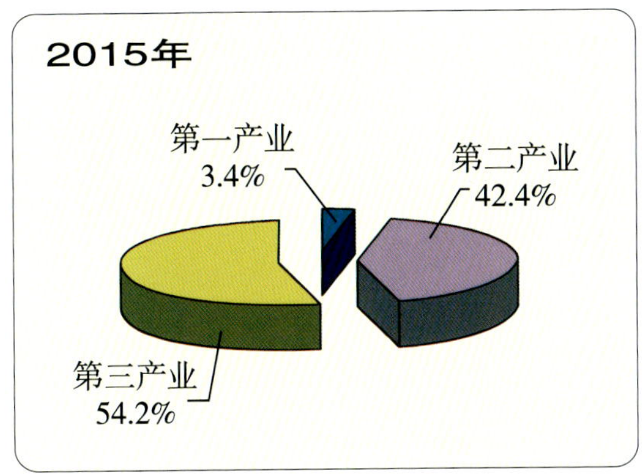

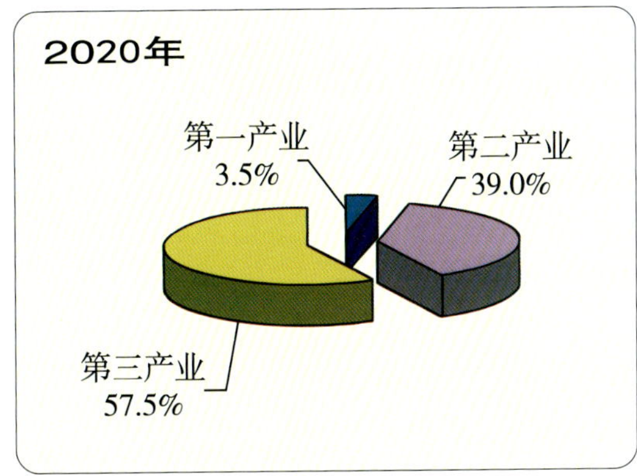

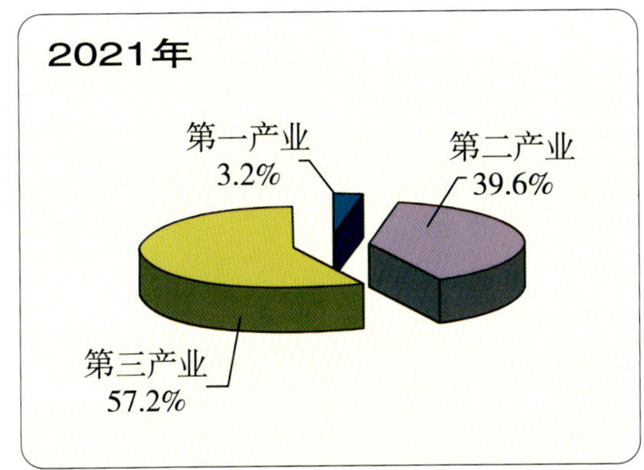

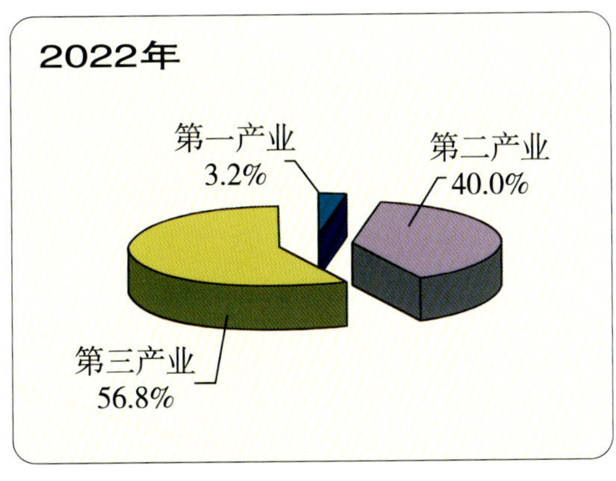

■ 第一产业　■ 第二产业　■ 第三产业

农林牧渔业总产值（亿元）

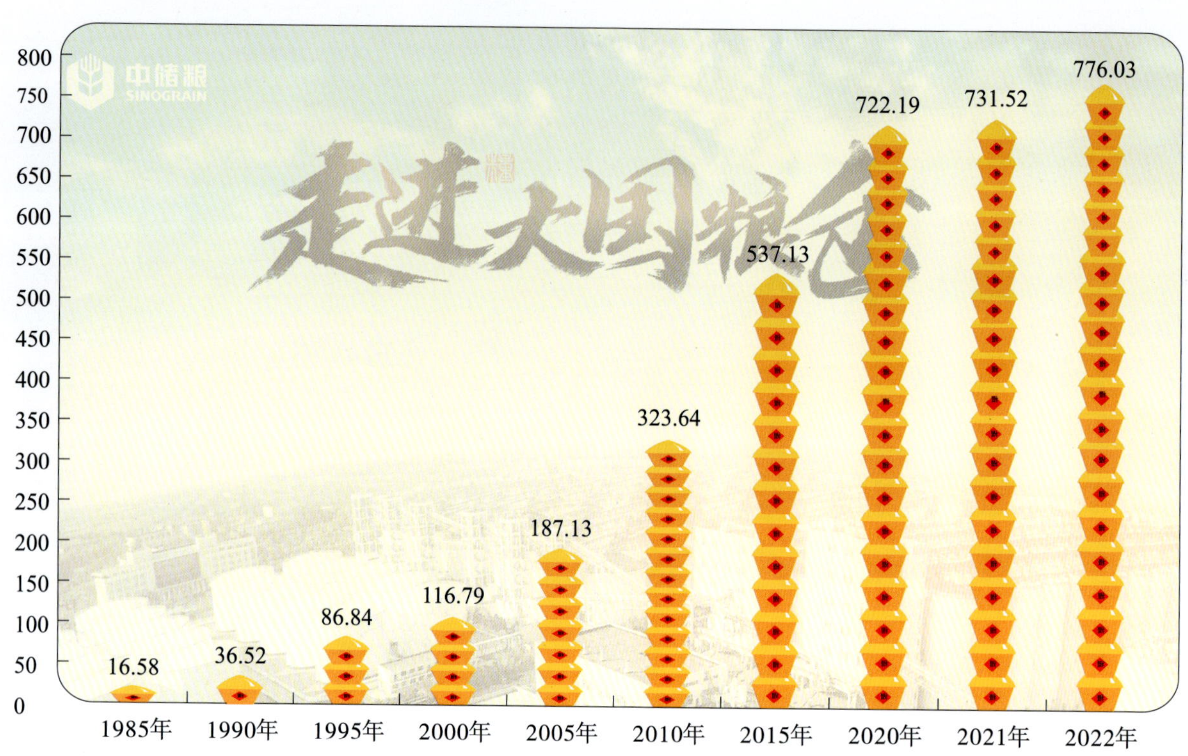

规模以上工业增加值增速（%）

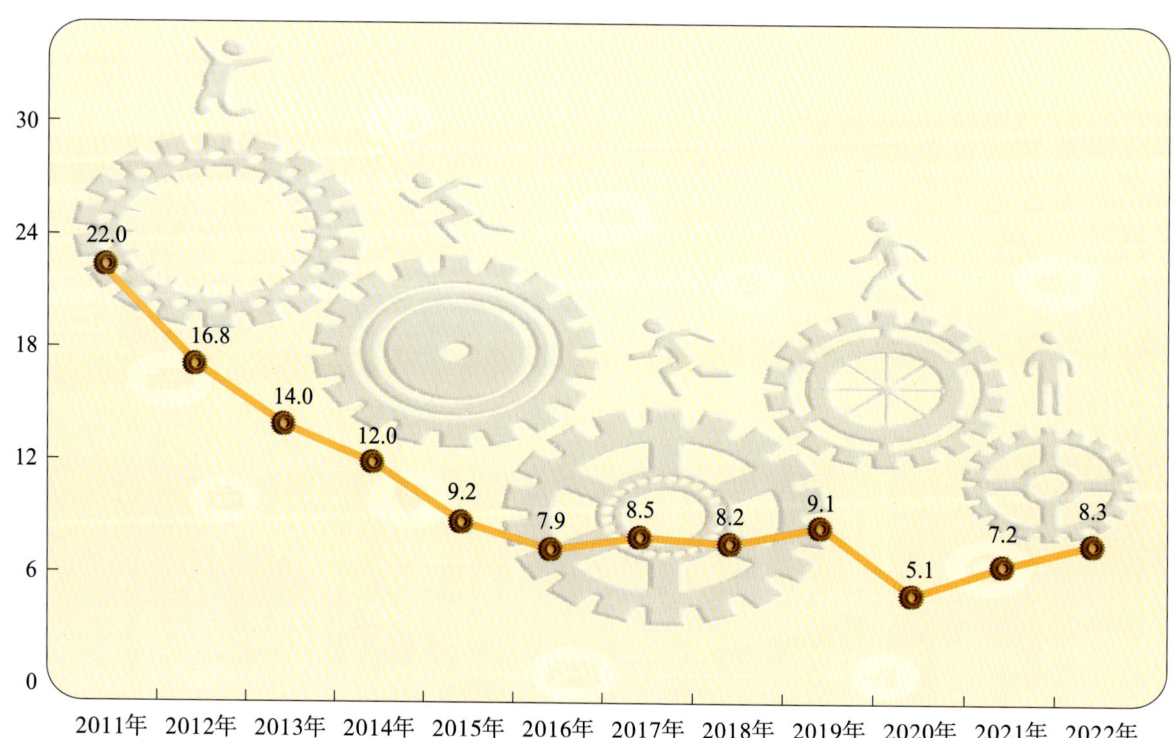

固定资产投资增速（%）

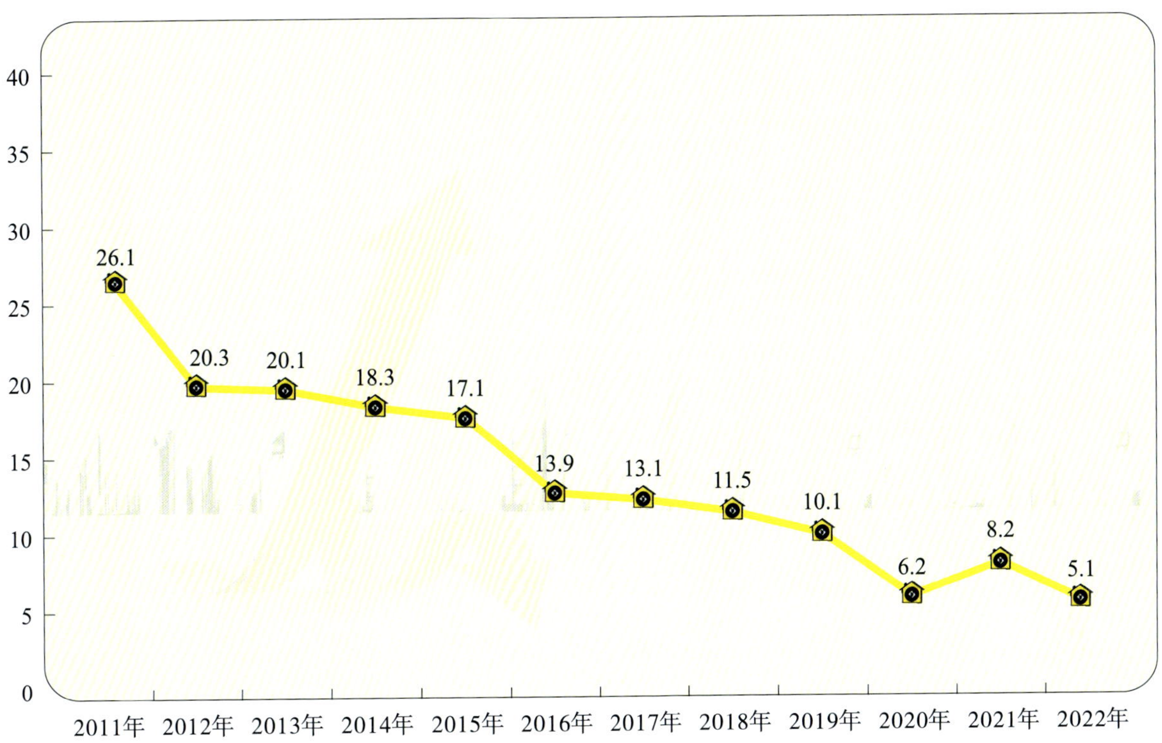

社会消费品零售总额（亿元）

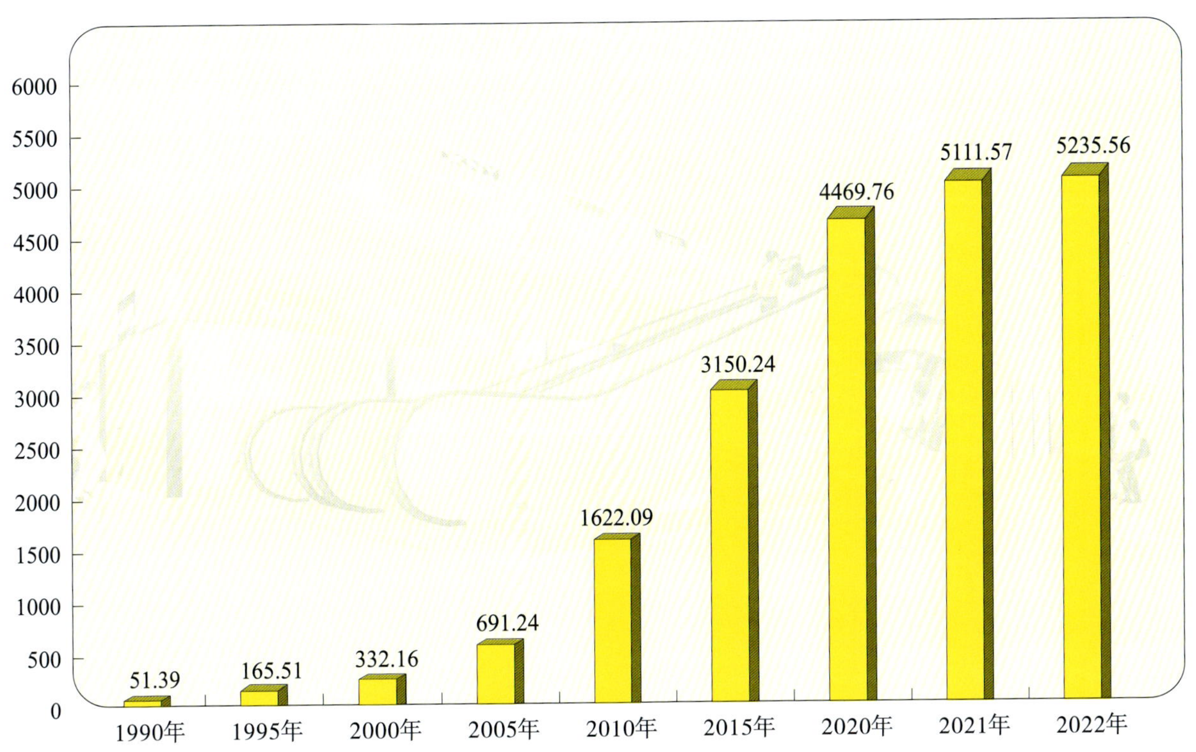

实际使用外商直接投资（亿美元）

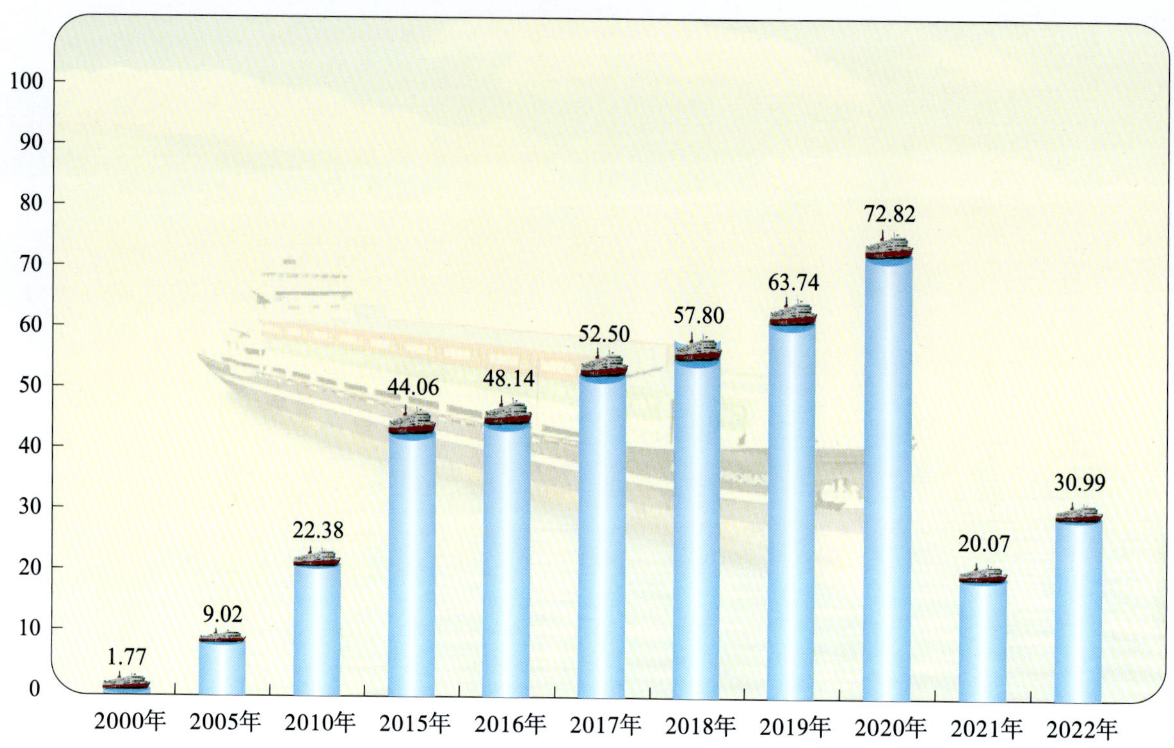

注：2021年开始实际利用外资数据使用商务部统计口径。

进出口总额（亿元）

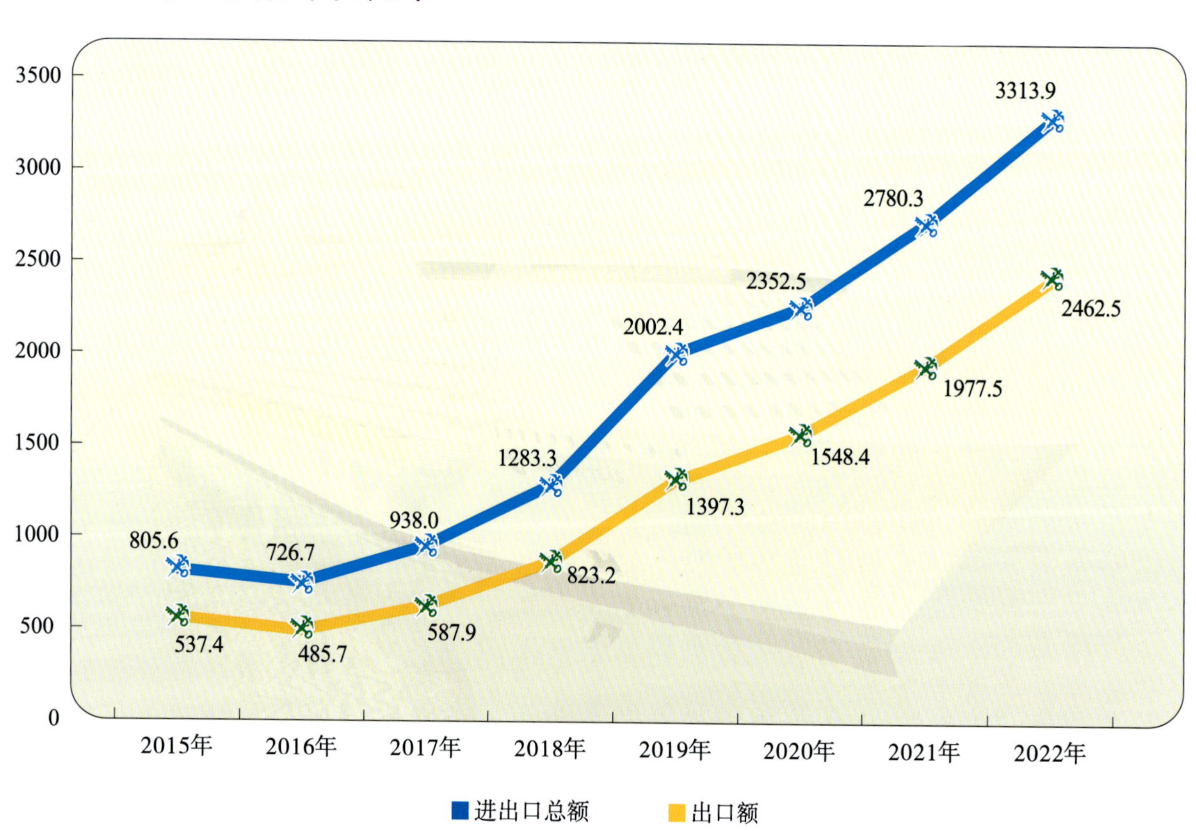

城乡居民储蓄余额（亿元）

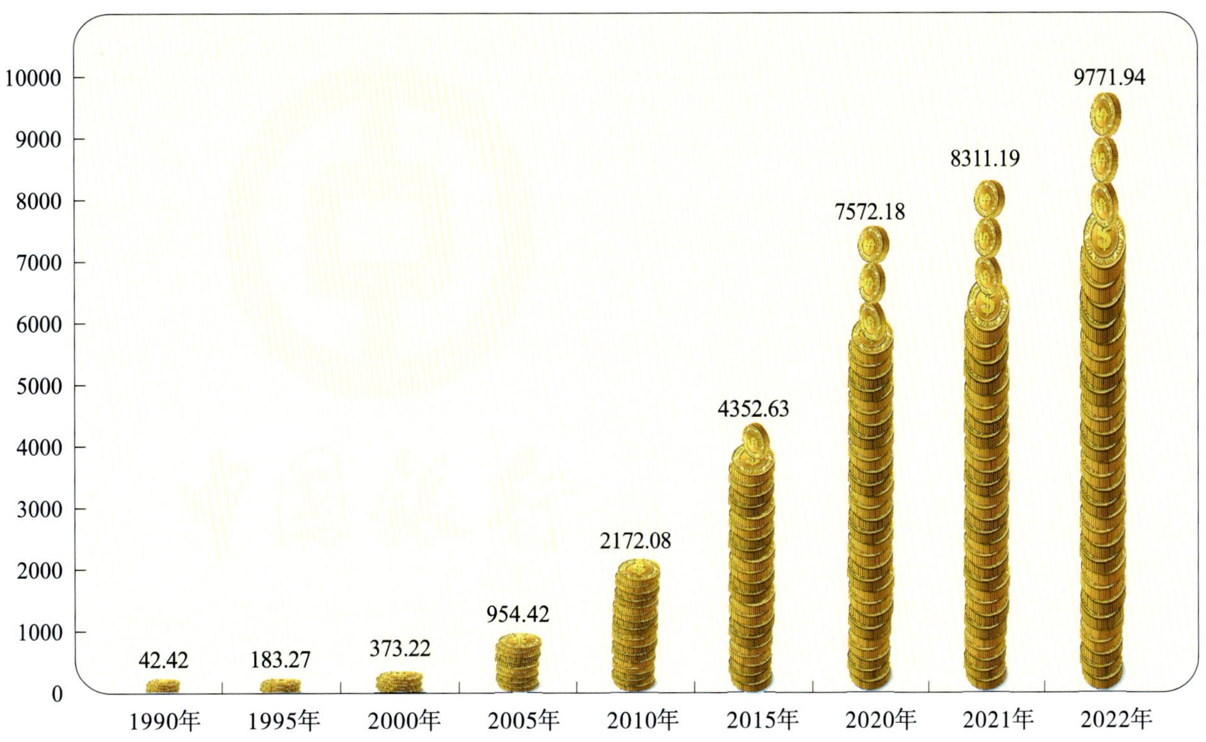

财政收入（亿元）

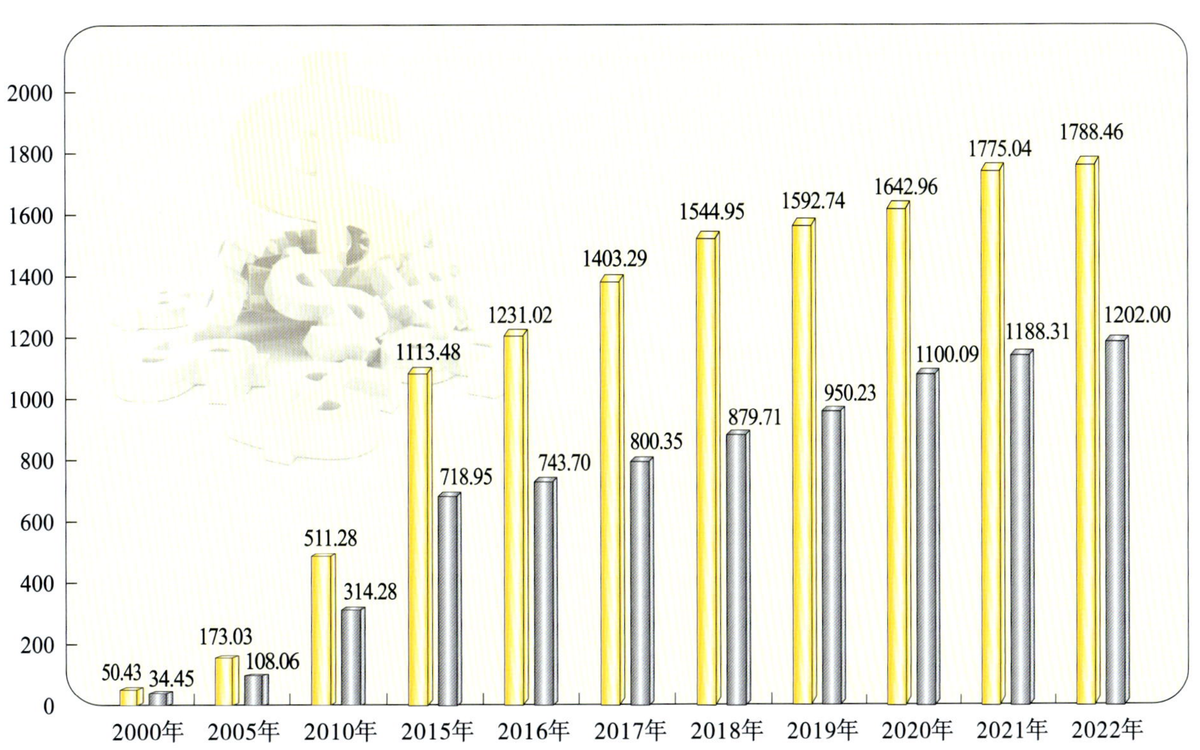

城镇居民人均可支配收入（元）

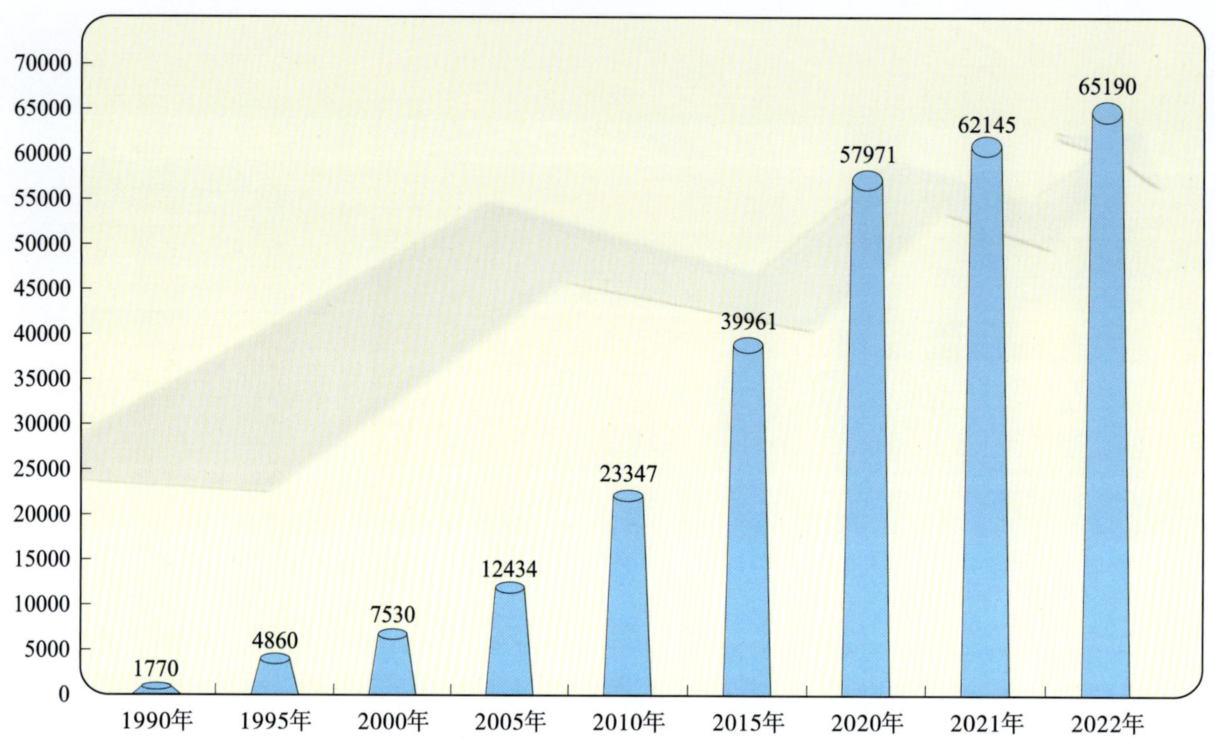

注：2012年以前为城市居民人均可支配收入，2013年开始为城镇居民人均可支配收入。

农村居民人均可支配收入（元）

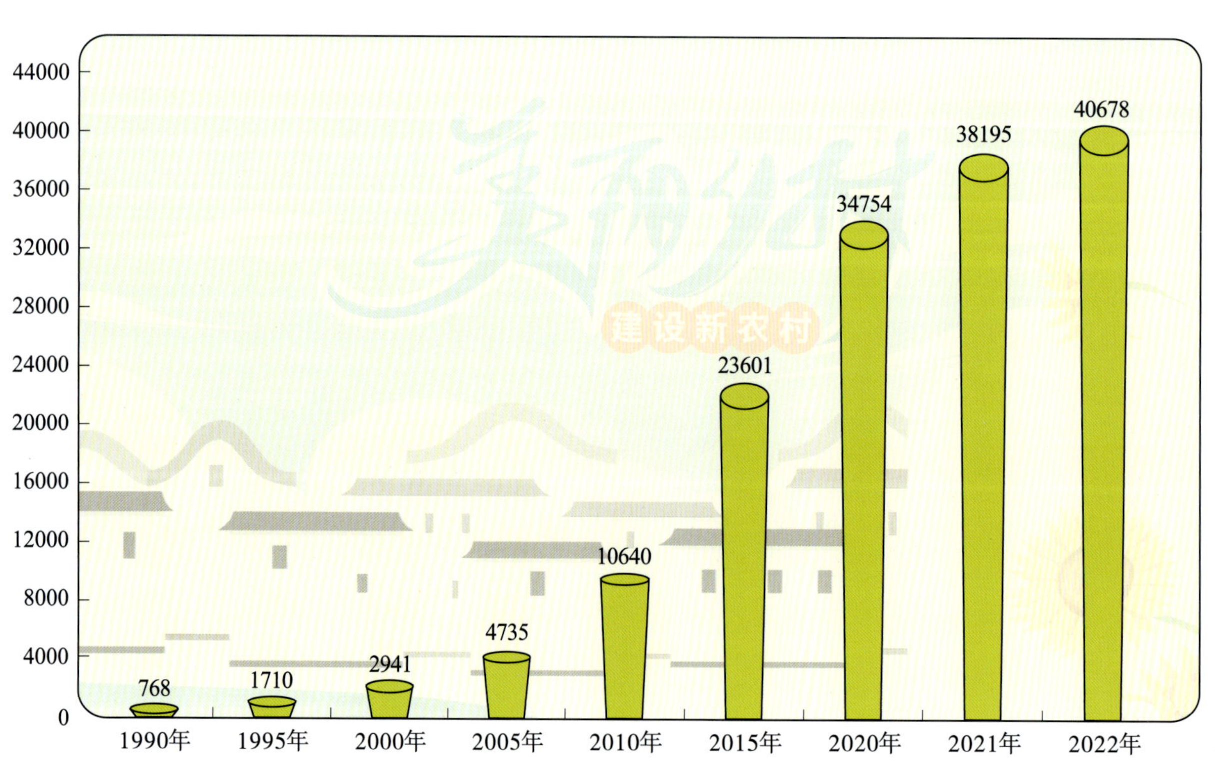

高等学校在校学生数（万人）

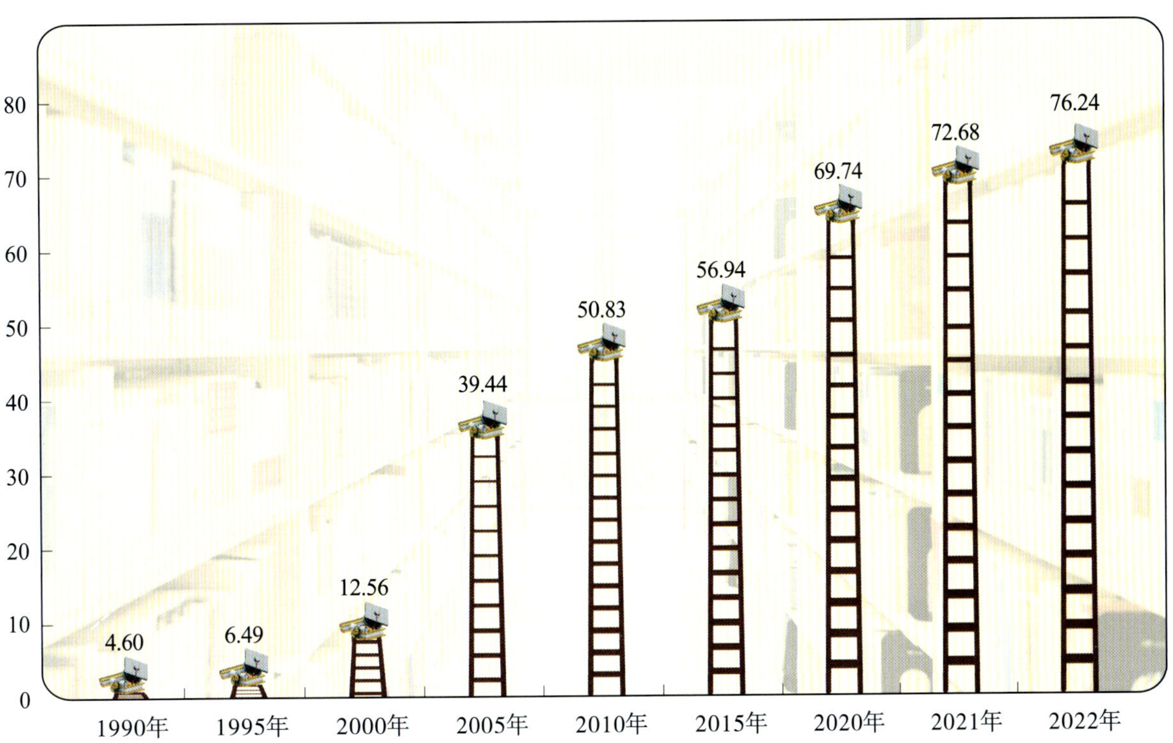

普通中学在校学生数（万人）

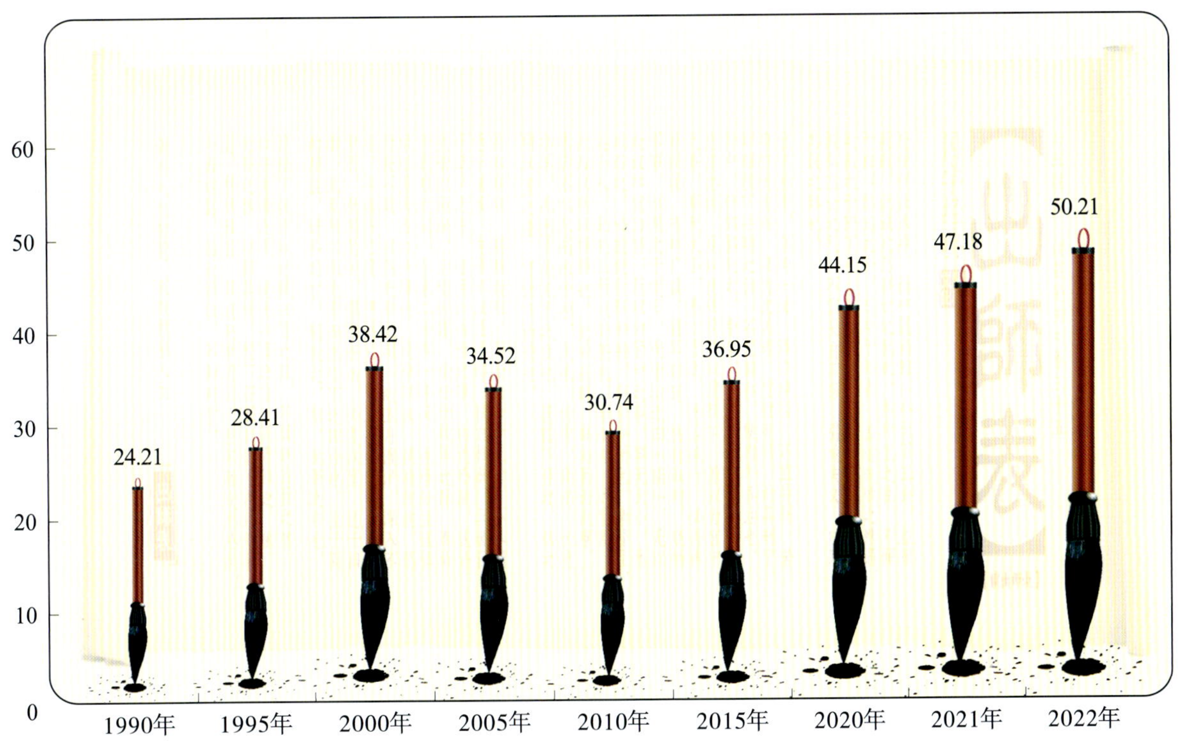

卫生技术人员（万人）

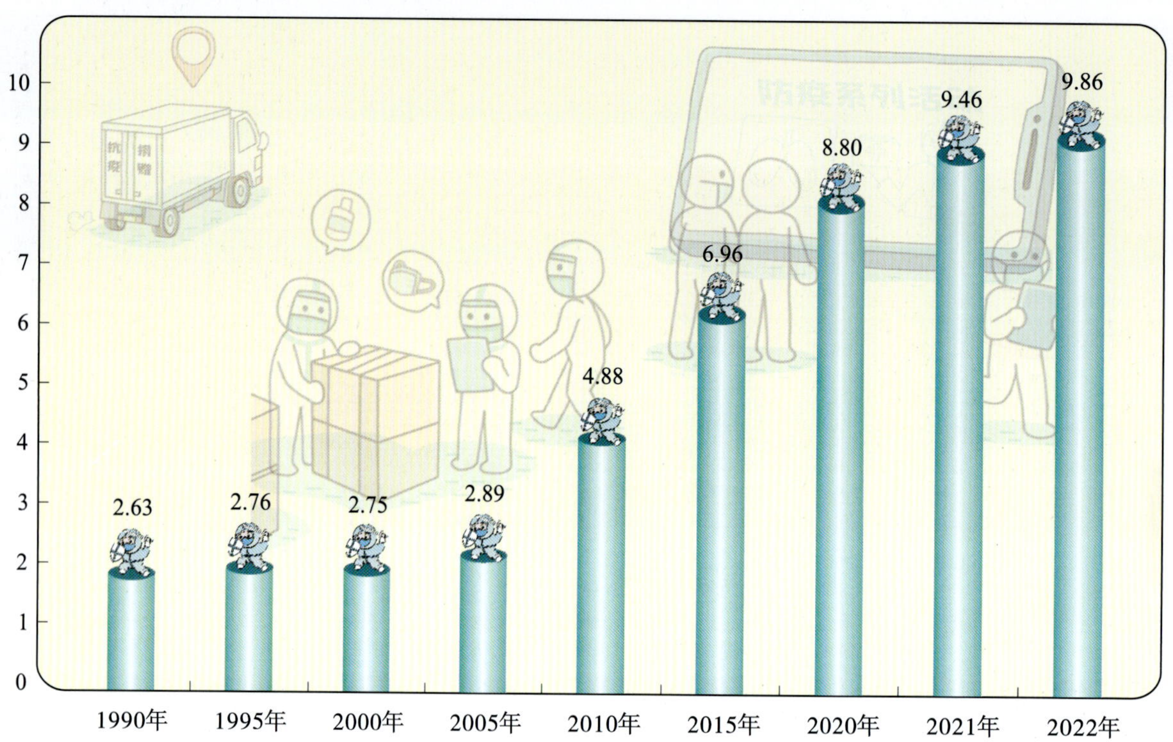

医疗病床数（万张）

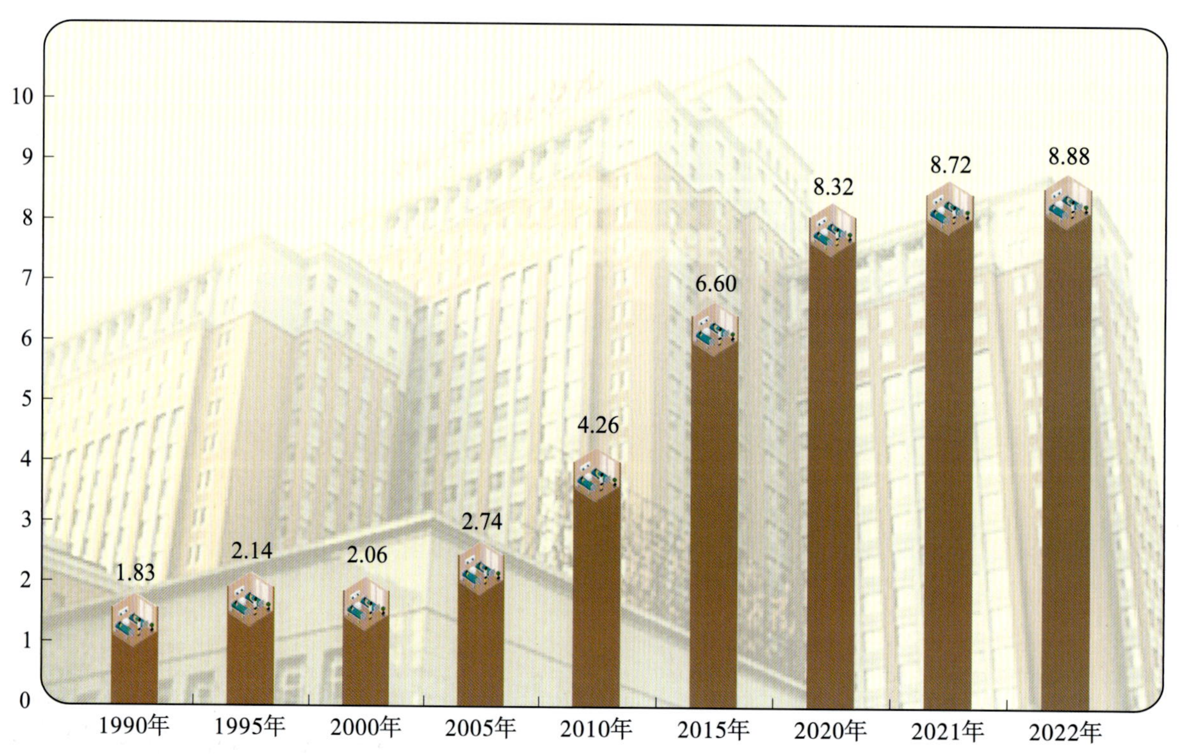

《长沙统计年鉴2023》

编委会和编辑工作人员

编者说明

一、《长沙统计年鉴2023》是一部全面反映长沙市国民经济和社会发展情况的资料性年刊。收录了全市及各区、县（市）2022年经济和社会发展方面的大量统计数据，以及重要历史年份的主要统计数据，还包括全国三十五个直辖市、省会和副省级城市主要经济社会指标对比资料，是一本社会各界全面、深入了解研究长沙的重要工具书。

二、《长沙统计年鉴2023》彩页部分以统计彩图的形式反映长沙市主要经济社会指标发展情况。本年鉴正文特载了《长沙市2022年国民经济和社会发展统计公报》，统计资料是本年鉴的主要内容，分为18个篇章，即：1. 综合；2. 国民经济核算；3. 人口、就业和职工工资；4. 固定资产投资、建筑业；5. 财政、金融、保险；6. 物价指数；7. 人民生活；8. 城市建设、环境保护；9. 农业；10. 工业；11. 运输和邮电；12. 国内外贸易、对外经济和旅游；13. 服务业；14. 教育和科技；15. 文化、体育、卫生；16. 区县（市）主要经济和社会指标；17. 全国三十五个直辖市、省会和副省级城市主要经济社会指标；18. 国民经济主要指标解释及计算方法。

三、本年鉴中2022年的统计数据主要源于统计年报（或年快报），部分来自抽样调查或部门统计。全国其他城市数据取自相关资料，最终数据以各地统计局发布为准。

四、本年鉴部分数据合计数或相对数由于单位取舍不同及四舍五入处理所产生的计算误差均未作机械调整。

五、本年鉴按照《中国统计年鉴》的大体框架和规范要求编辑。统一使用《中国统计年鉴》指标解释，统一采用国际度量标准计量单位。

六、本年鉴中特载《2022年长沙市国民经济和社会发展统计公报》使用的数据为快报数或初步统计数。

七、本年鉴中的符号使用说明："#"表示其中的主要项；"空格"表示指标数据无该项统计数据或无法收集到该项数据或数据不足最小计量单位；其他符号在表下有注解。

八、本年鉴编辑中如有不足之处，恳请广大读者批评指正。

目　　录

2022 年长沙市国民经济和社会发展统计公报 …………………………………………………… 1

一、综　　合

自然环境 ………………………………………………………………………………………… 9
1—1　行政区划 ………………………………………………………………………………… 10
1—2　国民经济主要综合指标 ………………………………………………………………… 12
1—3　国民经济主要指标平均递增速度 ……………………………………………………… 16
1—4　主要指标日均水平 ……………………………………………………………………… 18
1—5　主要指标人均水平 ……………………………………………………………………… 20
1—6　长沙市主要经济指标占湖南省的比重(2022 年) ……………………………………… 22

二、国民经济核算

2—1　历年地区生产总值(按当年价格计算) ………………………………………………… 24
2—2　历年地区生产总值构成 ………………………………………………………………… 26
2—3　历年地区生产总值环比指数(按可比价格计算,以上年为 100) ……………………… 27
2—4　历年地区生产总值定基指数(按可比价格计算,以 1978 年为 100) ………………… 28

三、人口、就业和职工工资

3—1　历年人口数 ……………………………………………………………………………… 33

3—2 历年城镇化率 …… 35
3—3 历年人口自然变动情况 …… 36
3—4 历年市区人口自然变动情况 …… 38
3—5 历年县(市)人口自然变动情况 …… 40
3—6 历年婚姻登记情况 …… 42
3—7 历年在岗职工人数与工资 …… 43
3—8 单位从业人员和劳动报酬情况(2022年) …… 44
3—9 年末分行业在岗职工人数 …… 46
3—10 全社会从业人员(2022年) …… 48
3—11 历年城镇失业情况 …… 48

四、固定资产投资、建筑业

4—1 2011－2022年固定资产投资分类别增长情况 …… 51
4—2 2011－2022年固定资产投资分行业增长情况 …… 52
4—3 主要年份房地产开发及商品房销售主要指标 …… 54
4—4 房地产开发投资完成情况(2022年) …… 55
4—5 房地产施工竣工及销售主要指标(2022年) …… 56
4—6 主要年份建筑业生产主要指标完成情况 …… 57
4—7 建筑业企业生产情况(2022年) …… 58
4—8 主要年份建筑业财务状况 …… 62
4—9 建筑业企业财务状况(2022年) …… 64

五、财政、金融、保险

5—1 主要年份财政收支情况 …… 73
5—2 主要年份财政收支增长速度 …… 74
5—3 财政收入 …… 75
5—4 财政支出 …… 76
5—5 主要年份金融统计指标 …… 77

5—6 金融机构消费贷款(2022 年) …… 78
5—7 金融机构存贷款(本外币)(2022 年) …… 78
5—8 金融机构存贷款(人民币)(2022 年) …… 79
5—9 财产保险公司业务主要指标(2022 年) …… 79
5—10 人寿保险公司业务主要指标(2022 年) …… 80

六、物价指数

6—1 历年物价总指数(上年=100) …… 83
6—2 重要年份定基物价指数 …… 85
6—3 商品零售价格指数(2022 年)(上年=100) …… 89
6—4 居民消费价格指数(2022 年)(上年=100) …… 90
6—5 居民消费价格指数(分月)(2022 年)(上年同期=100) …… 91
6—6 商品零售价格指数(分月)(2022 年)(上年同期=100) …… 92
6—7 工业生产者出厂价格指数(2022 年)(上年=100) …… 93
6—8 原材料、燃料、动力购进价格指数(2022 年)(上年=100) …… 94
6—9 房地产价格指数(2022 年 12 月) …… 94

七、人民生活

7—1 历年城镇居民调查户基本情况 …… 97
7—2 历年城镇居民家庭人均可支配收入情况 …… 98
7—3 历年城镇居民调查户人均消费支出情况 …… 99
7—4 城镇居民分区、县(市)家庭人均可支配收入情况(2022 年) …… 100
7—5 城镇居民分区、县(市)家庭人均消费支出情况(2022 年) …… 100
7—6 2000—2022 年农村居民家庭调查户基本情况 …… 101
7—7 历年农村居民家庭人均可支配收入情况 …… 102
7—8 历年农村居民家庭人均消费支出情况 …… 103
7—9 农村居民分区、县(市)家庭人均可支配收入情况(2022 年) …… 104
7—10 农村居民分区、县(市)家庭人均消费支出情况(2022 年) …… 104

八、城市建设、环境保护

8—1 2009—2022 年城市公共交通情况 …… 107
8—2 2000—2022 年城市房屋发展状况及住房水平 …… 107
8—3 2000—2022 年城市自来水、供气、用电供应情况 …… 108
8—4 2000—2022 年城市环境卫生基本情况 …… 110
8—5 2000—2022 年市政设施基本情况 …… 111
8—6 2000—2022 年城市园林、绿化情况 …… 112
8—7 2000—2022 年城市环境污染和治理情况 …… 113

九、农　　业

9—1 历年农、林、牧、渔业总产值(按现行价格计算) …… 117
9—2 历年粮食总产量 …… 120
9—3 历年耕地面积 …… 122
9—4 历年生猪、水产品生产情况 …… 124
9—5 农村基层组织情况与农业生产条件(2022 年) …… 126
9—6 主要农产品生产情况(2022 年) …… 128
9—7 茶叶、水果生产情况(2022 年) …… 136
9—8 畜牧业生产情况(2022 年) …… 138
9—9 渔业生产情况(2022 年) …… 140
9—10 农林牧渔业总产值(2022 年) …… 142

十、工　　业

10—1 历年工业总产值 …… 149
10—2 历年工业总产值指数 …… 151
10—3 规模以上工业企业主要产品产量 …… 155
10—4 1998—2017 年规模以上工业企业主要经济指标 …… 156
10—5 规模以上工业企业主要经济指标(2022 年) …… 158

10—6 规模以上国有及国有控股工业企业主要经济指标(2022 年) …… 176
10—7 规模以上大中型工业企业主要经济指标(2022 年) …… 188
10—8 规模以上工业企业主要能源按行业分组消费量(2022 年) …… 200
10—9 规模以上工业企业能源购进、消费及库存(2022 年) …… 204
10—10 规模以上工业企业能源加工转换与回收利用表(2022 年) …… 205
10—11 主要耗能规模以上工业企业单位产品能源消耗情况 …… 206
10—12 规模以上工业企业用水情况(2022 年) …… 207

十一、运输和邮电

11—1 2000—2022 年全社会客、货运输量 …… 211
11—2 陆运工具情况 …… 213
11—3 电信业务基本情况 …… 214
11—4 邮政业务基本情况 …… 215
11—5 民用车辆拥有量(2022 年) …… 216

十二、国内外贸易、对外经济和旅游

12—1 历年社会消费品零售总额 …… 219
12—2 分行业社会消费品零售总额 …… 220
12—3 限额以上批发和零售业法人企业经营情况(2022 年) …… 221
12—4 限额以上住宿和餐饮业法人企业经营情况(2022 年) …… 222
12—5 批发和零售业连锁经营情况 …… 223
12—6 住宿和餐饮业连锁经营情况 …… 223
12—7 限额以上批发企业主要财务状况(2022 年) …… 224
12—8 限额以上零售企业主要财务状况(2022 年) …… 228
12—9 限额以上住宿企业主要财务状况(2022 年) …… 232
12—10 限额以上餐饮企业主要财务状况(2022 年) …… 236
12—11 亿元以上商品交易市场基本情况(2022 年) …… 240
12—12 亿元以上商品交易市场摊位分类情况(2022 年) …… 241

12—13 利用外商直接投资 …… 242
12—14 对外贸易进出口总值 …… 242
12—15 主要进出口商品总值 …… 243
12—16 进出口商品主要产销国别(地区)总值 …… 244
12—17 旅游业基本情况 …… 245
12—18 接待入境游客按国别(地区)分 …… 246

十三、服务业

13—1 规模以上服务业企业财务状况(2022 年) …… 248

十四、教育和科技

14—1 历年高等学校情况 …… 255
14—2 历年中等职业学校情况 …… 257
14—3 历年普通中学情况 …… 259
14—4 历年小学情况 …… 261
14—5 历年高考录取人数 …… 263
14—6 历年高校研究生数 …… 264
14—7 历年技工学校情况 …… 265
14—8 高考录取情况(2022 年) …… 266
14—9 大学基本情况(2022 年) …… 266
14—10 成人高等学历教育基本情况(2022 年) …… 267
14—11 普通中学、小学情况(2022 年) …… 267
14—12 特殊教育学校情况 (2022 年) …… 268
14—13 幼儿园情况 (2022 年) …… 268
14—14 全社会 R&D 活动基本情况(2022 年) …… 269
14—15 规模以上工业企业 R&D 活动人员情况(2022 年) …… 270
14—16 规模以上工业企业按活动类型分 R&D 经费内部支出情况 (2022 年) …… 272
14—17 规模以上工业企业按经费来源分 R&D 经费内部支出情况(2022 年) …… 274

14—18 规模以上工业企业按支出用途分 R&D 经费内部支出情况(2022 年) …… 276
14—19 规模以上工业企业科技活动产出情况(2022 年) …… 278
14—20 规模以上工业企业新产品开发项目情况 (2022 年) …… 280

十五、文化、体育、卫生

15—1 历年文化事业发展情况 …… 285
15—2 历年出版事业发展情况 …… 287
15—3 历年市、县属广播事业发展情况 …… 289
15—4 历年市、县训练体育干部、举办运动会情况 …… 291
15—5 历年卫生事业发展情况 …… 292
15—6 医疗机构诊疗人数 (2022 年) …… 294
15—7 医疗机构入院、出院人数(2022 年) …… 294

十六、区县(市)主要经济和社会指标

16—1 区县(市)年末户籍户数和人口数(2022 年) …… 297
16—2 历年分区县(市)年末户籍人口 …… 298
16—3 区县(市)人口自然变动情况(2022 年) …… 299
16—4 区县(市)人口机械增长情况(2022 年) …… 299
16—5 历年分区县(市)年末常住人口 …… 300
16—6 历年分区县(市)年末常住城镇人口 …… 301
16—7 历年分区县(市)年末常住人口城镇化率 …… 301
16—8 区县(市)地区生产总值(2022 年) …… 302
16—9 区县(市)地区生产总值增长速度(2022 年) …… 303
16—10 区县(市)规模以上工业企业主要经济指标(2022 年) …… 304
16—11 区县(市)单位 GDP 能耗上升或下降 …… 304
16—12 区县(市)单位 GDP 电耗上升或下降 …… 305
16—13 区县(市)房地产主要指标完成情况 …… 305
16—14 区县(市)财政收入(2022 年) …… 306

16—15　区县(市)财政支出(2022 年) …… 308
16—16　区县(市)社会消费品零售总额 …… 309

十七、全国三十五个直辖市、省会和副省级城市主要经济社会指标

全国三十五个城市主要经济社会指标(2022 年) …… 313

十八、国民经济主要指标解释及计算方法

国民经济主要指标解释及计算方法 …… 323

2022 年长沙市国民经济和社会发展统计公报[1]

2022 年,面对复杂严峻的国际环境和疫情新发多发等因素挑战,全市上下奋力实施强省会战略,大力实施稳经济一揽子政策措施,高效统筹疫情防控和经济社会发展,全市经济运行持续恢复、稳中提质,结构调整积极推进,活力动力持续增强,民生保障扎实有力,高质量发展取得明显成效。

一、综　　合

初步核算,全年地区生产总值[2] 13966.11 亿元,比上年增长 4.5%。分产业看,第一产业增加值 451.30 亿元,比上年增长 3.6%;第二产业增加值 5589.58 亿元,增长 6.2%;第三产业增加值 7925.24 亿元,增长 3.4%。第一、二、三产业对经济增长的贡献率分别为 2.8%、53.6% 和 43.6%。第一、二、三产业增加值占地区生产总值的比重分别为 3.2%、40.0% 和 56.8%。

全年一般公共预算收入 1788.46 亿元,比上年增长 0.8%,其中地方一般公共预算收入 1202.00 亿元,增长 1.2 %。一般公共预算支出 1566.26 亿元,比上年增长 1.7%。

图 1　2018－2022 年一般公共预算收入和地方一般公共预算收入

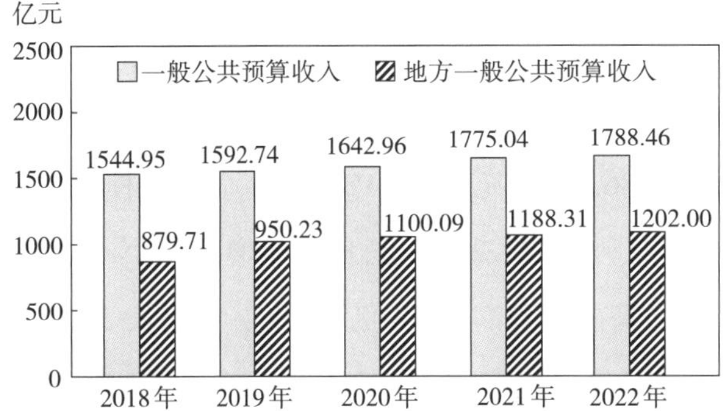

全年居民消费价格比上年上涨 1.7%,涨幅增加 0.6 个百分点;商品零售价格上涨 3.3%,涨幅增加 1.3 个百分点。

表 1　2022 年居民消费价格比上年涨跌幅度

指　　标	比上年上涨(%)
居民消费价格	1.7
食品烟酒	1.3
食品	1.7
# 粮食	2.7
食用油	4.9
菜及食用菌	0.4
畜肉类	-3.9
水产品	-2.2
蛋类	8.9
衣着	1.8
居住	0.9
生活用品及服务	1.4
交通通信	6.2
教育文化娱乐	0.1
医疗保健	0.4
其他用及服务	1.2

全年新增城镇就业人员 15.11 万人,年末城镇登记失业率为 1.54%。

二、农　　业

全年实现农林牧渔业增加值 481.75 亿元,比上年增长 3.7%。其中,农林牧渔专业及辅助性活动增加值 30.45 亿元,比上年增长 6.3%。

图 2　2018－2022 年农林牧渔业增加值

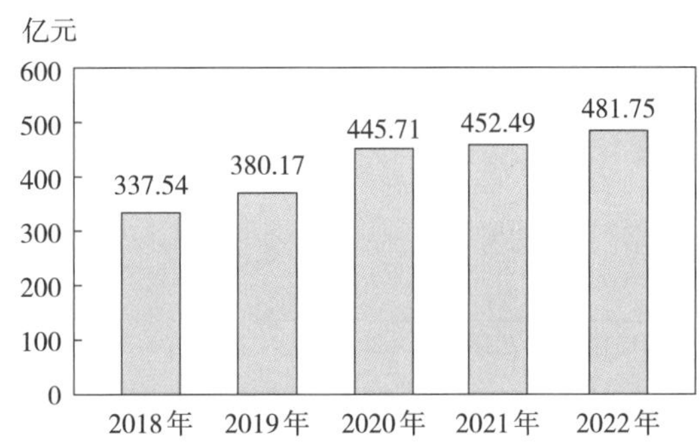

全年粮食播种面积 31.11 万公顷,比上年下降 0.7%,其中稻谷播种面积 28.51 万公顷,下降 0.5%。油料种植面积 5.82 万公顷,增长 1.2%。出栏肉猪 367.78 万头,增长 1.6%。

表2　2022年主要农产品产量及其增长速度

产品名称	计量单位	产　量	比上年增长(%)
粮　食	万吨	210.01	-2.8
油　料	万吨	10.67	2.5
茶　叶	万吨	4.97	5.5
禽　蛋	万吨	4.81	-0.4
水产品	万吨	12.37	2.5
出栏肉猪	万头	367.78	1.6
牛　奶	万吨	0.59	40.5

年末农民专业合作社12486家,入社农户31.9万户,参与农户44.6万户。

全年农业机械总动力632.7万千瓦,水稻耕种收综合机械化水平为85.25%。

推进各项重点水利工程建设,全年全市完成水利建设项目120个,完成投资约27.75亿元。

三、工业和建筑业

全年全部工业增加值比上年增长7.1%,其中规模以上工业增加值增长8.3%;工业增加值占GDP的比重为29.3%,比上年提升0.5个百分点。在规模以上工业中,分经济类型看,国有企业增加值比上年增长9.5%,股份制企业增长12.2%,外商及港澳台商投资企业下降6.6%。分门类看,采矿业增加值下降2.4%,制造业增长8.7%,电力、热力、燃气及水生产和供应业增长3.7%。

图3　2018－2022年全部工业增加值增长速度

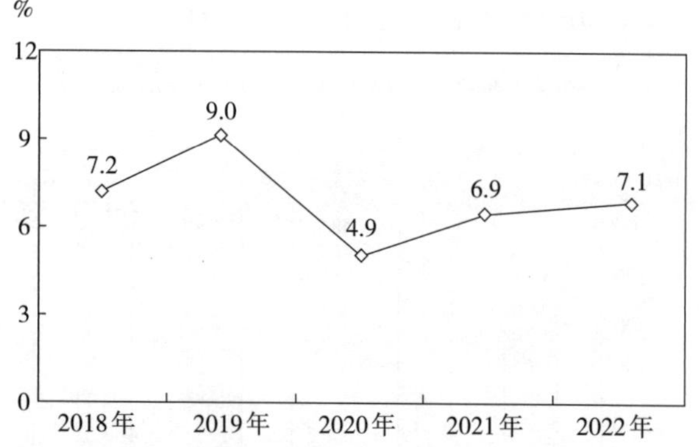

全年规模以上工业中,高技术制造业增加值比上年增长16.6%,装备制造业增长10.9%,计算机、通信和其他电子设备制造业增长15.4%,汽车制造业增长54.6%,烟草制品业增长10.1%,有色金属冶炼和压延加工业增长27.4%,电气机械和器材制造业增长29.2%。省级及以上产业园区增加值比上年增长10.2%,占规模以上工业的比重为68.7%。

表3　2022年规模以上工业主要产品产量及其增长速度

产品名称	计量单位	产　量	比上年增长(%)
饲料	万吨	239.20	2.3
精制食用植物油	万吨	24.44	6.8
酱油	万吨	19.38	-5.2
乳制品	万吨	36.29	-7.9
精制茶	万吨	2.18	-7.2
服装	万件	2174.55	-8.2
化学药品原药	万吨	5.01	2.0
焰火制品	亿元	337.68	16.5
家具	万件	160.99	0.3
水泥	万吨	587.37	-13.0
商品混凝土	万立方米	2629.16	-7.1
挖掘机	万台	1.36	-0.2
混凝土机械	万台	2.64	-21.6
服务机器人	套	10777	158.8
工业机器人	套	8938	31.8
汽车	万辆	71.96	50.0
锂离子电池	万只	2194.77	-8.1
光电子器件	亿只	147.42	7.0
移动通信手持机	万台	4280.48	155.0
自来水生产量	万立方米	138598.02	4.5

全年规模以上工业企业营业收入9957.65亿元,比上年增长13.1%。分门类看,采矿业营业收入32.81亿元,比上年增长18.4%;制造业9638.75亿元,增长13.1%;电力、热力、燃气及水生产和供应业286.10亿元,增长12.1%。全年规模以上工业企业利润624.28亿元,比上年增长1.8%。分门类看,采矿业利润1.47亿元,比上年增长24.0%;制造业595.92亿元,增长2.5%;电力、热力、燃气及水生产和供应业26.89亿元,下降12.9%。

全年建筑业增加值1503.04亿元,比上年增长4.0%。全市具有建筑业资质等级的独立核算企业完成建筑业总产值7361.67亿元，比上年增长7.9%；房屋竣工面积9623.41万平方米，下降1.9%。

四、固定资产投资

全年固定资产投资比上年增长5.1%，其中民间投资增长0.9%。分投资方向看，工业投资增长5.2%，基础设施投资增长0.9%，高新技术产业投资增长7.9%。

表4　2022年固定资产投资增长速度

指　　标	比上年增长(%)
固定资产投资(不含农户)	5.1
第一产业	2.5
第二产业	5.2
其中:采矿业	33.9
制造业	3.2
电力、热力、燃气及水生产和供应业	-12.1
建筑业	109.3
第三产业	5.1
其中:交通运输、仓储和邮政业	4.9
信息传输、软件和信息技术服务业	23.8
批发和零售业	-27.4
住宿和餐饮业	-39.1
金融业	-55.9
房地产业	8.3
租赁和商务服务业	-3.9
科学研究和技术服务业	49.0
水利、环境和公共设施管理业	-9.7
居民服务、修理和其他服务业	-24.1
教育	17.9
卫生和社会工作	17.8
文化、体育和娱乐业	4.6
公共管理、社会保障和社会组织	-13.4

全年房地产开发投资2424.93亿元，比上年增长8.4%。全年商品房销售面积1699.36万平方米，比上年下降34.8%；商品房销售额1789.72亿元，下降31.7%。

五、国内贸易

全年社会消费品零售总额5235.56亿元，比上年增长2.4%。按经营单位所在地分，城镇消费品零售额4697.78亿元，增长2.4%；乡村消费品零售额537.78亿元，增长3.0%。按消费类型分，餐饮收入478.15亿元，增长0.8%；商品零售4757.42亿元，增长2.6%。

表5　2022年社会消费品零售总额及其增长速度

指　　标	零售额(亿元)	比上年增长(%)
社会消费品零售总额	5235.56	2.4
按经营单位所在地分:		
城镇	4697.78	2.4
其中:城区	3748.50	2.9
乡村	537.78	3.0
按行业分:		
批发业	640.34	4.1
零售业	4113.13	2.4
住宿业	51.87	-0.2
餐饮业	430.22	0.6
按消费类型分:		
餐饮收入	478.15	0.8
商品零售	4757.42	2.6

限额以上单位商品零售额比上年增长4.1%。分类别看，粮油、食品类零售额增长2.1%；服装、鞋帽、针纺织品类下降16.4%；化妆品类下降30.0%；金银珠宝类下降8.1%；日用品类下降23.6%；书报杂志类增长20.2%；家用电器和音像器材类下降32.0%；中西药品类增长17.2%；文化办公用品类增长100.2%；石油及制品类增长14.0%；汽车类增长8.0%。

六、交通和邮电

全年电信业务总量154.26亿元(2021年不变价)，比上年增长20.9%；邮政业务总量147.06亿元(2020

年不变价)，增长12.4%。邮电业务收入270.57亿元，增长9.8%，其中电信业务收入145.14亿元，增长9.1%；邮政业务收入125.43亿元，增长10.8%。年末本地固定电话用户138.79万户，比上年末下降4.0%；移动电话用户1420.59万户，增长3.8%；年末互联网宽带用户531.43万户，增长8.7%。

七、对外经济和旅游

全年进出口总额[3]3313.9亿元人民币(折合497.6亿美元)，比上年增长21.0%。其中，出口总额2462.5亿元，增长27.3%；进口总额851.4亿元，增长6.0%。在出口总额中，机电产品1096.2亿元，占比44.5 %；高新技术产品348.3亿元，占比14.1 %。在进口总额中，机电产品343.8元，占比40.4%；高新技术产品291.8亿元，占比34.3 %。

图4　2018－2022年进出口总额

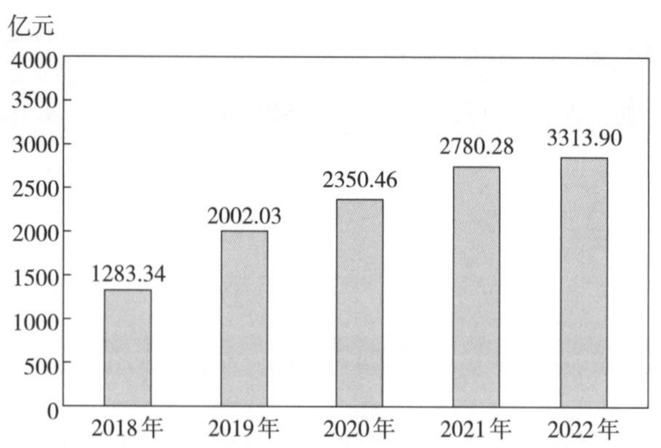

全年实际利用外资金额30.99亿美元，比上年增长54.4%。全年实际到位省外境内资金2299.96亿元，比上年增长13.4%。

全年接待国内外旅游者11994.42万人次；旅游总收入1316.87亿元。

八、金　　融

年末金融机构各项存款余额(本外币合计，下同)27882.56亿元，比年初增加2534.05亿元，其中住户存款余额9771.94亿元，比年初增加1460.69亿元。年末金融机构各项贷款余额29853.42亿元，比年初增加2618.31亿元，其中短期贷款余额5608.84亿元，比年初增加329.71亿元；中长期贷款余额22883.31亿元，比年初增加2051.46亿元。

全年保险公司原保险保费收入578.18亿元，比上年增长10.6%，其中财产保险公司原保险保费收入201.98亿元，增长9.5%；人身保险公司原保险保费收入376.2亿元，增长11.2%。赔付支出195.06亿元，增长7.7%。

九、教育和科学技术

年末全市有普通高校52所，普通高中119所，初中学校267所，普通小学882所。在学研究生8.66万人，比上年末增长3.7%；普通高校在校学生76.24万人，增长4.9%；普通高中在校学生18.96万人，增长8.0%；普通初中在校学生31.25万人，增长5.5%；普通小学在校学生81.50万人，增长7.1%；幼儿园在园幼儿42.53万人，下降0.9%。小学适龄儿童入学率101.6%，小学升初中入学率104.3%。全年共投入学生免费入学和资助经费14.48亿元，全市所有义务教育阶段218.93万人次学生全部享受了免杂费入学，执行公办教育收费标准的206.1万人次学生全部享受了“一费制”(含课本费、教辅资料费和作业本费)全免入学，在长沙市就读的18.4万名外来务工人员子女，全部享受免杂费、免“一费制”入学。全年补助了15.24万人次农村家庭经济困难寄宿学生生活费。

图5　2018－2022年高等学校、普通中学在校学生数

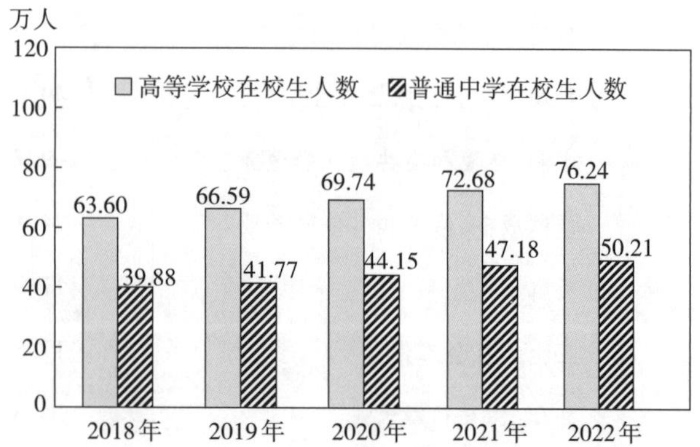

全年授权专利45602件，比上年增长2.3%；签订技术合同23003项，成交金额823.57亿元。高新技术产业增加值比上年增长11.0%。

十、文化、卫生和体育

年末全市有艺术表演团体 11 个,文化馆 10 个,公共图书馆 12 个,博物馆(纪念馆)15 个,档案馆 14 个。

年末全市有卫生机构(含村卫生室)5036 个,其中医院、卫生院 339 个;卫生防疫、防治机构 13 个;妇幼保健机构 11 个。卫生技术人员 9.86 万人,比上年增加 0.40 万人,其中执业医师、执业助理医师 3.68 万人,增加 0.14 万人;注册护士 4.80 万人,增加 0.19 万人。卫生机构床位 8.88 万张,增加 0.16 万张,其中医院、卫生院 7.99 万张,增加 0.11 万张。

图 6　2018－2022 年卫生技术人员数

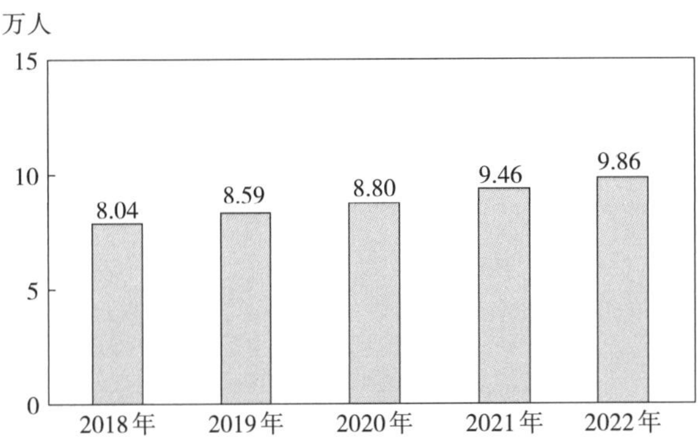

全年开展全民健身项目 210 项次(市级、区县、乡镇街道三级),全民健身运动参加人数达 698 万人。年末拥有各级健身辅导站 960 个,各类体育场地 19888 个。

十一、环境、节能和安全生产

全年全市 32 个国控、省控地表水考核断面平均水质优良率和达标率均为 100%,其中Ⅰ类水质断面 2 个,占 6.2%;Ⅱ类水质断面 26 个,占 81.2%;Ⅲ类水质断面 4 个,占 12.5%;无Ⅳ类、Ⅴ类、劣Ⅴ类水质断面。

全年全社会用电量 516.79 亿千瓦时,比上年增长 6.6%。其中,工业用电量 202.37 亿千瓦时,增长 3.3%;城乡居民生活用电量 160.18 亿千瓦时,增长 10.8%。

全年生产安全事故死亡人数 229 人,比上年下降 3.8%;亿元 GDP 各类安全事故死亡人数 0.0164 人,下降 8.4%;道路交通事故死亡人数 472 人,下降 0.6%;万车死亡人数 1.35 人,下降 8.8%。

十二、人民生活和社会保障

年末全市常住总人口 1042.06 万人,比上年末增长 1.8%。城镇化率为 83.27%,比上年末提高 0.11 个百分点。按户籍人口计算,人口出生率为 7.84‰,死亡率为 7.25‰,自然增长率为 0.59‰。

全年城镇居民人均可支配收入 65190 元,比上年增长 4.9%。其中,人均工资性收入 36367 元,增长 4.4%;人均经营净收入 8474 元,增长 4.7%;人均财产净收入 8262 元,增长 5.3%;人均转移净收入 12087 元,增长 6.3%。城镇居民人均消费支出 42936 元,增长 3.9%。在城镇居民消费分类中,食品烟酒人均消费 11358 元,增长 2.5%;衣着人均消费 2649 元,增长 1.0%;居住人均消费 7986 元,增长 3.0%;生活用品及服务人均消费 3103 元,增长 3.7%;交通通信人均消费 4836 元,增长 7.1%;教育文化娱乐人均消费 9026 元,增长 5.9%;医疗保健人均消费 3032 元,增长 4.4%;其他用品和服务人均消费 945 元,增长 0.9%。城镇居民平均每百户家庭拥有家用汽车 69.6 台,空调 272.8 台,计算机 89.5 台。城镇居民人均自有现住房建筑面积 41.7 平方米。

全年农村居民人均可支配收入 40678 元,比上年增长 6.5%。农民人均消费支出 29309 元,增长 5.9%。农村居民平均每百户家庭拥有家用汽车 65.1 台,计算机 41.0 台,移动电话机 319.8 台。农村居民人均自有现住房建筑面积 61.3 平方米。

年末参加全市劳动保障部门城镇职工基本养老保险的人数达 465.63 万人,基本养老金社会化发放率达 100 %;参加城镇居民养老保险人数为 10.59 万人,参加新型农村养老保险人数为 245.01 万人;参加城镇职工基本医疗保险人数为 358.61 万人,增长 5.2%。参加失业保险职工人数为 236.63 万人,增长14.2%，全年新增领取失业保险金人数为5.18万人；参加工伤保险职工人数为198.01万人，增长9.6%；参加生育保险人数为299.92万人，增长30.7%；参加城乡居民医疗保险人数为488.95万人。

注释：[1]本公报部分数据为初步统计数，部分数据因四舍五入的原因，存在与分项合计不等的情况。本公报部分数据为初步统计数，部分数据因四舍五入的原因，存在与分项合计不等的情况。

[2]地区生产总值、三次产业及相关行业增加值绝对值按现价计算，增长速度按不变价计算。

[3]进出口数据来自星沙海关。

1 综　合

长沙统计年鉴

自 然 环 境

位置：

长沙位于中国东南部，湖南省东部偏北，湘江下游和长浏盆地西缘。地域范围为东经111°53′～114°15′，北纬27°51′～28°41′。东临江西省宜春地区和萍乡市，南接株洲、湘潭两市，西连娄底、益阳两市，北抵岳阳、益阳两市。

地貌：

长沙地形复杂，湘江两岸形成地势低平的冲积平原，其东西两侧及东南面为地势较高的低山、丘陵。东有属于湘赣边雁阵式山系的大围山，其主峰七星岭，海拔1607.9米，为全市最高处，望城区乔口镇西侧湛湖海拔23.5米，为全市最低处。市区地势为南高北低，南郊的金盆岭、豹子岭，海拔在100米以上。北郊的浏阳河、捞刀河和湘江的汇合处，海拔仅30米，成为市区最低点。

面积：

长沙东西长约230公里，南北宽约88公里。2022年全市土地面积11816.0平方公里，其中市区面积2150.9平方公里，建成区面积577平方公里。

河流：

长沙市区属湘江水系。湘江自湘潭昭山流经长沙县西南边境，然后由南向北纵贯市区，经望城区乔口出境。经过市境的长度有74公里，其间流入湘江的支流有15条，其中较大的有浏阳河、捞刀河、靳江、沩水。

气候：

长沙属亚热带季风气候。由于位居盆地内部，距海较远，受冬夏季风转换，地势向北倾斜等因素的影响，气候温和，四季分明。2022年长沙市年平均气温18.9℃，极端最高温度为40.8℃，极端最低温度为零下2.2℃，降雨量1445.3毫米，总日照时数为1646.8小时。

自然资源：

长沙市地下矿藏种类多，以非金属矿具特色。已查明的有铁、锰、钒、铜、铅、锌、硫、磷、海泡石、重晶石、菊花石、煤等50余种，矿点300多处。植被以亚热带常绿阔叶林为主，有自然生长和引进栽培树102科、977种，其中常绿树462种，落叶树515种，乔木457种，灌木414种，竹藤类106种。主要林木有松、杉、栎、樟、楠、椿、茶、油茶、柑橘、毛竹等。1985年市八届人大常委会通过，市人民政府公布香樟为市树，杜鹃花为市花。

1-1 行 政 区 划

年份 地区	市辖区数	市辖县（市）数	土地面积（平方公里）	镇 数
1949	5		112	
1965	4	1	3995	
1978	5	2	3995	7
1990	5	4	11818.50	21
2000	5	4	11819.46	75
2009	5	4	11819.46	86
2010	5	4	11816.00	85
2011	6	3	11816.00	88
2012	6	3	11816.00	82
2013	6	3	11816.00	79
2014	6	3	11816.00	80
2015	6	3	11816.00	67
2016	6	3	11816.00	68
2017	6	3	11816.00	68
2018	6	3	11816.00	69
2019	6	3	11816.00	69
2020	6	3	11816.00	69
2021	6	3	11816.00	69
2022	6	3	11816.00	69
芙蓉区	1		42.68	
天心区	1		137.40	
岳麓区	1		538.83	2
开福区	1		188.73	
雨花区	1		292.20	1
望城区	1		951.06	5
长沙县		1	1755.62	13
浏阳市		1	4997.35	27
宁乡市		1	2912.09	21

单位:个

街道办事处数	居民委员会数	乡 数	村民委员会数
59	18	11	
25	201	60	1145
39	329	84	1096
35	535	210	2987
50	763	46	3111
57	578	27	1236
59	590	26	1226
62	638	22	1187
82	689	19	1170
94	714	15	1169
94	715	14	1169
94	719	7	1165
94	724	6	765
95	651	6	891
96	683	5	884
96	705	5	878
96	735	5	876
96	749	5	875
96	759	5	870
13	75		5
14	87		12
17	138		51
16	105		9
12	141		26
11	43		117
5	103		114
4	26	1	299
4	41	4	237

1-2　国民经济主要综合指标

指　标	单　位	1949年	1965年	1978年	1990年	1995年
一、土地面积	平方公里	112	3995	3995	11818	11819.5
# 市区	平方公里	112	177.07	352	367	556.33
# 建成区	平方公里	6.7	20.9	53.0	101.0	115.0
二、年末户籍总人口	万人	309.24	365.73	458.23	550.05	562.82
年末常住总人口	万人					
三、地区生产总值	亿元	2.87△	7.02	16.85	102.4	332.75
第一产业	亿元			5.61	24.38	45.58
第二产业	亿元			7.44	40.58	140.34
# 工业	亿元			6.37	34.34	106.57
第三产业	亿元			3.79	37.44	146.83
人均地区生产总值	元/人	89△	194	370	1871	5930
四、农林牧渔业总产值	亿元	1.7	2.98	7.38	36.52	86.84
# 农业	亿元	1.51	2.43			42.66
五、粮食产量	万吨	74.3	101.01	189.81	264.13	244.8
六、固定资产投资	亿元	0.05△	0.54	2.41	18.12	104.95
竣工房屋面积	万平方米	7.02※	34.28	81.41	109.77	314.55
# 住宅	万平方米	1.19※	13.09	41.17	91.95	168.87
七、社会消费品零售总额	亿元	0.92	3.52	7.72	51.39	165.51
八、进出口总额	亿美元/亿元					
# 出口	亿美元/亿元					

2000 年	2005 年	2010 年	2015 年	2020 年	2021 年	2022 年	2022 年比 2021 年 ±%
11819.5	11819.5	11816	11816	11816	11816	11816	持平
556.33	556.33	958.8	1909.86	2150.9	2150.9	2150.9	持平
118.82	167.7	272.39	363.69	560.80	572	577	0.9
583.19	620.92	650.12	680.36	747.29	760.04	767.63	1.0
613.87	639.3	704.07	828.27	1006.08	1023.93	1042.06	1.8
720.85	1589.41	4440.32	8502.6	12142.52	13270.70	13966.11	4.5
74.11	113.98	199.43	289.86	423.46	425.56	451.30	3.6
281.5	645.86	2149.55	3608.39	4739.27	5251.30	5589.58	6.2
226.48	437.47	1687.05	2731.44	3465.88	3816.25	4090.78	7.1
365.24	829.58	2091.34	4604.34	6979.79	7593.85	7925.24	3.4
11789	25064	64903	103603	123297	130745	135200	2.6
116.79	187.13	323.64	537.13	722.19	731.52	776.03	3.8
62.8	92.64	173.59	317.39	425.17	451.67	502.25	3.4
262.33	262.28	209.05	236.83	211.78	216.04	210.00	-2.8
202.32	881.42	3192.57	6363.29				5.1
343.54	931.57	1741.56	1432.02	1259.21	1207.18	1386.00	14.8
198.51	612.26	1184.42	964.28	846.59	858.05	885.37	3.2
332.16	691.24	1622.09	3150.24	4469.76	5111.57	5235.56	2.4
16.44	26.83	60.89	805.55	2350.46	2780.28	3313.9	19.2
10.51	15.95	35.51	537.42	1548.72	1977.46	2462.5	24.5

1-2 续表

指 标	单 位	1949年	1965年	1978年	1990年	1995年
九、实际使用外商直接投资金额	亿美元					
十、全市居民消费价格指数	上年为100	109.63◆	97.72	99.63	101.5	117.1
全市商品零售价格指数	上年为100	105.64★	97.9	99.94	100.2	114
十一、地方一般公共预算收入	亿元					17.99
一般公共预算支出	亿元					21.6
十二、高等学校数	所	2	9	8	21	21
高等学校在校学生数	万人	0.27	1.94	1.89	4.6	6.49
中等职业学校数	所	16	21	23	40	42
中等职业学校在校学生数	万人	0.23	0.78	0.98	2.56	5.54
普通中学在校学生数	万人	1.13	7.54	33.11	24.21	28.41
小学在校学生数	万人	14.71	59.37	68.01	57.07	62.37
十三、艺术表演团体	个	9	19	13	12	12
十四、图书出版量	万册	1626△	2549	1983	32135	33677
杂志出版量	万份	245△	221	2680	5144	7636
报纸出版量	万份	6786△	17000	30057	40325	55721
十五、卫生机构数	个	34	1035	1195	1346	1100
# 医院、卫生院	个	14	138	248	297	205
医疗病床数	张	747	8454	12976	18349	21378
卫生技术人员	人	1253	8779	16068	26307	27553
# 执业医师和执业助理医师	人			7247	12423	12107
十六、城市居民人均可支配收入	元	131△	216	327	1770	4860
农村居民人均可支配收入	元	41	96	127	768	1710
十七、年末金融机构本外币存款余额	亿元					306
# 城乡居民储蓄余额	亿元	0.0073※	0.27	1.14	42.42	183
年末金融机构本外币贷款余额	亿元					241

注:1. 土地面积按当年实际情况整理。

2. ※为1950年数,★为1951年数,△为1952年数,◆为1953年数。

3. 2003年开始因教育制度改革,现行中等职业学校包括普通中专、职业高中,2002年以前年份的数据是中等专业学校数据。

4. 人均地区生产总值2000年以前按户籍人口计算,2000年以后按常住人口计算。

5. 从2011年起,原全社会固定资产投资指标改名为固定资产投资,固定资产投资统计起点由50万元提高到500万元及以上。

2000 年	2005 年	2010 年	2015 年	2020 年	2021 年	2022 年	2022 年比 2021 年 ± %
1.77	9.02	22.38	44.06	72.82	20.07	30.99	54.4
101.7	101.9	102.9	101.1	101.8	101.1	101.7	
100.7	100.4	103.8	99.6	100.8	102.0	103.3	
34.45	108.06	314.28	718.95	1100.09	1188.31	1202	1.2
41.43	133.05	403.33	925	1501.23	1541.59	1566.26	1.6
23	45	48	51	52	52	52	持平
12.56	39.44	50.83	56.94	69.74	72.68	76.24	4.9
40	104	67	50	57	59	58	-1.7
8.41	11.27	11.37	9.15	11.46	11.48	11.17	-2.7
38.42	34.52	30.74	36.95	44.15	47.18	50.21	6.4
46.65	33.87	41.35	50.94	71.02	76.13	81.50	7.1
13	12	12	12	12	12	12	持平
24844	30483	31109	48494	48269	50893	60517	18.9
10404	10925	12540	13918	9414	9116	8527	-6.5
62354	75309	101861	105635	48754	45129	31445	-30.3
1036	1519	2655	4661	4681	4925	5036	2.3
263	260	255	284	339	334	339	1.5
20590	27395	42629	66036	83180	87161	88763	1.8
27460	28943	48791	69634	87987	94633	98570	4.2
12345	12088	18258	25599	32785	35435	36782	3.8
7530	12434	23347	39961	57971	62145	65190	4.9
2941	4735	10640	23601	34754	38195	40678	6.5
826	2322	6428	14066	23317	25349	27883	10.0
373	954	2172	4353	7572	8311	9772	17.6
632	2055	6354	12324	24261	27235	29853	9.6

6. 因统计方法制度改革，从 2013 年开始取消农民人均纯收入统计指标，城市居民人均可支配收入调整为城镇统计口径，2012 年以前为城市统计口径，与往年数据不具可比性。
7. 2016 年，将部分研发支出计入 GDP，并对历史数据进行了调整。
8. 图书出版印数 2000 年以前按“书籍”统计，2000 年以后按“图书”统计。
9. 进出口总额数据 2015 年以前计量单位为亿美元，2015 年开始计量单位为亿元。
10. 2021 年，实际利用外资数据使用商务部统计口径。

1－3 国民经济主要指标平均递增速度

单位:%

指 标	1949－1965年	1965－1978年	1949－2022年	1978－2022年	2000－2022年	2010－2022年	2020－2022年
一、年末户籍总人口	1.1	1.7	1.3	1.2	1.3	1.4	1.4
二、地区生产总值	4.3	5.1	9.1	12.1	11.7	9.1	6.0
第一产业				5.0	4.7	4.0	6.3
第二产业				13.3	12.8	9.1	5.7
# 工业				14.0	14.4	9.9	7.0
第三产业				13.6	11.7	9.4	1.7
人均地区生产总值				10.1	9.1	5.4	0.6
三、农林牧渔业总产值	3.2	3.6	4.4	5.0	4.9	4.2	6.9
# 农业	2.8	4.4	3.8	4.2	4.8	5.1	4.0
四、粮食产量	1.9	5.0	1.4	0.2	－1.0	0.0	－0.1
五、固定资产投资						14.0	6.6
竣工房屋面积	19.5※	1.8	6.4△	8.1	10.1	－2.7	2.0
# 住宅	25.5※	1.2	7.0△	8.9	11.2	－2.7	2.0
六、社会消费品零售总额	9.1	6.8	12.6	16.0	13.1	9.2	8.2
七、地方一般公共预算收入					17.5	11.8	4.5
一般公共预算支出					18.0	12.0	2.1

1－3 续表

单位:%

指　标	1949－1965 年	1965－1978 年	1949－2022 年	1978－2022 年	2000－2022 年	2010－2022 年	2020－2022 年
九、高等学校数	9.9	－0.9	4.6	4.3	3.8	0.7	0.0
高等学校在校学生数	13.2	－0.2	8.0	8.8	8.5	3.4	4.6
普通中学在校学生数	12.6	12.1	5.3	1.0	1.2	4.2	6.6
小学在校学生数	9.1	1.1	2.4	0.4	2.6	5.8	7.1
十、艺术表演团体	4.8	－2.9	0.4	－0.2	－0.4	0.0	0.0
十一、图书出版量	3.5△	－1.9	5.1△	8.1	4.1	5.7	12.0
杂志出版量	－1.1△	21.6	5.0△	2.7	－0.9	－3.2	－4.8
报纸出版量	7.3△	4.5	2.1△	0.1	－3.1	－9.3	－19.7
十二、卫生机构数	23.8	1.1	7.1	3.3	7.5	5.5	3.7
# 医院、卫生院	15.4	4.6	4.5	0.7	1.2	2.4	0.0
医疗病床数	16.4	3.4	6.8	4.5	6.9	6.3	3.3
卫生技术人员	12.9	4.8	6.2	4.2	6.0	6.0	5.8
# 执业医师和执业助理医师				3.8	5.1	6.0	5.9
十三、城镇居民人均可支配收入	3.9△	4.1					6.0
农民居民人均可支配收入	6.0△	2.6					8.2
城乡居民储蓄余额	27.2※	10.1	21.3※	22.9	16.0	13.4	13.6

注:※表示以 1950 年为基期,△表示以 1952 年为基期。

1－4　主要指标日均水平

指　　标	单位	1949 年	1965 年	1978 年	1990 年	1995 年
一、地区生产总值	万元	78.53△	192.44	461.52	2805	9116
二、地方一般公共预算收入	万元					493
三、农林牧渔业总产值	万元	46.63	81.64	267.56	1001	2479
四、粮食总产量	吨	2036	2767	5200	7236	6707
五、邮电:函件	万件	1.65※	5.28	5.88	17.68	30.52
六、社会消费品零售总额	万元	25	96	252	1408	4535
七、城市生活用水	万吨	0.1	4.33	12.81	34.15	47.23
八、城市公共汽车乘客人数	万人次	1.65	11.29	45.06	72.76	64.77
九、出生	人		352	193	242	113
死亡	人		94	83	103	101
结婚	对				140	110
离婚	对				14	20
十、出版报纸	万份	18.59△	46.58	82.35	110.48	150.38
出版杂志	万份	0.67△	0.58	7.34	14.09	20.92
出版图书	万册	4.45△	6.98	5.43	88.04	92.27

注:1. ※为 1950 年数,△为 1952 年数。

2. 1949 年、1965 年工农业总产值按不变价格计算,其他年份按现价计算。

2000 年	2005 年	2010 年	2015 年	2020 年	2021 年	2022 年
19749	43546	121653	232948	332672	363581	382633
944	2960	8610	19697	30139	32556	32932
3200	5127	8867	14716	19786	20042	21261
7187	7186	5727	6488	5802	5919	5753
23.01	10.74	11.64	4.30	3.34	4.05	2.49
9100	18938	44441	86308	122459	140043	143440
58.21	86.41	72.91	96.27	66.6	77.02	84.48
92.64	214.14	197.87	203.63	113.31	132.06	121.03
170	185	196	268	206	176	164
114	117	100	89	176	174	152
110	125	190	159	130	111	123
17	28	46	60	73	54	57
170.83	206.33	279.07	289.41	133.57	123.64	86.15
28.5	29.93	34.36	38.13	25.79	24.98	23.36
68.07	83.52	85.23	132.86	132.24	139.43	165.80

1-5 主要指标人均水平

指　标	单位	1949 年	1965 年	1978 年	1990 年	1995 年	2000 年
一、地区生产总值	元	89△	194	370	1871	5930	12368
二、农林牧渔业总产值	元	55	82	215	667	1548	2004
三、粮食产量	公斤	240	280	417	480	435	450
四、社会消费品零售总额	元	30	96	201	934	2950	5699
五、职工工资	元	439△	585	601	2135	5319	10137
六、人民生活							
农村居民人均可支配收入	元	48△	103	143	721	1737	3005
城镇居民人均可支配收入	元	131△	216	327	1770	4860	7530
城市居民人均购买主要商品:							
粮食	公斤				134.1	106.8	95.9
油脂类	公斤				7.8	7.7	9.8
鲜菜	公斤				134.9	115.5	115.4
猪肉	公斤				24.2	19.2	17.9
鲜蛋	公斤				5.6	7.8	7.3
煤炭	公斤				159.2	37.4	20.3
液化气	公斤				22.2	29.7	35.4
管道煤气	立方米					1.3	15.3
电	度(千瓦时)					169.2	307.3
七、城市住房建筑面积	平方米						18.6
八、城乡居民储蓄余额	元			25	771	3266	6400
九、年末医疗病床数	张/千人	0.24	2.34	2.85	3.34	3.8	3.53

注:1. ※为1950年数,△为1952年数。
2. 1949年、1965年工农业总产值按不变价格计算。
3. 1999年以后职工工资均为在岗职工平均工资。
4. 2003年以前的除城乡居民调查指标、职工工资、城市住宅居住面积以外的指标按户籍人口计算。
5. 从2013年开始,农村居民人均可支配收入开始统计,2012年及以前为农民纯收入统计口径,城镇居民人均可支配收入2012年以前为城市统计口径。

2005年		2010年		2015年		2020年		2021年		2022年	
按户籍人口计算	按常住人口计算	按户籍人口计算	按常住人口计算	按户籍人口计算	按常住人口计算	按户籍人口计算	按常住人口计算	按户籍人口计算	按常住人口计算	按户籍人口计算	按常住人口计算
25817	25064	68473	64903	125799	108652	163477	123297	176082	130745	182842	135200
3040	2951	4991	4729	7947	6545	9723	7333	9706	7207	10160	7512
426	414	322	306	350	289	285	215	287	213	275	203
11228	10900	25014	23704	46609	38385	60177	45387	67823	50360	68543	50683
21499	21499	38338	38338	67266	67266	105603	105603	114805	114805	121171	121171
4908	4908	11206	11206	23601	23601	34754	34754	38195	38195	40678	40678
12434	12434	23347	23347	39961	39961	57971	57971	62145	62145	65190	65190
95.6	95.6	71.8	71.8	55.7	55.7	72.2	72.2	89.39	89.39	70.00	70.00
13.6	13.6	13.9	13.9	15.5	15.5	14.9	14.9	15.34	15.34	13.21	13.21
121.7	121.7	143	143	93.1	93.1	146.1	146.1	102.67	102.67	91.65	9.65
24.8	24.8	24.8	24.8	23.6	23.6	29.5	29.5	37.19	37.19	44.49	44.49
7.2	7.2	8.3	8.3	7.5	7.5	9.6	9.6	9.14	9.14	8.68	8.68
38.4	38.4	4.3	4.3	13.7	13.7	2.8	2.8	3.38	3.38	2.10	2.10
40	40	19.7	19.7	16.8	16.8	6.6	6.6	5.63	5.63	6.69	6.69
35.5	35.5	3.6	3.6	1.1	1.1	3.5	3.5	3.68	3.68	3.66	3.66
626.9	626.9	988.8	988.8	1041.4	1041.4	1296.4	1296.4	1066.6	1066.6	1100.9	1100.9
27.2	27.2	30.9	30.9	45.3	45.3	41.2	41.2	40.9	40.9	41.7	41.7
15503	15050	33495	31741	64399	52607	103227	91511	113301	100442	133214	118096
4.45	4.32	6.57	6.23	9.77	7.24	11.34	10.05	11.88	10.53	12.10	10.73

1－6 长沙市主要经济指标占湖南省的比重(2022年)

指 标	单 位	湖南省	长沙市	长沙市占湖南省的比重(%)
一、地区生产总值	亿元	48670.37	13966.11	28.7
第一产业	亿元	4602.73	451.30	9.8
第二产业	亿元	19182.58	5589.58	29.1
第三产业	亿元	24885.06	7925.24	31.8
人均地区生产总值	元	135200	73598	(比全省高)61602
二、工业增加值	亿元	15025.26	4090.78	27.2
三、粮食产量	万吨	3018.00	210.00	7.0
四、社会消费品零售总额	亿元	19050.66	5235.56	27.5
五、地方一般公共预算收入	亿元	3101.76	1202	38.8
六、进出口总额	亿元	7058.2	3313.9	47.0
# 出口总额	亿元	5154.5	2462.5	47.8
七、实际利用外资金额	亿美元	35.28	30.99	87.8
八、年末金融机构本外币存款余额	亿元	70141.87	27882.56	39.8
# 住户存款	亿元	41313.9	9771.94	23.7
年末金融机构本外币贷款余额	亿元	62351.51	29853.42	47.9
九、城镇居民人均可支配收入	元	47301	65190	(比全省高)17889
城镇居民人均消费性支出	元	29580	42936	(比全省高)13356
农村居民人均可支配收入	元	19546	40678	(比全省高)21132
农村居民人均生活消费支出	元	18078	29309	(比全省高)11231

2 国民经济核算

长沙统计年鉴

2－1 历年地区生产总值

（按当年价格计算）

年 份	地区生产总值（GDP）	第一产业	第二产业		
				工 业	建筑业
1978	168453	56092	74436	63735	10701
1979	213830	66329	100585	87584	13001
1980	231716	65819	111424	96623	14801
1981	257289	70974	123181	106641	16540
1982	286247	77973	135101	112880	22221
1983	323103	91952	146343	120864	25479
1984	364037	100688	161664	129822	31842
1985	450774	120844	197301	155838	41463
1986	514749	131395	222520	174528	47992
1987	634135	147543	275363	214193	61170
1988	825712	194304	356294	288687	67607
1989	932540	212031	393832	330194	63638
1990	1023956	243772	405796	343378	62418
1991	1189012	241941	484759	410114	74645
1992	1498739	266151	626843	522893	103950
1993	1935420	301613	830974	687474	143500
1994	2609009	358777	1132512	937517	194995
1995	3327521	455780	1403433	1065652	337781
1996	4157722	583757	1731447	1369267	362180
1997	5037611	687320	2056865	1671931	384934
1998	5709136	707519	2336161	1877559	458602
1999	6280205	713285	2521526	2042102	479424
2000	7208461	741104	2814982	2264823	550159
2001	8159971	783636	3172774	2448587	724187
2002	9069159	791826	3551725	2659644	892081
2003	10625279	832886	4382509	3249686	1132823
2004	12839927	1045950	5024366	3554390	1469976
2005	15894133	1139776	6458577	4374672	2083905
2006	19185845	1163200	8188304	5878122	2310182
2007	24905268	1329500	10771691	8161739	2609952
2008	31676002	1721126	15043711	11884656	3159055
2009	36014512	1757560	16851323	13275266	3576057
2010	44403211	1994291	21495472	16870515	4624957
2011	54764223	2390566	26786837	21198422	5588415
2012	61979451	2617244	28546245	22216715	6329530
2013	69022679	2652021	30383833	23296922	7102886
2014	75346767	2712187	32915220	24932653	7999493
2015	85025984	2898634	36083905	27314366	8788533
2016	91664027	3063635	37650910	28246655	9425226
2017	100501981	3120052	39912911	29191260	10744693
2018	104056317	3187298	40900938	29652625	11270307
2019	115527308	3598132	45300172	33197674	12127122
2020	121425166	4234631	47392678	34658760	12759312
2021	132707012	4255584	52512954	38162540	14373596
2022	139661128	4512967	55895770	40907839	15030384

注：1. 2004年开始行业分类按《国民经济行业分类》GB/T4754－2002标准执行；2014年执行新的《三次产业划分规定》，第一产业不含农、林、牧、渔服务业，划入第三产业；第二产业不含开采辅助活动，金属制品、机械和设备修理划入第三产业。本章节数据相应调整。

2. 2000年以前人均地区生产总值按户籍人口计算，2000年以后按常住人口计算。

3. 根据第四次全国经济普查结果对历史数据进行了修订。

4. 根据第七次人口普查数据对人均地区生产总值历史数据进行了修订。

单位:万元

第三产业	交通运输、仓储和邮政业	批零餐饮业	金融保险业	房地产业	其他服务业	人均地区生产总值（元/人）
37925	8417	13427	4090	1978	10013	370
46916	9002	19072	5811	2807	10224	464
54473	9939	23967	6211	3061	11295	496
63134	10267	25976	7797	3843	15251	544
73173	11802	27438	11609	5730	16594	596
84808	12058	31188	11826	5827	23909	662
101685	16537	37443	12074	7091	28540	737
132629	19833	48934	16764	8339	38759	900
160834	24937	54039	27907	8795	45156	1012
211229	29992	64834	37992	9294	69117	1227
275114	37180	85372	50596	10035	91931	1526
326677	43006	93404	66579	10983	112705	1718
374388	48991	112377	69000	12647	131373	1871
462312	62071	153974	71596	15994	158677	2155
605745	80035	209877	93536	18534	203763	2703
802833	105875	274691	117513	27024	277730	3485
1117720	126546	366270	178916	35650	410338	4680
1468308	184223	516085	224019	49846	494135	5930
1842518	257171	617100	270892	63915	633440	7356
2293426	337992	749793	306628	74623	824390	8842
2665456	382181	852130	336268	90688	1004189	9939
3045394	417239	952207	362988	103562	1209398	10834
3652375	525950	1086770	389800	159062	1490793	11789
4203561	584865	1215367	400167	223285	1779877	13226
4725608	649131	1390327	403000	286847	1996303	14546
5409884	709677	1565903	430689	337988	2365627	16930

第三产业	交通运输、仓储和邮政业	批发零售业	住宿餐饮业	金融保险业	房地产业	其他服务业	人均地区生产总值（元/人）
6769611	573726	1636632	387900	541361	784196	2845796	20424
8295780	746103	1960406	632588	929457	1312252	2714974	25064
9834341	863178	2300807	766399	1065051	1597439	3241467	29843
12804077	1072842	2844875	899435	1339300	2030779	4616846	38333
14911165	1291599	3345963	1104883	1551378	1991179	5626163	48306
17405629	1449110	4014241	1211250	1921361	2641254	6168413	54453
20913448	1727990	5034265	1384265	2148082	2975928	7642918	64903
25586820	2122587	6023419	1712546	2662812	3434688	9630768	75828
30815962	2466947	6935869	1820383	3132754	3853980	12606029	82281
35986825	2665575	7953215	1997318	3805906	4689646	14777637	88853
39719360	2812303	8773788	2180882	4555057	4533996	16749450	94149
46043445	3182705	9347611	2400312	5453763	5254268	20267413	103603
50949482	3403353	10128293	2613972	6274246	6301204	22059724	108652
57469018	3543910	11062235	2810858	7069470	6955549	25836378	114078
59968081	3890942	11347813	3034337	7602511	7198073	26684314	113664
66629004	4173415	12564364	3502598	8304725	7613577	30240816	122150
69797857	4092038	12566976	3112733	9203155	7889449	32685608	123297
75938475	4353399	14172429	3385066	9734998	8050614	35949425	130745
79252392	4668384	14601416	3465645	10105779	6877255	39186925	135200

2-2 历年地区生产总值构成

单位:%

年 份	地区生产总值(GDP)	第一产业	第二产业	工 业	建筑业	第三产业	交通运输、仓储和邮政业	批 零 餐饮业	金 融 保险业	房地产业	其 他 服务业
1978	100	33.3	44.2	37.8	6.4	22.5	5.0	8.0	2.4	1.2	5.9
1979	100	31.0	47.1	41.0	6.1	21.9	4.2	8.9	2.7	1.3	4.8
1980	100	28.4	48.1	41.7	6.4	23.5	4.3	10.3	2.7	1.3	4.9
1981	100	27.6	47.9	41.4	6.5	24.5	4.0	10.1	3.0	1.5	5.9
1982	100	27.2	47.2	39.4	7.8	25.6	4.1	9.6	4.1	2.0	5.8
1983	100	28.5	45.3	37.4	7.9	26.2	3.7	9.7	3.7	1.8	7.3
1984	100	27.7	44.4	35.7	8.7	27.9	4.5	10.3	3.3	1.9	7.9
1985	100	26.8	43.8	34.6	9.2	29.4	4.4	10.9	3.7	1.8	8.6
1986	100	25.5	43.2	33.9	9.3	31.3	4.8	10.5	5.4	1.7	8.9
1987	100	23.3	43.4	33.8	9.6	33.3	4.7	10.2	6.0	1.5	10.9
1988	100	23.5	43.2	35.0	8.2	33.3	4.5	10.3	6.1	1.2	11.2
1989	100	22.8	42.2	35.4	6.8	35.0	4.6	10.0	7.1	1.2	12.1
1990	100	23.8	39.6	33.5	6.1	36.6	4.8	11.0	6.7	1.2	12.9
1991	100	20.3	40.8	34.5	6.3	38.9	5.2	13.0	6.0	1.3	13.4
1992	100	17.8	41.8	34.9	6.9	40.4	5.3	14.1	6.2	1.2	13.6
1993	100	15.6	42.9	35.5	7.4	41.5	5.5	14.2	6.1	1.4	14.3
1994	100	13.8	43.4	35.9	7.5	42.8	4.9	14.0	6.9	1.4	15.6
1995	100	13.7	42.2	32.0	10.2	44.1	5.5	15.5	6.7	1.5	14.9
1996	100	14.0	41.6	32.9	8.7	44.4	6.2	14.9	6.5	1.5	15.3
1997	100	13.6	40.8	33.2	7.6	45.6	6.7	14.9	6.1	1.5	16.4
1998	100	12.4	40.9	32.9	8.0	46.7	6.7	14.9	5.9	1.6	17.6
1999	100	11.4	40.2	32.5	7.7	48.4	6.6	15.2	5.8	1.6	19.2
2000	100	10.3	39.0	31.4	7.6	50.7	7.3	15.1	5.4	2.2	20.7
2001	100	9.6	38.9	30.0	8.9	51.5	7.2	14.9	4.9	2.7	21.8
2002	100	8.7	39.2	29.3	9.8	52.1	7.2	15.3	4.4	3.2	22.0
2003	100	7.8	41.3	30.6	10.7	50.9	6.7	14.7	4.1	3.2	22.3

年 份	地区生产总值(GDP)	第一产业	第二产业	工 业	建筑业	第三产业	交通运输、仓储和邮政业	批 发 零售业	住 宿 餐饮业	金 融 保险业	房地产业	其 他 服务业
2004	100	8.2	39.1	27.7	11.4	52.7	4.5	12.7	3.0	4.2	6.1	22.2
2005	100	7.2	40.6	27.5	13.1	52.2	4.7	12.3	4.0	5.8	8.3	17.1
2006	100	6.1	42.7	30.6	12.0	51.2	4.5	12.0	4.0	5.6	8.3	16.9
2007	100	5.3	43.3	32.8	10.5	51.4	4.3	11.4	3.6	5.4	8.2	18.5
2008	100	5.4	47.5	37.5	10.0	47.1	4.1	10.6	3.5	4.9	6.3	17.8
2009	100	4.9	46.8	36.9	9.9	48.3	4.0	11.1	3.4	5.3	7.3	17.1
2010	100	4.5	48.4	38.0	10.4	47.1	3.9	11.3	3.1	4.8	6.7	17.2
2011	100	4.4	48.9	38.7	10.2	46.7	3.9	11.0	3.1	4.9	6.3	17.6
2012	100	4.2	46.1	35.8	10.2	49.7	4.0	11.2	2.9	5.1	6.2	20.3
2013	100	3.9	44.0	33.8	10.3	52.1	3.9	11.5	2.9	5.5	6.8	21.4
2014	100	3.6	43.7	33.1	10.6	52.7	3.7	11.6	2.9	6.0	6.0	22.2
2015	100	3.4	42.4	32.1	10.3	54.2	3.7	11.0	2.8	6.4	6.2	23.8
2016	100	3.3	41.1	30.8	10.3	55.6	3.7	11.0	2.9	6.8	6.9	24.1
2017	100	3.1	39.7	29.0	10.7	57.2	3.5	11.0	2.8	7.0	6.9	25.7
2018	100	3.1	39.3	28.5	10.8	57.6	3.7	10.9	2.9	7.3	6.9	25.6
2019	100	3.1	39.2	28.7	10.5	57.7	3.6	10.9	3.0	7.2	6.6	26.2
2020	100	3.5	39.0	28.5	10.5	57.5	3.4	10.3	2.6	7.6	6.5	26.9
2021	100	3.2	39.6	28.8	10.8	57.2	3.3	10.7	2.6	7.3	6.1	27.1
2022	100	3.2	40.0	29.3	10.7	56.8	3.3	10.5	2.5	7.2	4.9	28.1

2－3 历年地区生产总值环比指数

（按可比价格计算，以上年为100）

年份	地区生产总值（GDP）	第一产业	第二产业	工业	建筑业	第三产业	交通运输、仓储和邮政业	批零餐饮业	金融保险业	房地产业	其他服务业	人均地区生产总值
1978												
1979	115.4	110.0	120.0	120.0	120.0	117.2	123.2	109.4	118.1	141.9	128.9	114.3
1980	114.7	110.1	121.3	120.7	127.4	111.3	121.7	108.1	108.3	109.1	113.8	113.1
1981	111.2	109.5	110.0	110.0	110.0	115.9	121.5	109.8	127.8	123.4	116.9	109.9
1982	112.4	109.5	110.0	107.7	131.7	120.6	114.4	106.3	138.5	146.6	139.7	110.6
1983	114.2	109.5	110.0	109.7	112.3	126.9	109.7	120.5	110.7	112.1	164.9	112.3
1984	112.3	109.8	110.0	105.6	143.1	118.2	119.5	110.9	131.8	117.4	121.2	111.4
1985	112.2	109.2	109.9	109.0	115.0	118.3	112.6	115.7	137.1	104.8	117.6	110.4
1986	109.4	105.5	111.6	109.4	122.8	110.8	112.7	105.0	124.1	103.5	110.5	107.7
1987	110.4	100.5	115.4	115.6	114.9	114.1	113.6	108.7	116.3	102.8	120.5	108.7
1988	113.7	103.3	117.1	118.3	111.2	118.4	107.6	116.9	126.0	106.7	121.7	108.8
1989	104.5	102.0	108.4	112.3	88.7	102.0	100.2	105.2	97.1	94.5	103.5	104.0
1990	104.6	103.8	102.9	103.6	98.5	107.3	112.2	102.3	103.4	104.1	112.6	103.7
1991	108.7	94.1	113.9	113.9	113.9	112.9	113.0	120.0	107.5	112.0	109.6	107.8
1992	117.2	101.7	122.6	120.6	135.9	120.0	117.5	128.7	110.3	113.8	118.3	116.6
1993	118.2	105.6	120.7	120.7	120.6	121.5	120.5	119.2	115.9	126.0	126.4	118.0
1994	113.4	105.0	116.4	117.3	110.9	113.6	101.8	108.4	118.8	107.2	121.3	113.0
1995	114.0	104.9	115.4	110.6	145.5	116.0	127.9	122.4	110.6	124.9	108.4	113.3
1996	114.0	108.0	115.4	117.7	104.7	114.5	119.9	116.0	110.9	118.3	112.3	113.2
1997	115.9	108.2	116.5	119.1	102.8	117.7	124.2	114.9	107.5	110.7	123.2	115.0
1998	113.9	102.5	114.5	113.9	118.3	116.8	121.2	113.6	108.4	120.1	121.0	113.0
1999	111.5	103.4	110.7	111.2	108.2	114.7	111.0	115.6	107.7	123.1	116.9	110.5
2000	112.2	104.0	112.5	112.6	112.0	113.9	117.0	113.3	105.7	126.0	114.6	110.7
2001	113.7	104.9	113.6	121.4	119.0	115.7	110.7	113.9	104.4	128.4	119.4	112.7
2002	114.5	101.8	114.6	116.8	119.4	116.7	113.0	117.6	102.6	129.8	118.5	113.3
2003	115.3	104.8	120.8	122.8	106.4	112.9	108.2	112.6	105.8	118.4	115.0	114.6

年份	地区生产总值（GDP）	第一产业	第二产业	工业	建筑业	第三产业	交通运输、仓储和邮政业	批发零售业	住宿餐饮业	金融保险业	房地产业	其他服务业	人均地区生产总值
2004	116.1	107.0	120.8	121.4	119.0	113.7	109.2	114.5	116.9	104.6	122.1	114.2	115.9
2005	114.9	106.7	117.4	116.8	119.4	114.0	107.6	113.3	115.7	107.3	108.9	116.9	113.9
2006	115.0	105.7	118.1	122.8	106.4	113.8	109.0	113.5	122.2	112.1	117.9	113.5	113.4
2007	115.3	106.5	115.7	119.7	104.2	116.1	120.1	115.8	112.3	118.8	116.2	116.5	114.1
2008	114.6	106.8	118.2	121.8	106.3	112.7	113.6	115.3	118.7	110.8	95.5	119.7	113.6
2009	115.1	106.5	115.8	117.0	111.3	115.4	109.9	119.6	106.0	120.7	130.0	109.0	114.1
2010	115.0	104.5	120.4	121.4	116.5	111.6	119.0	113.9	113.2	108.0	105.7	112.2	111.2
2011	114.1	104.0	117.8	120.4	108.1	111.2	113.7	112.8	112.1	110.5	98.5	114.8	108.1
2012	112.9	104.0	114.2	115.7	108.1	112.3	113.9	111.3	108.7	111.8	107.6	115.0	108.3
2013	112.0	103.0	112.1	113.0	108.3	112.8	108.5	111.3	104.9	117.9	112.5	114.0	108.6
2014	110.2	104.4	111.3	111.4	111.1	109.5	109.8	109.5	106.3	113.9	93.7	113.5	107.0
2015	109.9	103.6	108.4	108.3	108.9	112.0	107.4	107.9	105.8	124.0	112.5	112.8	107.2
2016	109.3	103.0	107.3	107.5	106.5	111.4	106.7	108.1	106.0	105.8	115.0	114.8	106.4
2017	109.0	103.0	107.6	108.1	105.9	110.4	110.8	108.6	108.3	108.7	97.8	115.0	104.3
2018	108.5	103.3	106.6	107.2	104.5	110.3	108.6	106.3	106.0	104.2	106.5	114.8	104.4
2019	108.1	103.2	107.9	109.1	103.7	108.4	110.2	106.2	104.1	109.2	103.4	110.4	104.6
2020	104.0	104.0	105.0	104.9	105.2	103.3	99.6	101.3	91.9	108.6	103.0	104.4	99.9
2021	107.5	109.1	105.2	106.9	101.1	108.9	108.4	108.8	112.6	105.7	105.4	110.3	104.3
2022	104.5	103.6	106.2	107.1	104.0	103.4	105.4	100.1	101.9	105.4	86.7	107.5	102.6

2－4 历年地区生产总值定基指数

（按可比价格计算，以1978年为100）

年份	地区生产总值(GDP)	第一产业	第二产业	工业	建筑业
1978	100	100	100	100	100
1979	115.4	110.0	120.0	120.0	120.0
1980	132.4	121.1	145.6	144.8	152.9
1981	147.2	132.6	160.2	159.3	168.2
1982	165.5	145.2	176.2	171.6	221.5
1983	189.0	159.0	193.8	188.2	248.7
1984	212.2	174.6	213.2	198.7	355.9
1985	238.1	190.7	234.3	216.6	409.3
1986	260.5	201.2	261.5	237.0	502.6
1987	287.6	202.2	301.8	274.0	577.5
1988	327.0	208.9	353.4	324.1	642.2
1989	341.7	213.1	383.1	364.0	569.6
1990	357.4	221.2	394.2	377.1	561.1
1991	388.5	208.1	449.0	429.5	639.1
1992	455.3	211.6	550.5	518.0	868.5
1993	538.2	223.4	664.5	625.2	1047.4
1994	610.3	234.6	773.5	733.4	1161.6
1995	695.7	246.1	892.6	811.1	1690.1
1996	793.1	265.8	1030.1	954.7	1769.5
1997	919.2	287.6	1200.1	1137.0	1819.0
1998	1047.0	294.8	1374.1	1295.0	2151.9
1999	1167.4	304.8	1521.1	1440.0	2328.4
2000	1309.8	317.0	1711.2	1621.4	2607.8
2001	1489.2	332.5	1943.9	1968.4	3103.3
2002	1705.2	338.5	2227.7	2299.1	3705.3
2003	1966.1	354.8	2691.1	2823.3	3942.5

年份	地区生产总值(GDP)	第一产业	第二产业	工业	建筑业
2004	2282.6	379.6	3250.9	3427.4	4691.5
2005	2622.7	405.0	3816.5	4003.2	5601.7
2006	3016.1	428.1	4507.3	4916.0	5960.2
2007	3477.6	455.9	5214.9	5884.4	6210.5
2008	3985.3	487.0	6164.1	7167.2	6601.8
2009	4587.1	518.6	7138.0	8385.7	7347.8
2010	5275.2	541.9	8594.1	10180.2	8560.2
2011	6019.0	563.6	10123.9	12257.0	9253.5
2012	6795.4	586.2	11561.5	14181.3	10003.1
2013	7610.9	603.8	12960.4	16024.9	10833.3
2014	8387.2	630.3	14424.9	17851.7	12035.8
2015	9217.5	653.0	15636.6	19333.4	13107.0
2016	10074.8	672.6	16778.1	20783.4	13959.0
2017	10981.5	692.8	18053.2	22466.8	14782.6
2018	11914.9	715.6	19244.7	24084.5	15447.8
2019	12880.0	738.5	20765.1	26276.1	16019.3
2020	13395.2	768.1	21803.3	27563.7	16852.3
2021	14399.8	838.0	22937.1	29465.6	17037.7
2022	15047.8	868.2	24359.2	31557.7	17719.2

第三产业	交通运输、仓储和邮政业	批零餐饮业	金融保险业	房地产业	其他服务业	人均地区生产总值
100	100	100	100	100	100	100
117.2	123.2	109.4	118.1	141.9	128.9	114.3
130.4	149.9	118.3	127.9	154.8	146.7	129.3
151.1	182.1	129.9	163.5	191.0	171.5	142.1
182.2	208.3	138.1	226.4	280.0	239.6	157.2
231.2	228.5	166.4	250.6	313.9	395.1	176.5
273.3	273.1	184.5	330.3	368.5	478.9	196.6
323.3	307.5	213.5	452.8	386.2	563.2	217.0
358.2	346.6	224.2	561.9	399.7	622.3	233.7
408.7	393.7	243.7	653.5	410.9	749.9	254.0
483.9	423.6	284.9	823.4	438.4	912.6	276.4
493.6	424.4	299.7	799.5	414.3	944.5	287.5
529.6	476.2	306.6	826.7	431.3	1063.5	298.1
597.9	538.1	367.9	888.7	483.1	1165.6	321.4
717.5	632.3	473.5	980.2	549.8	1378.9	374.8
871.8	761.9	564.4	1136.1	692.7	1742.9	442.3
990.4	775.6	611.8	1349.7	742.6	2114.1	499.8
1148.9	992.0	748.8	1492.8	927.5	2291.7	566.3
1315.5	1189.4	868.6	1655.5	1097.2	2573.6	641.1
1548.3	1477.2	998.0	1779.7	1214.6	3170.7	737.3
1808.4	1790.4	1133.7	1929.2	1458.7	3836.5	833.1
2074.2	1987.3	1310.6	2077.7	1795.7	4484.9	920.6
2362.5	2325.1	1484.9	2196.1	2262.6	5139.7	1019.1
2733.4	2573.9	1691.3	2292.7	2905.2	6136.8	1148.5
3189.9	2908.5	1989.0	2352.3	3770.9	7272.1	1301.3
3601.4	3147.0	2239.6	2488.8	4464.8	8362.9	1491.3

第三产业	交通运输、仓储和邮政业	批发零售业	住宿餐饮业	金融保险业	房地产业	其他服务业	人均地区生产总值
4181.2	3436.5	2564.3	2618.1	2603.3	5451.5	9550.5	1728.4
4766.6	3697.7	2905.4	3029.1	2793.3	5936.7	11164.5	1968.6
5424.4	4030.5	3297.6	3701.6	3131.3	6999.3	12671.7	2232.4
6297.7	4840.6	3818.6	4156.9	3720.0	8133.2	14762.5	2547.2
7097.5	5498.9	4402.9	4934.2	4121.7	7767.2	17670.7	2893.6
8190.5	6043.3	5265.8	5230.2	4974.9	10097.4	19261.1	3301.6
9140.6	7191.5	5997.8	5920.6	5372.9	10672.9	21611.0	3671.4
10164.4	8176.8	6765.5	6637.0	5937.1	10512.9	24809.4	3968.8
11414.6	9313.4	7530.0	7214.5	6637.6	11311.8	28530.8	4298.2
12875.6	10105.0	8380.9	7568.0	7825.8	12725.8	32525.1	4667.8
14098.8	11095.3	9177.1	8044.7	8913.6	11924.1	36916.0	4994.6
15790.7	11916.3	9902.1	8511.3	11052.8	13414.6	41641.2	5354.2
17590.8	12714.7	10704.1	9022.0	11693.9	15426.8	47804.2	5696.8
19420.3	14087.9	11624.7	9770.9	12711.3	15087.4	54974.8	5941.8
21420.6	15299.5	12357.0	10357.1	13245.1	16068.1	63111.0	6203.2
23219.9	16860.0	13123.2	10781.7	14463.7	16614.4	69674.6	6488.6
23986.2	16792.6	13293.8	9908.4	15707.6	17112.8	72740.3	6482.1
26121.0	18203.2	14463.7	11156.9	16602.9	18036.9	80232.6	6760.8
27009.1	19186.2	14478.2	11368.9	17499.5	15638.0	86250.0	6936.6

3 人口、就业和职工工资

3－1 历 年 人 口 数

单位：人

年 份	年末总人口	#市 区	年末总人口性别 男	年末总人口性别 女	总人口中非农业人口
1949	3092437	383480	1627510	1464927	
1950	3145165	413635	1651036	1494129	541516
1951	3196041	457535	1689104	1506937	541220
1952	3258889	516649	1765075	1493814	594811
1953	3303293	553645	1751683	1551610	613308
1954	3387651	611273	1787749	1599902	677017
1955	3424900	616425	1797081	1627819	681060
1956	3495470	672224	1850703	1644767	735358
1957	3503470	673291	1854666	1648804	751649
1958	3483494	663049	1825598	1657896	794300
1959	3492082	722762	1838482	1653600	871173
1960	3424156	761761	1795656	1628500	898527
1961	3377929	726486	1768523	1609406	853456
1962	3389151	721271	1776645	1612506	800737
1963	3495649	748797	1822271	1673378	826516
1964	3569849	764357	1861086	1708763	835599
1965	3657335	767725	1906015	1751320	838458
1966	3738916	770835	1950918	1787998	833097
1967	3810119	786500	1986179	1823940	826945
1968	3905884	763400	2030386	1875498	812115
1969	4001407	749700	2079936	1921471	792368
1970	4056467	742284	2105841	1950626	759390
1971	4130870	759730	2147639	1983231	819740
1972	4203286	779922	2183495	2019791	830731
1973	4290576	799715	2234648	2055928	857908
1974	4366094	824109	2270621	2095473	882576
1975	4433412	827874	2308774	2124638	886884
1976	4481192	827582	2331700	2149492	894068
1977	4521943	823848	2353927	2168016	891943
1978	4582271	948305	2387967	2194304	940265
1979	4643351	992761	2420686	2222665	1003276
1980	4700086	1019438	2449155	2250931	1039452
1981	4766041	1046890	2489027	2277014	1072702
1982	4844868	1072350	2527992	2316876	1105302
1983	4913280	1097558	2562729	2350551	1135401
1984	4969539	1123923	2593427	2376112	1247495
1985	5042168	1157176	2631652	2410516	1292901

3－1 续表

单位:人

年 份	年末总人口	#市 区	年末总人口性别 男	女	总人口中非农业人口
1986	5127298	1192667	2680097	2447201	1276052
1987	5212346	1226819	2721147	2491199	1317406
1988	5346897	1263481	2790048	2556849	1373221
1989	5444511	1301171	2838683	2605828	1401767
1990	5500533	1326825	2861410	2639123	1429440
1991	5535603	1349865	2881298	2654305	1449901
1992	5553843	1372749	2888636	2665207	1480589
1993	5554172	1387087	2887752	2666600	1511184
1994	5594385	1422651	2912803	2681582	1556040
1995	5628222	1454461	2919369	2708853	1601864
1996	5675339	1603804	2950934	2724405	1673328
1997	5719062	1634412	2960697	2758365	1709754
1998	5768787	1669081	2987038	2781749	1736934
1999	5824692	1714606	3011434	2813258	1809828
2000	5831894	1754142	3015303	2816591	1864206
2001	5870933	1807670	3030648	2840285	1918942
2002	5954592	1889773	3065775	2888817	1991046
2003	6017624	1962561	3093901	2923723	2058257
2004	6103844	2024646	3137629	2966215	2125741
2005	6209248	2086476	3186039	3023209	2180688
2006	6309958	2146096	3231737	3078221	2256477
2007	6373561	2187488	3258991	3114570	2305611
2008	6417367	2370643	3274848	3142519	2332132
2009	6468350	2391675	3292771	3175579	2347616
2010	6501248	2395348	3300191	3201057	2377815
2011	6566185	2967851	3326741	3239444	2418105
2012	6606166	2979005	3340494	3265672	2455126
2013	6628122	2992513	3346546	3281576	2495548
2014	6714121	3035103	3384823	3329298	2566387
2015	6803579	3184995	3423948	3379631	
2016	6959998	3283293	3494672	3465326	
2017	7087939	3397749	3542794	3545145	
2018	7288583	3557549	3630733	3657850	
2019	7382401	3643794	3669820	3712581	
2020	7472869	3737939	3702675	3770194	
2021	7600387	3870861	3752916	3847471	
2022	7676257	3952743	3780334	3895923	

注:历年人口数为公安户籍人口。因户籍制度改革,2015 年取消非农业人口统计指标。

3-2 历年城镇化率

年份	常住人口(万人)	# 城镇人口	城镇化率(%)
2002	626.88	294.01	46.90
2003	628.34	308.89	49.16
2004	629.00	321.99	51.19
2005	639.30	344.39	53.87
2006	646.50	365.27	56.50
2007	652.92	393.06	60.20
2008	658.56	403.37	61.25
2009	664.22	416.00	62.63
2010	704.07	476.58	67.69
2011	740.36	508.05	68.62
2012	766.18	528.62	68.99
2013	787.46	555.55	70.55
2014	813.11	589.09	72.45
2015	828.27	624.84	75.44
2016	859.03	666.23	77.56
2017	902.94	721.07	79.86
2018	928.00	760.34	81.93
2019	963.56	794.51	82.46
2020	1006.08	830.98	82.60
2021	1023.93	851.53	83.16
2022	1042.06	867.72	83.27

注:2011－2020年为全国第七次人口普查修订后的数据。

3-3 历年人口自然变动情况

年 份	年内出生人数（人）	出生率（‰）	年内死亡人数（人）	死亡率（‰）	年内自然增长人数（人）	自然增长率（‰）
1954	131963	39.45	55897	16.71	76066	22.74
1956	105956	30.62	38032	10.99	67924	19.63
1957	115144	32.90	35906	10.26	79238	22.64
1958	102730	29.41	67454	19.31	35276	10.10
1960	74321	21.49	94529	27.34	-20208	-5.84
1961	43524	12.80	71606	21.05	-28082	-8.26
1962	111205	32.87	39432	11.65	71773	21.21
1963	159097	46.22	32012	9.30	127085	36.92
1965	126297	35.50	34359	9.51	93938	26.00
1971	99124	24.21	31826	7.77	67298	16.44
1973	100011	23.55	31069	7.32	68942	16.23
1974	91174	21.06	34589	7.99	56585	13.07
1975	91494	20.80	33273	7.56	58221	13.23
1976	78301	17.57	32546	7.30	45755	10.27
1977	76402	16.97	33773	7.50	42629	9.47
1978	70593	15.51	30800	6.77	39793	8.74
1979	72294	15.67	31970	6.93	40324	8.74
1980	66900	14.32	31670	6.78	35230	7.54
1981	73936	15.62	30853	6.52	43083	9.10
1982	87006	18.11	31928	6.64	55078	11.46
1983	78950	16.18	33772	6.92	45178	9.26
1984	72092	14.59	33442	6.77	38650	7.82
1985	76747	15.33	33236	6.64	43511	8.69
1986	83611	16.44	32137	6.32	51474	10.12
1987	89952	17.40	33857	6.55	56095	10.85
1988	87708	16.61	35382	6.70	52326	9.91
1989	100791	18.70	36904	6.80	63887	11.80
1990	88309	16.10	37683	6.80	50626	9.30

3－3 续表

年　份	年内出生人　数（人）	出生率（‰）	年内死亡人　数（人）	死亡率（‰）	年内自然增长人数（人）	自然增长率（‰）
1991	59771	10.83	36717	6.65	23054	4.18
1992	42654	7.69	37281	6.72	5373	0.97
1993	33420	6.02	36436	6.56	－3016	－0.54
1994	35592	6.39	35621	6.39	－29	－0.01
1995	41370	7.37	36742	6.55	4628	0.82
1996	47944	8.48	35842	6.34	12102	2.14
1997	49607	8.71	34933	6.13	14674	2.58
1998	52969	9.22	37124	6.46	15845	2.76
1999	55873	9.64	38162	6.58	17711	3.06
2000	62026	10.64	41506	7.12	20520	3.52
2001	53994	9.23	31587	5.40	22407	3.83
2002	53746	9.09	36363	6.15	17383	2.94
2003	49683	8.30	40064	6.69	9619	1.61
2004	56062	9.25	37273	6.15	18789	3.10
2005	67537	10.97	42788	6.95	24749	4.02
2006	62960	10.06	31607	5.05	31353	5.01
2007	64312	10.14	37565	5.92	26747	4.22
2008	71118	11.12	38565	6.03	32553	5.09
2009	69777	10.83	34983	5.43	34794	5.40
2010	71677	11.05	36567	5.64	35110	5.41
2011	75825	11.61	30895	4.73	44930	6.88
2012	82741	12.56	42575	6.46	40166	6.10
2013	83357	12.60	52090	7.87	31267	4.73
2014	101938	15.28	35379	5.30	66559	9.98
2015	97861	14.48	32626	4.83	65235	9.65
2016	103484	15.04	30347	4.41	73137	10.63
2017	115691	16.47	129736	18.47	－14045	－2.00
2018	98260	13.67	48647	6.77	49613	6.90
2019	91202	12.43	57928	7.90	33274	4.53
2020	75123	10.11	64308	8.66	10815	1.46
2021	64259	8.53	63682	8.45	577	0.08
2022	59883	7.84	55381	7.25	4502	0.59

3-4 历年市区人口自然变动情况

年　　份	年内出生人数（人）	出生率（‰）	年内死亡人数（人）	死亡率（‰）	年内自然增长人数（人）	自然增长率（‰）
1950	10356	25.98	5256	13.19	5100	12.79
1952	20076	41.22	6552	13.45	13524	27.77
1954	26861	46.12	6981	11.99	19880	34.13
1956	25303	39.27	6426	9.97	18877	29.30
1957	30306	45.05	6250	9.29	24056	35.76
1958	21682	32.45	7231	10.82	14451	21.63
1960	19431	26.18	8555	11.53	10876	14.65
1961	12814	17.22	10876	14.62	1938	2.60
1962	22248	30.73	7382	10.20	14866	20.54
1963	28618	37.88	6091	8.05	22527	29.78
1965	14028	18.31	4704	6.14	9324	12.17
1971	10638	14.16	5139	6.84	5499	7.32
1972	9739	12.65	5196	6.75	4543	5.90
1973	9795	12.40	4939	6.25	4856	6.15
1974	9476	11.67	5443	6.70	4033	4.97
1975	10737	13.00	5297	6.41	5440	6.59
1976	9384	11.34	5503	6.65	3881	4.69
1977	10416	12.61	5907	7.15	4509	5.46
1978	11600	13.09	5981	6.75	5619	6.34
1979	12502	12.88	5755	5.93	6747	6.95
1980	10098	10.04	6005	5.97	4093	4.07
1981	14382	13.92	6639	6.43	7743	7.49
1982	17287	16.31	6673	6.30	10614	10.01
1983	15576	14.36	6879	6.34	8697	8.02
1984	14139	12.73	6783	6.11	7356	6.62
1985	14546	12.75	7258	6.36	7288	6.39
1986	14359	12.23	6677	5.53	7682	6.54
1987	17779	14.70	7244	5.99	10535	8.71
1988	16962	13.62	8019	6.44	8943	7.18
1989	15966	12.50	7818	6.10	8148	6.40
1990	14920	11.40	7822	6.00	7098	5.40

3－4 续表

年份	年内出生人数（人）	出生率（‰）	年内死亡人数（人）	死亡率（‰）	年内自然增长人数（人）	自然增长率（‰）
1991	10801	8.07	7599	5.68	3202	2.39
1992	9245	6.79	7993	5.87	1252	0.92
1993	8490	6.15	7504	5.44	986	0.71
1994	9760	6.95	7070	5.03	2690	1.91
1995	9799	6.81	7510	5.22	2289	1.59
1996	12508	8.18	7697	5.03	4811	3.15
1997	10400	6.42	7259	4.48	3141	1.94
1998	11631	7.04	8428	5.10	3203	1.94
1999	12775	7.55	10211	6.04	2564	1.52
2000	16533	9.53	10581	6.10	5952	3.43
2001	13735	7.71	5948	3.34	7787	4.37
2002	12286	6.65	7284	3.94	5002	2.71
2003	14334	7.44	5635	2.93	8699	4.52
2004	15768	7.91	7275	3.65	8493	4.26
2005	16037	7.80	7218	3.51	8819	4.29
2006	20156	9.52	11106	5.24	9050	4.28
2007	20815	9.61	9247	4.27	11568	5.34
2008	23565	9.95	10877	4.59	12688	5.36
2009	21218	9.08	8213	3.51	13005	5.57
2010	20485	8.56	7313	3.06	13172	5.50
2011	33652	11.39	10572	3.58	23080	7.81
2012	37146	12.49	15854	5.33	21292	7.16
2013	36757	12.30	15728	5.27	21029	7.04
2014	42139	13.98	13720	4.55	28419	9.43
2015	43335	13.93	13091	4.21	30244	9.72
2016	48740	15.07	11225	3.47	37515	11.60
2017	59031	17.67	63380	18.97	－4349	－1.30
2018	51724	14.87	24976	7.18	26748	7.69
2019	50394	14.00	25277	7.02	25117	6.98
2020	41247	11.18	24676	6.69	16571	4.49
2021	36648	9.63	27082	7.12	9566	2.51
2022	35779	9.15	25994	6.65	9785	2.50

注：2011 年开始市区包括望城区数据。

3－5 历年县(市)人口自然变动情况

年　份	年内出生人　数（人）	出生率（‰）	年内死亡人　数（人）	死亡率（‰）	年内自然增长人数（人）	自然增长率（‰）
1954	105102	38.04	48916	17.70	56186	20.34
1956	80653	15.28	31606	11.22	49047	17.42
1957	84838	30.01	29656	10.50	55182	19.63
1958	81048	28.69	60223	21.32	20825	7.37
1960	54890	20.21	85974	31.66	31084	－11.45
1961	30710	11.56	60730	22.86	－30020	－11.30
1962	88957	33.45	32050	12.05	56907	21.40
1963	130479	48.19	25921	9.57	104558	38.62
1965	114269	40.13	29655	10.41	84614	29.71
1971	88486	26.47	26687	6.34	61799	18.49
1972	91082	26.81	27979	8.24	63103	18.57
1973	90216	26.10	26130	7.56	64086	18.54
1974	81698	23.23	29146	8.29	52552	14.94
1975	80757	22.60	27976	7.83	52781	14.77
1976	68917	18.99	27043	7.45	41874	11.54
1977	65986	17.95	27866	7.58	38120	10.37
1978	58993	16.09	24819	6.77	34174	9.32
1979	59792	16.42	26215	7.20	33577	9.22
1980	56802	15.50	25665	7.00	31137	8.49
1981	59554	16.01	24214	6.54	35340	9.55
1982	69719	18.61	25255	6.74	44464	11.87
1983	63374	16.70	26893	7.09	36481	9.62
1984	57953	15.13	26659	6.96	31294	8.17
1985	62201	16.09	25978	6.72	36223	9.37
1986	69252	17.71	25460	6.51	43792	11.20
1987	72173	18.23	26613	6.72	45560	11.50
1988	70746	17.54	27363	6.78	43383	10.75
1989	84825	20.60	29086	7.00	55739	13.60
1990	73389	17.60	29861	7.20	43528	10.50

3－5 续表

年　份	年内出生人　数（人）	出生率（‰）	年内死亡人　数（人）	死亡率（‰）	年内自然增长人数（人）	自然增长率（‰）
1991	48970	11.72	29118	6.97	19852	4.75
1992	33409	7.99	29288	7.00	4121	0.99
1993	24930	5.97	28932	6.93	－4002	－0.96
1994	25832	6.20	28551	6.85	－2719	－0.65
1995	31571	7.57	29232	7.01	2339	0.56
1996	35436	8.60	28145	6.83	7291	1.77
1997	39207	9.61	27674	6.79	11533	2.83
1998	41338	10.10	28696	7.01	12642	3.09
1999	43098	10.50	27951	6.81	15147	3.69
2000	45493	11.11	30925	7.55	14568	3.56
2001	40259	9.91	25639	6.31	14620	3.60
2002	41460	10.20	29079	7.16	12381	3.04
2003	35349	8.72	34429	8.48	920	0.24
2004	40294	9.91	29998	7.38	10296	2.53
2005	51500	12.56	35570	8.67	15930	3.89
2006	42804	10.33	20501	4.95	22303	5.38
2007	43497	10.42	28318	6.78	15179	3.64
2008	47553	11.81	27688	6.88	19865	4.93
2009	48559	11.83	26770	6.52	21789	5.31
2010	51192	12.51	29254	7.15	21938	5.36
2011	42173	11.78	20323	5.68	21850	6.10
2012	45595	12.62	26721	7.40	18874	5.22
2013	46600	12.83	36362	10.01	10238	2.82
2014	59799	16.35	21659	5.92	38140	10.43
2015	54526	14.94	19535	5.40	34991	9.59
2016	54744	15.01	19122	5.24	35622	9.77
2017	56660	15.38	66356	18.01	－9696	－2.63
2018	46536	12.54	23671	6.38	22865	6.16
2019	40808	10.93	32651	8.74	8157	2.19
2020	33876	9.07	39632	10.61	－5756	－1.54
2021	27611	7.40	36600	9.81	－8989	－2.41
2022	24104	6.47	29387	7.89	－5283	－1.42

注:2011 年开始县(市)不包括望城区数据。

3-6 历年婚姻登记情况

单位:对

年份	登记结婚	#涉外婚	离婚总数	登记离婚	调解离婚	判决离婚
1980	37635	7		666		
1981	52812	2		706		
1982	48954	10		776		
1983	37903	3	1879	761	981	137
1984	44115	15	2327	885	1203	239
1985	44710	11	2099	763	1174	162
1986	55830	16	2545	952	1414	179
1987	53378	35	3157	1068	1831	258
1988	48000	57	4053	1324	2347	382
1989	56329	65	4753	1377	2739	637
1990	51366	95	4968	1372	2903	693
1991	48159	144	4999	1465	2696	838
1992	43702	246	5395	1765	2772	858
1993	38103	307	5755	2029	2847	878
1994	34463	361	6996	2120	3534	1342
1995	40178	468	7448	2628	3327	1493
1996	39672	551	7970	2831	3520	1619
1997	39910	512	7424	3810	2436	1178
1998	39947	576	6553	3232	2115	1206
1999	37140	596	7420	3365	1835	928
2000	39977	710	6291	3782	1486	1023
2001	39365	749	5875	3376	1465	1034
2002	35950	907	5639	4337	591	711
2003	42297	500	7152	4997	1048	1107
2004	47581	98	10064	6887	1143	2034
2005	45622	88	10048	7983	1012	1053
2006	57061	89	11443	8304	1350	1789
2007	52358	306	11889	9104	1381	1404
2008	62759	316	13885	10537	1740	1608
2009	79816	298	15862	12720	1813	1329
2010	69251	316	16786	13770	1778	1238
2011	78954	258	18310	15507	1877	926
2012	76127	241	20079	16528	2443	1108
2013	66317	231	20853	17429	2177	1247
2014	69709	213	21147	17007	1945	2195
2015	58187	133	22007	18183	2019	1805
2016	55272		25287	20108	2022	3157
2017	52453		30472	24360	2958	3154
2018	51914		26885	24122	1719	1044
2019	47787		28279	23380	3760	1139
2020	47575		26748	24064	1876	808
2021	40666		19804	14805	2517	2482
2022	44864		20646	15581	2749	2316

3－7 历年在岗职工人数与工资

年 份	年末人数(人)	年平均人数(人)	工资总额(万元)	年平均工资(元)
1998	732766	737636	559561	7586
1999	693863	695666	596986	8582
2000	662207	661120	670168	10137
2001	593964	598389	733898	12265
2002	625839	628383	901247	14342
2003	598370	600425	1019924	16987
2004	631679	628634	1190857	18944
2005	684154	677171	1455835	21499
2006	741106	729237	1795041	24615
2007	782838	769253	2151481	27968
2008	816795	810169	2579185	31835
2009	931149	919382	3207591	34889
2010	1037487	1014399	3888976	38338
2011	1162124	1143753	5089361	44497
2012	1177512	1177222	5992566	50904
2013	1221088	1206441	6802064	56381
2014	1239662	1237767	7655378	61848
2015	1232744	1233405	8296622	67266
2016	1143208	1125463	8754046	77782
2017	1161485	1134512	9664535	85187
2018	1113835	1107296	10330331	93293
2019	1261395	1240641	12215173	98459
2020	1335265	1326468	14007839	105603
2021	1461782	1425500	16365407	114805
2022	1401389	1405447	17029956	121171

注:1. 因为统计制度改革,在岗职工指标从 1998 年年报开始使用。

2. 3－7 表至 3－9 表统计口径为城镇非私营单位。

3－8 单位从业人员和劳动报酬情况(2022年)

项　目	单位从业人员年末人数（人）	在岗职工（人）	其他从业人员（人）
总　　计	**1472263**	**1401389**	**70874**
按国民经济行业分组			
（一）农、林、牧、渔业	1528	1363	165
（二）采矿业	514	510	4
（三）制造业	332759	330624	2135
（四）电力、热力、燃气及水生产和供应业	9194	9114	80
（五）建筑业	199652	177956	21696
（六）批发和零售业	86402	83539	2862
（七）交通运输、仓储和邮政业	62406	61738	668
（八）住宿和餐饮业	35116	31595	3521
（九）信息传输、软件和信息技术服务业	44819	44424	395
（十）金融业	85387	70552	14835
（十一）房地产业	62877	59054	3823
（十二）租赁和商务服务业	50537	46988	3550
（十三）科学研究和技术服务业	68156	66380	1777
（十四）水利、环境和公共设施管理业	14278	13831	447
（十五）居民服务、修理和其他服务业	8463	8427	36
（十六）教育	172402	164843	7559
（十七）卫生和社会工作	94396	91738	2659
（十八）文化、体育和娱乐业	25749	24980	769
（十九）公共管理、社会保障和社会组织	117626	113732	3894
（二十）国际组织			

单位从业人员平均人数(人)	在岗职工(人)	其他从业人员(人)	单位从业人员劳动报酬(万元)	在岗职工(万元)	其他从业人员劳动报酬(万元)
1477244	**1405447**	**71797**	**17442030**	**17029956**	**412074**
1407	1301	106	10517	10216	301
503	499	4	5774	5766	9
337366	335000	2366	3264797	3238378	26420
9242	9168	73	120138	119869	268
197643	176859	20784	1693363	1574693	118669
86468	83592	2876	782551	768881	13670
65077	64447	630	655286	651647	3640
35407	31966	3440	160407	156342	4065
44751	44305	446	688443	686308	2134
86859	70164	16695	1617639	1520181	97458
62487	58834	3653	585149	563631	21518
50340	47149	3191	458429	436208	22222
68018	66134	1884	1012365	999387	12977
14426	13883	543	139830	136907	2922
8485	8461	24	80221	80159	62
171380	163593	7787	2200005	2164492	35513
93372	90865	2507	1787713	1765020	22693
25975	25133	842	425261	419602	5659
118040	114093	3947	1754142	1732269	21873

3-9 年末分行业在岗职工人数

行 业	2005年	2006年	2007年	2008年	2009年	2010年	2011年
总 计	**684154**	**741106**	**782838**	**816795**	**931149**	**1037487**	**1162124**
按国民经济行业分组							
(一)农、林、牧、渔业	3003	2576	1784	1502	109	464	1446
(二)采矿业	11596	11954	9107	8187	10098	9918	12087
(三)制造业	166184	173092	190189	199707	253295	296984	366112
(四)电力、热力、燃气及水生产和供应业	7569	8169	11929	12184	13825	15849	6518
(五)建筑业	94224	119117	131732	135895	145429	153193	174571
(六)批发和零售业	44314	48692	54058	53847	60818	63755	72676
(七)交通运输、仓储和邮政业	29279	30405	30470	30230	28582	26773	43777
(八)住宿和餐饮业	31506	34215	32743	32255	34429	39177	42418
(九)信息传输、软件和信息技术服务业	9943	10241	9065	9029	9507	13299	18867
(十)金融业	19249	21033	24420	22955	31290	46108	48197
(十一)房地产业	22051	23816	22519	27311	34433	39674	41037
(十二)租赁和商务服务业	15762	15189	12333	13524	15718	20618	22370
(十三)科学研究和技术服务业	23121	25070	25536	28684	32705	34998	38592
(十四)水利、环境和公共设施管理业	7430	9056	9340	10778	13193	13224	10692
(十五)居民服务、修理和其他服务业	2388	2737	4140	4348	3863	4987	6007
(十六)教育	80410	83246	87654	97593	100022	103590	107471
(十七)卫生和社会工作	33868	37479	38950	41398	51228	54962	56478
(十八)文化、体育和娱乐业	15498	18503	18754	17109	16704	18710	22600
(十九)公共管理、社会保障和社会组织	66759	66516	68115	70259	75901	81204	70208
(二十)国际组织							

单位:人

2012 年	2013 年	2014 年	2015 年	2016 年	2017 年	2018 年	2019 年	2020 年	2021 年	2022 年
1177512	**1221088**	**1239662**	**1232744**	**1143208**	**1161485**	**1113835**	**1261395**	**1335265**	**1461782**	**1401389**
1219	1070	768	974	935	1366	1075	917	1162	1454	1363
12055	12112	4789	3716	1387	421	264	385	469	514	510
363083	371804	384988	368837	300104	331971	265453	264222	275648	330862	330624
7822	7262	7482	8012	7985	8089	7917	8438	8854	42001	9114
168026	182446	198622	209827	192915	190540	195041	187274	186727	185501	177956
74866	81543	75977	78176	71857	66958	69398	77393	81703	82677	83539
45294	49567	49570	47074	47014	44333	41931	62176	70200	69915	61738
44399	44326	37241	34402	27474	25793	21980	29474	31452	33141	31595
19455	20262	22019	22118	24423	19722	22178	31911	34107	41501	44424
50538	54716	57461	61284	62500	66142	60371	64045	68571	73335	70552
42671	44934	46982	47251	41951	43888	48185	50365	60773	59117	59054
28453	25791	25925	27948	26193	27284	31706	40191	39384	53312	46988
43548	49470	50284	42916	44514	46080	48232	59698	59431	66809	66380
11537	9277	9135	9193	10232	9907	9502	10952	14062	13373	13831
7248	5314	3937	4290	3817	3877	5349	6898	7379	7979	8427
105352	102571	105185	93848	98001	102594	104510	148080	174277	170773	164843
59349	60686	62561	65684	69726	71121	73615	83270	84090	88707	91738
22094	22142	22812	21521	20981	21836	20970	23551	22550	24254	24980
70503	75795	73924	85673	91199	79563	86158	112155	114427	116556	113732

3－10　全社会从业人员(2022年)

单位:万人

项　　目	2022年	2021年
从业人员合计	**521.36**	**532.83**
按产业分组		
第一产业	53.05	54.59
第二产业	143.55	152.58
第三产业	324.76	325.67

3－11　历年城镇失业情况

年　　份	年末城镇登记失业人数（人）	年末城镇登记失业率（%）
2000	39565	3.50
2001	44035	3.80
2002	50066	4.20
2003	52310	4.20
2004	53805	3.87
2005	49001	3.80
2006	47673	3.62
2007	38129	3.12
2008	43939	3.41
2009	46067	3.47
2010	41335	2.89
2011	54764	2.86
2012	58748	2.88
2013	60751	2.89
2014	59065	2.85
2015	34011	2.60
2016	40223	2.74
2017	38988	2.67
2018	36877	2.46
2019	58080	2.65
2020	77251	3.27
2021	46149	1.74
2022	39506	1.54

4 固定资产投资、建筑业

长沙统计年鉴

4－1 2011－2022年固定资产投资分类别增长情况

单位:%

指　　标	2011年	2012年	2013年	2014年	2015年	2016年	2017年	2018年	2019年	2020年	2021年	2022年
固定资产投资	26.1	20.3	20.1	18.3	17.1	13.9	13.1	11.5	10.1	6.2	8.2	5.1
按经济类型分												
国有投资	2.5	16.0	14.0	8.6	26.1	23.2	1.0	15.2	2.6	4.0	2.6	-8.6
非国有投资	35.9	21.8	22.1	21.4	14.5	10.9	17.7	8.5	9.7	6.9	9.6	7.4
# 民间投资	5.1	2.4	23.5	21.0	14.8	3.1	18.0	12.3	12.5	2.9	6.8	0.9
按隶属关系分												
中央项目	27.1	49.3	-26.9	97.2	-10.7	8.9	-10.4	-0.3	46.3	58.2	14.9	4.4
地方项目	26.1	19.5	21.7	16.6	18.1	14.1	13.7	10.4	6.9	4.5	7.7	5.2
按产业分												
第一产业	-25.2	35.8	18.7	10.7	-10.5	2.9	19.9	59.8	83.3	-18.7	-0.5	2.5
第二产业	28.2	25.5	25.2	20.6	23.4	9.7	6.3	22.0	10.1	4.0	11.1	5.2
第三产业	27.1	17.8	17.7	17.4	14.3	16.1	16.1	5.0	6.1	7.7	6.7	5.1
按投资方向分												
工业投资	27.3	23.7	26.2	18.9	23.4	10.7	6.7	22.1	10.9	3.9	11.5	5.2
工业技改投资	46.2	17.5	25.5	11.1	20.0	-30.5	3.3	3.7	25.4	29.4	19.5	3.3
产业投资	30.2	15.3	21.7	17.0	21.7	5.5		25.6	10.9	2.1	12.3	1.5
民生投资	-5.3	16.9	25.7	32.4	39.3	67.5	4.4	1.2	-2.0	15.2	-11.0	12.1
生态投资	81.7	11.0	77.6	27.9	13.3	18.1	-6.8	52.5	23.5	-38.0	-6.5	-13.7
基础设施	10.0	1.3	30.8	24.6	34.0	15.4	-2.7	12.7	6.4	4.5	-3.6	0.9
高技术产业投资		117.4	-14.2	-2.7	35.3	36.8	37.6	5.7	5.0	24.5	7.9	7.9
房地产开发投资	29.7	16.4	11.8	13.6	-24.0	26.5	18.2	0.7	11.2	12.0	19.7	8.4
按结构分												
建筑工程	24.9	10.0	22.5	18.4	26.0	12.8	17.8	5.5	6.9	3.2	6.2	7.0
安装工程	15.8	37.8	11.1	31.5	11.2	3.4	23.6	-5.7	-9.8	14.4	16.7	-10.9
设备工器具购置	-3.6	30.3	22.5	19.0	12.0	-7.3	20.4	47.4	32.1	2.4	4.3	-7.7

4－2　2011－2022年固定资产投资分行业增长情况

指　　标	2011年	2012年	2013年	2014年
按行业分				
农、林、牧、渔业	－37.9	35.8	18.7	－6.1
采矿业	－13.8	30.0	－5.8	18.1
制造业	30.5	27.7	27.7	18.4
电力、热力、燃气及水的生产和供应业	39.3	－16.9	16.3	28.1
建筑业	－69.5	189.2	－13.0	29.6
批发和零售业	－1.6	4.4	20.4	44.7
交通运输、仓储和邮政业	－3.4	50.1	21.8	21.8
住宿和餐饮业	－30.1	21.9	14.9	11.8
信息传输、软件和信息技术服务业	36.1	－38.7	65.0	31.0
金融业	11.0	116.5	11.9	19.9
房地产业	24.6	21.3	6.6	10.9
租赁和商务服务业	58.5	－3.3	37.4	－1.9
科学研究和技术服务业	66.6	－2.8	19.8	47.1
水利、环境和公共设施管理业	0.5	－4.0	44.6	27.8
居民服务和其他服务业	－14.4	35.3	23.7	－33.4
教育	－16.4	28.9	34.7	18.7
卫生和社会工作	7.3	3.6	23.0	28.2
文化、体育和娱乐业	－42.9	67.6	37.3	73.8
公共管理和社会组织	103.9	129.7	－2.9	－30.4

单位:%

2015 年	2016 年	2017 年	2018 年	2019 年	2020 年	2021 年	2022 年
4.2	-8.2	-6.3	56.4	69.0	-21.8	1.0	10.6
2.7	-37.7	-24.7	-20.4	78.9	43.2	-33.4	33.9
26.2	11.7	8.8	17.3	6.7	3.3	11.5	3.2
-13.8	5.8	-34.2	187.8	62.7	6.5	16.0	-12.1
24.9	-33.3	-17.0	0.2	-63.1	38.2	-79.2	109.3
11.5	-25.3	62.6	-34.5	-16.1	-18.7	-43.5	-27.4
20.0	2.2	12.0	20.1	4.1	-0.9	3.9	4.9
20.7	-50.0	41.4	22.8	29.8	-28.7	15.2	-39.1
208.5	-14.1	46.4	-37.0	75.9	9.9	20.8	23.8
15.4	-25.1	-20.8	85.7	-42.2	-30.1	83.3	-55.9
-13.3	35.2	11.7	-6.7	9.4	13.7	15.1	8.3
43.4	17.9	11.4	53.2	32.2	12.5	7.9	-3.9
53.7	-8.4	21.1	46.5	-31.9	8.2	-6.3	49.0
49.1	25.0	-2.7	20.2	-0.3	0.7	-4.1	-9.7
14.0	-6.4	37.1	118.5	4.2	-11.5	8.5	-24.1
14.1	36.4	25.3	35.0	10.2	15.0	11.6	17.9
8.0	42.0	60.3	24.4	-9.4	14.1	-23.2	17.8
10.2	117.4	31.9	3.8	-2.8	-11.0	-11.3	4.6
-9.0	-11.4	72.2	76.7	18.2	-60.6	21.1	-13.4

4－3　主要年份房地产开发及商品房销售主要指标

年份	完成投资额(万元)	#住宅	新增固定资产(万元)	建筑面积(万 m^2)		商品房销售情况		土地开发情况		
				施工房屋面积	竣工房屋面积	商品房销售额(万元)	商品房销售面积(万 m^2)	本年购置土地面积(万 m^2)	本年完成开发土地面积(万 m^2)	土地开发投资额(万元)
1998	174078	77797	121802	339.01	98.38	67692	39.97	35.10	118.08	26757
1999	225765	131260	205616	336.68	156.27	137043	79.97	28.91	61.66	39059
2000	330238	151091	166677	385.32	147.73	178455	92.72	49.56	176.23	85418
2001	631878	305549	377131	634.01	214.99	305217	163.90	262.86	221.25	92344
2002	817883	442655	525566	833.94	332.12	418141	232.10	544.43	358.58	130367
2003	1225551	732833	743987	1102.12	443.24	666279	325.82	789.72	562.14	216418
2004	1755376	1167921	932398	1462.41	591.90	1072486	519.95	807.63	543.46	224325
2005	2563500	2011118	828971	1913.57	515.16	1162249	536.99	1007.59	246.81	196384
2006	3038612	2305640	1048277	2411.94	547.09	1961129	741.69	1186.10	707.68	477218
2007	4129929	3408702	1268230	3270.34	699.90	3258716	985.09	973.23	645.94	626022
2008	4694654	3688740	1900755	4225.29	750.57	2733593	822.59	965.48	581.80	601574
2009	4974692	3929930	3686224	6168.62	1314.71	5130956	1406.58	392.92	640.51	337539
2010	6841481	5163283	4293394	6687.29	1392.55	7423283	1680.21	288.48	216.78	327188
2011	8869232	6843026	5294334	7670.96	1451.77	8824072	1500.20	331.71		
2012	10320003	6988572	5602631	7361.67	1402.27	9315598	1526.93	311.15		
2013	11536073	7665970	5930203	8668.15	1400.36	11603801	1840.59	458.99		
2014	13104995	8556727	5650417	9647.15	1438.85	9289202	1519.20	279.50		
2015	9966008	6391805	6899198	9208.60	1349.29	11166104	1904.89	106.68		
2016	12605475	6899559	6153304	9586.41	1670.58	16614055	2593.71	204.77		
2017	14896906	8077656	4820787	9715.03	1143.86	17367424	2259.15	205.85		
2018	15007609	9066397	5479710	10619.79	1441.27	19510052	2387.35	354.13		
2019	16684029	10208477	5414268	11775.36	1286.11	20210846	2334.86	232.52		
2020	18684070	12057030	5859402	12652.15	1259.21	23798994	2047.97	244.92		
2021	22361173	15751618	7289041	12872.49	1207.18	26203218	2605.79	286.92		
2022			6994714	11720.07	1386.00	17897224	1699.36	116.09		

4－4　房地产开发投资完成情况(2022 年)

单位:万元

指　　标	总计	其中:地方
计划总投资	149809879	10625505
本年完成投资	24249312	2362634
# 土地购置费	7377845	779863
按登记注册类型分		
内资	23001284	2362634
国有独资公司	1383752	684470
其他有限责任公司	14254587	1617567
股份有限公司	221756	60597
私营有限责任公司	6907624	
私营股份有限公司		
其他	70128	
港澳台投资	1027622	
港澳台合资经营	375711	
港澳台合作经营	84081	
港澳台独资	567830	
外商投资	220406	
中外合资经营	120343	
中外合作经营	60345	
外资企业	39718	
按构成分		
建筑工程	14101747	1339788
安装工程	1469556	166829
设备工器具购置	445273	29324
其他费用	8232736	826693
按工程用途分		
住宅	17594521	1962455
办公楼	986956	42240
商业营业用房	3219187	155484
其他	2448648	202455
本年新增固定资产	6994714	782374
上年末结余资金	12375182	1258163
本年实际到位资金	23969649	2206817
# 国内贷款	3255081	359561
利用外资		
自筹资金	7824946	697123
定金及预收款	7720290	747561
本年各项应付款合计	7870114	616691
# 工程款	4426090	264495

4－5 房地产施工竣工及销售主要指标(2022年)

指标	单位	合计	按用途分					
			商品住宅	#90平方米以下	#140平方米以上住房	办公楼	商业营业用房	其他
房屋施工面积	万㎡	11720.07	7722.34			658.5	1451.84	1887.38
# 新开工面积	万㎡	1442.49	1123.05			32.18	123.05	164.21
房屋竣工面积	万㎡	1386	885.37			99.04	169.26	232.35
竣工房屋价值	万元	6251161	3756938			740106	902947	851170
商品房销售面积	万㎡	1699.36	1472.97	38.38	352.93	51.88	137.8	36.71
商品房销售额	万元	17897224	15765160	318304	4705325	490767	1419984	221313
商品房待售面积	万㎡	373.86	156.26			28.86	140.81	47.93
# 待售1－3年面积(含一年)	万㎡	203.48	105.01			22.29	57.41	18.77
待售3年以上面积(含三年)	万㎡	70.06	13.67			0.97	42.83	12.59

4－6 主要年份建筑业生产主要指标完成情况

项　目	单位	2010年	2011年	2012年	2013年	2014年	2015年	2016年
一、企业个数	个	517	540	555	592	564	552	545
二、建筑业总产值	万元	17401686	21002701	23299080	27637110	31938738	34781817	37864479
1. 建筑工程产值	万元	15073216	18474160	20611794	23998080	27104990	30051017	33252557
2. 安装工程产值	万元	712116	814652	952003	1235752	1613458	1672813	1779164
3. 其他产值	万元	1616354	1713889	1735283	2403279	3220289	3057987	2832758
三、竣工产值	万元	9003006	11581484	15036364	17642193	17984470	20216497	21999213
四、房屋建筑施工面积	万 m^2	15052.19	18325.65	19728.7	23775.93	26251.72	25848.26	27980.19
# 本年新开工面积	万 m^2	7149.8	7299.01	6540.38	8813.35	9275.52	7965.95	8885.55
# 实行投标承包面积	万 m^2	14298.23	14931.5	16099.54	19301.8	23972.89	23665.58	25374.59
五、房屋建筑竣工面积	万 m^2	4267.59	4523.29	5005.64	6517.54	6697.81	6537.11	7370.01
六、年末自有施工机械设备								
1. 净值	万元	610815	706808	533180	735361	946082	1075868	12357011
2. 总台数	台	176855	160030	144560	146421	149930	156653	152527
3. 总功率	万千瓦	368.86	422.21	424.8	414.55	419.99	500.2	452.49
七、计算劳动生产率平均人数	万人	72.74	75.98	78.62	91.27	100.27	110.22	107.01

4－6 续表

项　目	单位	2017年	2018年	2019年	2020年	2021年	2022年
一、企业个数	个	584	693	857	943	980	1030
二、建筑业总产值	万元	43745344	49764570	54692126	60587739	68235397	73608277
1. 建筑工程产值	万元	38609049	43416603	47838813	53377608	60258091	65983258
2. 安装工程产值	万元	1991298	2758962	3272571	3381945	3764869	4210624
3. 其他产值	万元	3144997	3589005	3580742	3828187	4212437	3414394
三、竣工产值	万元	22731199	24123527	24635118	25108292	31610427	30406532
四、房屋建筑施工面积	万 m^2	30115.1	33042.15	37341.16	39549.74	45421.53	45357.19
# 本年新开工面积	万 m^2	9734.52	10859.75	11527.39	12114.14	11730.97	11281.35
# 实行投标承包面积	万 m^2						
五、房屋建筑竣工面积	万 m^2	7443.17	7531.67	7753.05	8030.84	9812.84	9623.40
六、年末自有施工机械设备							
1. 净值	万元	1666937	1660987	781685	898742	657968	583952
2. 总台数	台	149670	137028	120680	116817	112960	92200
3. 总功率	万千瓦	443.43	469.53	431.62	496.86	450.86	479.74
七、计算劳动生产率平均人数	万人	112.33	119.71	125.27	130.08	128.88	121.59

4－7 建筑业企业生产情况(2022年)

项目	企业个数(个)	建筑业总产值(万元)	#装饰装修产值	#在外省完成的产值	#装配式建筑工程产值	建筑工程产值
总计	**1030**	**73608277**	**2681201**	**34956706**	**16981669**	**65983258**
# 国有控股企业	81	43584903	915250	28889030	11174815	42066733
一、按登记注册类型分组						
内资企业	1029	73403818	2681201	34800300	16981669	65793894
国有企业	8	1084316	11758	882800		1042620
集体企业	4	99956	12973	27578		71703
有限责任公司	149	47812192	1253101	28815624	11981658	45415717
国有独资公司	18	7872986	376283	3170014		7564129
其他有限责任公司	131	39939206	876817	25645610	11981658	37851587
股份有限公司	10	1824499	60631	456125		1253518
私营企业	857	22582855	1342738	4618172	5000011	18010337
私营有限责任公司	839	20578777	1181079	4204562	4604380	16405708
私营股份有限公司	17	2001742	161659	413528	395631	1602293
外商投资	1	204458		156406		189364
二、按企业资质等级分组						
总承包	618	68115123	1366518	32943760	15674321	62104803
特级	14	35625696	207435	23826890	10009952	34315518
一级	165	26370495	937151	8286753	4002498	22706822
二级	180	4638215	166625	550837	1246575	4006478
三级及以下	259	1480717	55307	279281	415296	1075985
专业承包	412	5493154	1314683	2012946	1307348	3878456
一级	209	4416320	1220757	1751490	1269329	3305080
二级	152	795528	58794	173394	30259	441100
三级及以下	51	281306	35132	88062	7760	132276

安装工程产值	其他产值	竣工产值（万元）	房屋建筑施工面积（m^2）	#本年新开工面积	房屋建筑竣工面积（m^2）	直接从事生产经营活动的平均人数（人）	工程技术人员（人）
4210624	**3414394**	**30406532**	**453571893**	**112813484**	**96234038**	**1215993**	**132588**
991320	526850	19181378	349651151	83245625	64786520	562725	64761
4210624	3399300	30202074	453571893	112813484	96234038	1211359	132588
	41697	78502	170000			14552	1847
28253		51417	348490	65304	125651	4668	325
1220367	1176108	20941382	365824734	89056701	70489111	693270	72886
104548	204308	2689577	68224809	20918093	9903005	127936	9825
1115819	971800	18251805	297599925	68138608	60586106	565334	63061
156556	414425	663711	5702063	1198531	1692463	40465	3802
2805448	1767070	8467062	81526606	22492948	23926813	458404	53728
2552162	1620908	7973499	64529029	17252437	22196327	424817	50960
253286	146163	491226	16997577	5240511	1730486	33499	2764
	15094	204458				4634	
3029387	2980933	28052004	448652933	110971441	93734376	1109852	116458
552776	757402	17026791	336855860	80001883	61830897	470466	40474
1842920	1820753	8401555	90265090	25849945	24412637	499812	55314
408848	222890	1957087	18627528	3737499	5897153	100286	11986
224845	179888	666572	2904455	1382114	1593689	39288	8684
1181237	433461	2354528	4918960	1842043	2499662	106141	16130
736303	374937	1713667	3923237	1252906	1701828	77583	11604
310445	43983	448776	293566	200459	290512	22042	3382
134489	14541	192085	702157	388678	507322	6516	1144

4－7 续表

项　　目	企业个数（个）	建筑业总产值（万元）	#装饰装修产　　值	#在外省完成的产值	#装配式建筑工程产值	建筑工程产　　值
三、按建筑业行业中类分组						
房屋建筑业	469	53996817	1291786	24977802	16707253	49467470
住宅房屋建筑	431	49568617	1162192	23282837	16517178	45197486
其他房屋建筑业	38	4428200	129594	1694965	190075	4269984
土木工程建筑业	311	15851799	89925	8475620	122738	14246258
铁路、道路、隧道和桥梁工程建筑	146	9428264	45518	4741014	52886	8707387
水利和水运工程建筑	24	3648866		2530833		3581890
工矿工程建筑	10	650066		502588		531766
架线和管道工程建筑	41	959761	3538	343231	46927	657408
节能环保工程施工	16	176700		102837	15165	116474
电力工程施工	15	116460		18681	1805	68792
其他土木工程建筑	59	871683	40870	236437	5955	582541
建筑安装业	104	1939081	28688	663081	104700	780806
电气安装	41	729517		235342		296142
管道和设备安装	10	124144		38191		88160
其他建筑安装业	53	1085420	28688	389548	104700	396503
建筑装饰、装修和其他建筑业	146	1820580	1270801	840203	46978	1488725
建筑装饰和装修业	115	1513740	1259387	724174	22695	1366466
建筑物拆除和场地准备活动	7	68885		16012		61480
提供施工设备服务	3	87627		55551		168
其他未列明建筑业	21	150328	11414	44466	24283	60612

安装工程产值	其他产值	竣工产值（万元）	房屋建筑施工面积（m^2）	#本年新开工面积	房屋建筑竣工面积（m^2）	直接从事生产经营活动的平均人数（人）	工程技术人员（人）
2035309	2494038	24154296	441804003	110440508	92146570	906507	81360
1963125	2408007	22284614	394445895	99334865	83617348	815792	74196
72184	86032	1869682	47358108	11105643	8529222	90715	7164
936912	668629	4529278	10639874	1810730	3299836	237934	42653
332043	388834	2673802	3136810	771505	1122922	151074	29200
35893	31082	728532	6863389	750450	1595106	46857	6991
78519	39781	90233	352481	121988	207521	7714	887
227822	74531	694901	46150	14856	44647	16644	1982
10614	49612	28910	1		39879	2187	431
47355	312	8286				1320	454
204665	84477	304614	241043	151931	289761	12138	2708
1045809	112466	761075	802161	364567	607271	35562	4502
420409	12966	277382				6641	931
22962	13022	43911				2046	661
602439	86478	439782	802161	364567	607271	26875	2910
192594	139260	961884	325855	197679	180361	35990	4073
91531	55744	800983	294783	197679	179415	30587	3364
189	7216	34996				688	118
54633	32827	34134	28270			1733	233
46242	43474	91770	2802		946	2982	358

4－8　主要年份建筑业财务状况

项　　目	单位	2005年	2006年	2007年	2008年	2009年	2010年	2011年
一、年末资产负债								
流动资产合计	万元	2837325	3314982	4270154	5122164	6252585	8001811	9709347
固定资产原价	万元	1014513	1184889	1612399	1785749	1962253	1875495	2026409
# 生产经营用	万元	829613	1002572	1409999	1466618	1299391	1537300	
累计折旧	万元	373969	438718	551166	602533	694491	775604	891674
# 本年折旧	万元	69070	72647	75814	132602	139803	172206	186788
资产合计	万元	3983250	4633015	5996227	7078559	8350689	10402388	12540899
流动负债合计	万元	2233802	2685378	3751735	4250492	5210629	6760187	7637066
长期负债合计	万元	300389	335771	402464	469312	556174	507208	753704
所有者权益合计	万元	1449059	1611867	1842028	2358755	2583886	3135023	4024090
# 实收资本	万元	1058647	1169051	1271429	1478953	1595580	1917221	2170676
二、损益及分配								
管理费用	万元	197115	234888	271463	277710	329378	438016	507585
利润总额	万元	120833	181684	245663	477409	418620	574081	712628
# 应交所得税	万元	35207	49380	63394	63536	87801	91193	127590
应交增值税	万元							
三、工资福利费								
应付职工薪酬	万元							1487379
四、亏损企业个数	个	100	107	82	50	69	82	65

2012 年	2013 年	2014 年	2015 年	2016 年	2017 年	2018 年	2019 年	2020 年	2021 年	2022 年
11483057	13600316	15879020	18371152	22082517	24984789	29040378	32754813	37329513	40762731	44935622
2152809	2341521	2574911	2670440	2616760	2763772	2999758	3469527	3558876	3718289	4841776
1010130	1125930	1222525	1342849	1340516	1403635	1499799	1500972	1626381	1737823	2755219
187878	178722	223529	234960	209190	224505	277283	301937	288987	286808	283605
14979997	17815511	20658175	23665787	28570473	33113744	39649127	45076693	50313202	55158395	61105221
8783469	10516791	12044082	13413952	16462656	19526859	23056383	26907975	30626485	33971454	39019086
951942	1030037	1284100	1550722	2601079	2360007	3676892	31222598	35453125	39297582	4601077
4874075	5966979	7072768	8194043	8970403	10591487	12428130	13854095	14860077	15860813	16945701
2474991	2963173	3554730	3917093	4352833	5634836	6222832	6753292	7051617	7892715	7996167
570283	793192	888405	954001	1050216	1197040	1444057	1404652	1417571	1646253	1634781
828360	1129347	1102611	1125163	1181762	1273773	1550371	1679801	1760680	1865265	1683974
163997	218115	198906	219279	232523	229813	246324	252528	266260	311338	261907
				436039	715342	1086525	1089212	1097041	1006271	1087252
1700926	4666217	4027362	3855556	3697098	3591991	6995783	5916631	5162888	5233034	5628709
101	69	76	80	84	81	76		15	152	189

4－9 建筑业企业财务状况(2022年)

指标	资产总计	流动资产合计	#应收工程款	#存货	固定资产原价
总计	**61105221**	**44935622**	**12985734**	**3467623**	**4841776**
一、按登记注册类型分组					
内资企业	60762292	44903084	12963149	3463953	4841309
国有企业	423822	343112	106650	6714	42250
集体企业	122334	91365	32607	2408	6744
国有独资公司	7439699	5140128	1228937	222816	282771
其他有限责任公司	38972377	27524633	7309504	1469647	3230651
股份有限公司	629880	516225	145404	76145	104276
私营企业	13171806	11285581	4138926	1686031	1174321
私营有限责任公司	12140731	10384716	3810636	1510355	1020388
私营股份有限公司	1023624	893975	326609	172766	152755
外商投资企业	342929	32537	22585	3669	467
二、按企业资质等级分组					
总承包	56026906	40827797	11330591	3150262	4402794
特级	32577162	21231606	5753825	840176	1960700
一级	18158989	15155480	4377697	1716937	1939430
二级	3287346	2706314	728685	478170	403135
三级及以下	2003410	1734396	470384	114979	99529
专业承包	5078314	4107825	1655142	317360	438982
一级	3994041	3183521	1242960	254348	300491
二级	772025	682533	289974	43176	53972
三级及以下	312248	241771	122208	19836	84519
三、按建筑业行业中类分组					
房屋建筑业	40614323	29709909	8370758	2357530	1729645
住宅房屋建筑	37890235	27493364	7766055	2201423	1586225
其他房屋建筑业	2724088	2216545	604704	156107	143420
土木工程建筑业	17461082	12677715	3626646	871685	2807523
铁路、道路、隧道和桥梁工程建筑	8041589	6372064	1468296	409213	1487978
水利和水运工程建筑	5927401	3446615	1335489	217240	1054700
工矿工程建筑	569351	499884	223591	11169	67329
架线和管道工程建筑	1280453	846387	229234	120301	116266
节能环保工程施工	314998	276464	129300	31100	11678
电力工程施工	83624	67345	30625	5146	13007
其他土木工程建筑	1243668	1168956	210111	77517	56565
建筑安装业	1425196	1199099	458732	167851	122470
电气安装	706387	571021	153289	130665	80426
管道和设备安装	104480	92639	33983	453	15587
其他建筑安装业	614329	535439	271460	36733	26458
建筑装饰、装修和其他建筑业	1604620	1348899	529598	70556	182138
建筑装饰和装修业	1288388	1114013	379060	50816	43951
建筑物拆除和场地准备活动	53628	39942	25665	1105	7800
提供施工设备服务	168917	111618	90799	5258	118688
其他未列明建筑业	93687	83327	34074	13378	11699

单位:万元

累计折旧	#本年折旧	在建工程	流动负债合计	#应付账款	非流动负债合计	负债合计	所有者权益合计	#实收资本
2755219	**283605**	**517067**	**39019086**	**17957104**	**4601077**	**44159520**	**16945701**	**7996167**
2755219	283605	517067	38871421	17899053	4601077	44011855	16750437	7990476
6642	1151	2669	218599	88413	136748	355348	68474	57397
3075	89	124	70675	6325	3756	85841	36494	34559
101991	21252	51773	3980672	1456213	1345193	5325865	2113835	1224206
2009092	164057	273579	26807568	13412259	2871544	29753704	9218673	4084311
63723	1282		341662	88765	403	349578	280303	107189
570696	95775	188885	7451679	2846512	243433	8139656	5032150	2482814
478325	83072	187381	6987029	2700878	221577	7651926	4488805	2341790
91504	12601	1504	460394	145123	21856	483474	540151	138025
			147665	58051		147665	195264	5691
2536684	244343	443808	35827554	16538897	4503134	40777190	15249717	7082157
920196	146600	254885	20894820	10389453	3434655	24329475	8247687	3644434
1355256	67121	106270	11760586	5158743	913000	12857642	5301347	2469846
222582	22108	68675	1783743	604518	46673	2031294	1256053	654247
38651	8514	13978	1388405	386183	108806	1558780	444630	313629
218535	39263	73260	3191532	1418208	97943	3382330	1695984	914010
142657	21754	68074	2525933	1174126	83458	2672990	1321051	663192
27326	5832	3374	492217	183662	10332	519637	252389	172214
48552	11678	1811	173383	60420	4153	189703	122545	78604
915276	152637	165392	25915043	12085191	2788756	29082042	11532281	5146306
881209	138885	121374	24435093	11800913	2325615	27136155	10754080	4777648
34067	13752	44018	1479950	284278	463140	1945887	778201	368659
1685422	102184	316980	11257642	5055449	1736073	13089995	4371087	2268878
1163712	41396	56638	5318161	2381236	393104	5768572	2273017	1326369
387586	42173	237723	3536383	1744253	1212244	4757402	1169999	426697
29962	6048	36	463368	222427	14921	478289	91062	62150
63179	6215	1362	722566	325970	18141	769038	511415	231368
5186	742	20164	227527	149681	3770	232383	82615	48477
4049	2428	26	44954	20288	595	45549	38075	25392
31748	3183	1031	944684	211595	93299	1038763	204905	148425
57958	7617	11289	819933	326919	25320	860473	564723	267109
41437	4044	3374	373468	134202	14533	389809	316578	105087
6278	1641	163	64477	18408	23	72432	32048	21099
10244	1932	7752	381988	174310	10764	398232	216097	140924
96563	21167	23406	1026468	489546	50929	1127009	477610	313873
18902	4502	18046	846687	435833	46971	914304	374084	260459
5735	791		42434	20548	1	42435	11193	14161
65806	14950	2260	88462	12232	3026	117101	51816	17100
6119	925	3100	48886	20933	931	53170	40518	22152

4－9 续表1

指　　标	营业收入	#主营业务收入	营业成本	#主营业务成本
总　　计	**62469734**	**61426892**	**57306664**	**56259356**
一、按登记注册类型分组				
内资企业	62265543	61426892	57157153	56259356
国有企业	205376	177140	185824	159554
集体企业	93863	93863	86033	84630
国有独资公司	7283775	7268006	6658379	6635736
其他有限责任公司	35792158	35520672	32894633	32579450
股份有限公司	1351680	1349102	1271458	1269244
私营企业	17535782	17015199	16058555	15528471
私营有限责任公司	15789868	15271351	14486983	13958793
私营股份有限公司	1743762	1741695	1569656	1567763
外商投资企业	204191	0	149511	0
二、按企业资质等级分组				
总承包	57362318	56724869	52687327	51986263
特　　级	32761598	32718551	30112082	30049918
一　　级	19688132	19194800	18168575	17636192
二　　级	3603315	3547519	3243564	3178769
三级及以下	1309273	1264000	1163107	1121384
专业承包	5107416	4702023	4619336	4273093
一　　级	4142700	3816229	3788677	3514407
二　　级	687089	618630	600700	537910
三级及以下	277627	267165	229960	220776
三、按建筑业行业中类分组				
房屋建筑业	46059886	45444602	42400750	41779760
住宅房屋建筑	42573070	42000727	39268198	38687954
其他房屋建筑业	3486817	3443876	3132552	3091806
土木工程建筑业	12945009	12570204	11759685	11380172
铁路、道路、隧道和桥梁工程建筑	6918644	6840190	6386545	6288164
水利和水运工程建筑	3317761	3310759	2935937	2924892
工矿工程建筑	656260	646556	620799	603248
架线和管道工程建筑	1065950	852699	936068	769167
节能环保工程施工	213440	213193	186003	185646
电力工程施工	105693	75001	94908	65346
其他土木工程建筑	667261	631807	599425	543708
建筑安装业	1818939	1786106	1685045	1655597
电气安装	764220	760870	693878	690615
管道和设备安装	139112	125219	128001	116198
其他建筑安装业	915607	900017	863167	848785
建筑装饰、装修和其他建筑业	1645901	1625980	1461184	1443827
建筑装饰和装修业	1375979	1359173	1228516	1213790
建筑物拆除和场地准备活动	68648	68020	61659	61200
提供施工设备服务	81891	81810	63445	63445
其他未列明建筑业	119384	116978	107563	105392

单位:万元

营业税金及附加	#主营业务税金及附加	其他业务利润	销售费用	管理费用	财务费用	#利息收入	#利息支出
370402	**346449**	**11966**	**96793**	**1634781**	**360329**	**166592**	**408926**
369104	346449	11966	96511	1628572	360686	166206	408926
1119	870	230	243	7528	4970	-2476	7461
1499	1499		1342	4809	292	242	53
21387	21304	1923	1143	127738	97783	46433	126924
155668	153279	7501	23044	780365	150175	117423	229556
6309	3464	416	679	28098	2406	1616	68
183112	166023	1896	70061	679809	104849	2969	44863
167897	150825	1815	66893	577917	94993	2650	40764
15202	15186	81	3168	101702	9851	319	4100
1297			282	6209	-357	386	
345692	324028	7993	61039	1413799	337837	163923	398393
95465	92063	2216	8051	612074	188654	144311	288034
188112	172807	4025	34324	572690	127290	15974	97447
51478	50196	1632	12356	154142	12740	3118	6170
10638	8962	121	6309	74893	9153	522	6742
24709	22421	3973	35754	220982	22492	2669	10533
15813	14032	1630	13524	155123	16079	2353	7915
6494	6039	2261	18212	43870	3527	287	1095
2402	2351	81	4018	21989	2887	28	1523
274008	253757	3350	49352	982534	289562	137293	296627
257369	237599	3349	48664	885987	227088	135464	243099
16640	16158	1	688	96548	62474	1829	53528
79055	76160	7463	20602	489050	56619	25246	104652
29651	29211	5161	6798	190839	3617	6030	29550
35855	35205	906	4430	173671	37994	17896	62809
2211	2211	9	631	18731	4976	168	4654
4546	3052	412	3073	55683	2771	885	2100
575	546		3610	15160	577	202	576
365	293	1	394	8515	337	-9	165
5851	5641	975	1666	26450	6347	75	4799
9020	8531	784	6353	81687	1837	3395	1706
4846	4423	702	2535	41368	-640	3003	938
540	540	44	265	7562	417	-1	
3635	3568	38	3554	32757	2060	393	768
8318	8001	370	20486	81510	12312	658	5941
5790	5561	289	18858	66353	7989	275	4363
257	256		50	3808	723	11	
599	599	81	584	4692	2943	16	992
1672	1585		994	6658	656	356	586

4－9 续表 2

指　　标	资产减值损失	公允价值变动收益	投资收益	其他收益
总　　计	**160121**	**20**	**207324**	**12634**
一、按登记注册类型分组				
内资企业	160121	20	204624	12634
国有企业	28			220
集体企业				
国有独资公司	6260		25924	2027
其他有限责任公司	144348		173638	8334
股份有限公司	70		78	246
私营企业	9416	20	4984	1807
私营有限责任公司	7000	20	3106	877
私营股份有限公司	2416		1878	930
外商投资企业			2700	
二、按企业资质等级分组				
总承包	150065	20	203944	10358
特　　级	138000		188062	6279
一　　级	13202		13536	2962
二　　级	－1338		1981	292
三级及以下	201	20	365	826
专业承包	10056		3380	2276
一　　级	7070		3265	1136
二　　级	1396		35	137
三级及以下	1591		80	1002
三、按建筑业行业中类分组				
房屋建筑业	75054	20	198944	6725
住宅房屋建筑	68388	20	193883	5886
其他房屋建筑业	6666		5061	839
土木工程建筑业	83594		5738	4243
铁路、道路、隧道和桥梁工程建筑	6489		11851	2052
水利和水运工程建筑	74099		－8953	1132
工矿工程建筑	2370		－94	485
架线和管道工程建筑	238		2827	270
节能环保工程施工	403			148
电力工程施工			7	
其他土木工程建筑	－5		101	157
建筑安装业	－1220		1606	59
电气安装	－1220		1565	12
管道和设备安装			20	1
其他建筑安装业			21	46
建筑装饰、装修和其他建筑业	2692		1036	1607
建筑装饰和装修业	1109		954	632
建筑物拆除和场地准备活动	－415			48
提供施工设备服务	1998		3	927
其他未列明建筑业			79	

单位：万元

营业利润	营业外收入	营业外支出	利润总额	应交所得税	应付职工薪酬（本年贷方累计发生额）	应交增值税	建筑业企业在境外完成的营业收入
1681012	**25769**	**22777**	**1683974**	**261907**	**5628709**	**1087252**	**1060076**
1637794	25287	21877	1641173	255789	5592577	1077401	1060076
3096	71	48	3119	275	14029	8730	318
1174	9	2	1181	347	8373	2361	
217170	2037	1303	217903	31470	241758	139914	28476
959242	13133	11485	960913	134856	3165354	536538	732808
36056	222	577	35779	7347	159429	35625	
421036	9813	8461	422258	81492	2003379	354233	298474
376240	9043	8213	376940	71407	1879069	317090	298474
44767	770	249	45289	10078	124068	37123	
43219	482	900	42800	6118	36132	9852	
1535582	20446	15529	1540457	243216	5149064	963001	1013968
843550	7865	5155	846260	129947	2703783	420346	656147
502789	10564	7485	505945	90451	1417853	433102	343801
144874	1142	1700	144338	18242	373221	80123	14020
44369	875	1189	43914	4576	654207	29430	
145430	5323	7248	143517	18691	479644	124252	46109
118531	2726	4928	116342	15099	331070	101136	46109
14677	1193	1633	14236	1920	124413	16003	
12223	1403	687	12939	1673	24161	7112	
1272301	10369	9473	1273229	181902	3739022	708864	541901
1190034	9700	8659	1191108	170510	3599035	636913	541583
82267	668	814	82121	11392	139988	71952	318
335826	12968	7961	340773	67741	1622677	307898	500629
196431	2581	2524	196500	23696	1097823	134665	66165
43322	4139	1674	45810	31186	279126	78369	390424
11628	325	1115	10839	1128	40294	25795	34666
59605	3729	1701	61633	8047	124708	43623	400
6404	717	83	7039	941	16143	4713	523
557	1151	173	1535	312	7386	2092	
17879	326	693	17417	2431	57197	18642	8451
39014	1131	3775	36368	9207	132966	34181	620
22206	563	407	22360	6322	49609	15578	620
1480	37	8	1509	239	9150	1884	
15328	531	3360	12500	2646	74207	16718	
33872	1301	1568	33604	3057	134043	36309	16926
23287	488	1095	22678	1885	110749	26525	16466
1028	61	357	732	215	5986	1325	
7235	658	31	7863	521	4573	5464	
2322	94	85	2330	436	12736	2996	460

5 财政、金融、保险

长沙统计年鉴

5－1 主要年份财政收支情况

单位:万元

年份	辖区内一般公共预算收入	一般公共预算收入	上划中央两税	地方一般公共预算收入	国土收入	一般公共预算支出
1994		231865	91711	134875	5282	152093
1995	518409	287494	98314	179864	9316	216021
1996	675251	374213	119022	245965	9226	273809
1997	787809	375994	119610	250306	6078	280728
1998	910694	422279	119613	294507	8159	329659
1999	991512	454291	130630	316691	6970	362715
2000	1096493	504342	150260	344491	9591	414336
2001	1239745	617997	170220	421620	26157	523252
2002	1369867	754759	204719	460682	35768	625493
2003	1612343	1027631	234356	598930	114311	784168
2004	2051400	1331234	287636	806555	104542	1005542
2005	2524803	1730364	336548	1080572	135778	1330503
2006	2966297	2171904	401804	1328345	183528	1671873
2007	5062048	2663841	486275	1745761	550501	2181733
2008	5989800	3188656	552269	2055700	933144	2605584
2009	6856000	3729724	663675	2462933	1123813	3140820
2010	8482000	5112800	830606	3142836	1346962	4033349
2011	11014000	6889551	1024740	4257827	2395757	5208876
2012	12453330	7965760	1148368	4906482	2651327	6246207
2013	14203395	8838849	1330601	5366331	4114049	7018238
2014	16214467	10030833	1328466	6327992	5499579	8023838
2015	17621465	11134811	1359797	7189468	3721509	9249992
2016	18261529	12310190	2018282	7436954	2762966	10414331
2017	20404954	14032905	2900339	8003456	3254258	11826043
2018	21655730	15449498	3141360	8797072	5560565	13007895
2019	21761893	15927394	3169644	9502290	8102435	14259810
2020	22278653	16429579	2917505	11000910	10505828	15012319
2021	23963079	17750371	3248440	11883057	12019071	15415932
2022	22843302	17884561	3505654	12020004	10567234	15662586

注:原财政总收入名称变更为一般公共预算收入。

5-2 主要年份财政收支增长速度

单位:%

年 份	辖区内一般公共预算收入	一般公共预算收入	上划中央两税	地方一般公共预算收入	一般公共预算支出
1995		24.0	7.2	33.4	42.0
1996	30.3	30.2	21.1	36.8	26.8
1997	16.7	0.5	0.5	1.8	2.5
1998	15.6	12.3		17.7	17.4
1999	8.9	7.6	9.2	7.5	10.0
2000	10.6	11.0	15.0	8.8	14.2
2001	13.1	22.5	13.3	22.4	26.3
2002	10.5	22.1	20.3	22.0	19.5
2003	17.7	36.2	14.5	33.2	25.4
2004	27.2	29.5	22.7	34.7	28.2
2005	23.1	30.0	17.0	34.0	32.3
2006	17.5	25.5	19.4	22.9	25.7
2007		43.3	21.0	31.4	30.5
2008	18.3	19.7	13.6	17.8	19.4
2009	14.5	17.0	20.2	19.8	20.5
2010	23.7	28.1	25.2	31.2	28.4
2011	29.9	34.8	23.4	35.5	29.1
2012	13.1	15.6	12.1	15.2	19.9
2013	14.1	11.0	15.9	9.4	12.4
2014	14.2	13.5	-0.2	17.9	14.3
2015	8.7	11.0	2.4	13.6	15.3
2016	3.6	10.6	48.4	3.4	12.6
2017	11.7	14.0	43.7	11.5	13.6
2018	6.1	10.1	8.3	9.9	10.0
2019	0.5	3.1	0.9	8.0	9.6
2020	2.4	3.2	-8.0	3.0	5.3
2021	7.6	8.0	11.3	8.0	2.7
2022	-4.7	0.8	7.9	1.2	1.6

注:因口径变化,2006年、2007年辖区内一般公共预算收入不具可比性。

5－3 财 政 收 入

单位:万元

指 标	2022年	2021年	2022年比2021年±%
上划中央“两税”	3505654	3248440	7.92
地方一般公共预算收入	12020004	11883057	1.15
增值税	3099191	2932163	5.70
企业所得税	1032397	1199864	－13.96
个人所得税	537942	546265	－1.52
资源税	7561	7109	6.36
城市维护建设税	532184	568364	－6.37
房产税	431906	396192	9.01
印花税	199316	180004	10.73
城镇土地使用税	205990	191278	7.69
土地增值税	1315341	1318516	－0.24
车船税	133077	109100	21.98
耕地占用税	79811	86637	－7.88
烟叶税	9462	6633	42.65
契税	933145	1250187	－25.36
国有资本经营收入	37	18707	－99.80
国有资源(资产)有偿使用收入	1054550	895276	17.79
行政性收费	306228	344423	－11.09
罚没收入	254061	189544	34.04
专项收入	1144436	963425	18.79
其他收入	743369	679370	9.42
基金收入	11115392	12463088	－10.81

5-4 财政支出

单位:万元

指标	2022年	2021年	2022年比2021年±%
一般公共预算支出	15662586	15415932	1.6
一般公共服务	1612417	1782820	-9.6
科学技术	795282	687933	15.6
交通运输	320393	437544	-26.8
农林水	1031038	993371	3.8
节能环保	266593	460855	-42.2
城乡社区	3811967	3810896	0.0
文化旅游体育与传媒	201956	192609	4.9
教育支出	2929915	2559903	14.5
卫生健康	1088029	839103	29.7
社会保障和就业	1455845	1366235	6.6
公共安全	750049	735775	1.9
其他支出	1399102	1548888	-9.7
基金支出合计	12621842	13940264	-9.5

5－5 主要年份金融统计指标

单位：亿元

年 份	各项存款余额	#城乡居民储蓄存款	各项贷款余额	#短期贷款	#中长期贷款
1994	235.31	132.80	180.85	145.33	24.21
1995	306.02	183.27	240.84	176.71	31.56
1996	399.57	218.20	350.59	233.68	57.65
1997	449.56	241.43	379.24	277.16	72.28
1998	594.69	269.43	468.90	279.30	111.78
1999	723.57	346.12	588.87	382.74	159.03
2000	826.18	373.22	631.57	378.29	184.48
2001	986.84	444.10	778.28	447.47	264.61
2002	1232.98	544.99	1207.42	555.09	550.23
2003	1598.70	704.85	1629.42	680.13	859.68
2004	1960.23	800.89	1851.38	775.58	1016.02
2005	2322.32	954.42	2055.35	751.94	1209.74
2006	2756.80	1093.04	2482.50	854.34	1495.71
2007	3267.46	1177.17	2982.40	967.88	1904.50
2008	3869.21	1494.93	3516.27	1083.35	2275.10
2009	5325.84	1881.32	5200.76	1201.37	3751.76
2010	6427.95	2172.08	6353.68	1371.86	4846.59
2011	7364.26	2526.93	7483.83	1708.80	5698.04
2012	8800.66	3004.07	8518.93	1957.10	6393.43
2013	10148.76	3507.51	9633.02	2331.67	7165.55
2014	11266.10	3898.85	10712.82	2529.89	7992.60
2015	14065.66	4352.63	12323.87	2668.64	9137.69
2016	15488.77	4872.74	13866.96	2677.38	10472.19
2017	17141.83	5203.64	16027.07	3060.20	12590.62
2018	18633.60	5692.08	18360.89	3656.00	14175.01
2019	21048.45	6600.39	21248.71	4477.57	15917.02
2020	23316.81	7572.18	24261.26	5032.76	18407.53
2021	25348.50	8311.19	27235.11	5279.13	20837.64
2022	27882.56	9771.94	29853.42	5608.84	22883.31

注：从2015年开始人民银行不公布城乡居民储蓄存款这一指标，数据由住户存款代替。

5-6 金融机构消费贷款(2022年)

单位:万元

指　　标	年末余额	比年初±额
消费贷款总计	65739913.80	583022.40
短期个人消费贷款	8156662.60	-1367489.58
住房贷款	5163.88	1729.89
汽车贷款	23456.46	1001.00
助学贷款	1888.81	103.98
其他贷款	8126153.46	-1370324.43
中长期个人消费贷款	57583251.20	1950511.98
住房贷款	50664026.84	2397936.56
汽车贷款	337082.65	-182547.95
助学贷款	427671.25	82116.20
其他贷款	6154470.45	-346992.83

5-7 金融机构存贷款(本外币)(2022年)

单位:亿元

指　　标	年末余额	比年初±额	指　　标	年末余额	比年初±额
各项存款	27882.56	2534.05	各项贷款	29853.42	2618.31
一、境内存款	27850.13	2583.31	一、境内贷款	29742.47	2583.70
1. 住户存款	9771.94	1460.69	1. 短期贷款	5608.84	329.71
2. 非金融企业存款	8994.69	287.27	2. 中长期贷款	22883.31	2051.46
3. 广义政府存款	5765.33	442.55	3. 融资租赁		
4. 非银行业金融机构存款	3318.17	392.79	4. 票据融资	1162.68	159.94
二、境外存款	32.43	-49.25	5. 各项垫款	10.30	4.70
			二、境外贷款	110.96	34.62

5－8 金融机构存贷款(人民币)(2022 年)

单位:亿元

指　　标	年末余额	比年初±额	指　　标	年末余额	比年初±额
各项存款	27636.48	2713.40	各项贷款	29614.76	2638.54
一、境内存款	27612.52	2710.54	一、境内贷款	29607.17	2638.41
1. 住户存款	9703.39	1457.38	1. 短期贷款	5555.02	390.82
2. 非金融企业存款	8834.37	415.41	2. 中长期贷款	22801.84	2045.05
3. 广义政府存款	5761.17	445.46	3. 融资租赁		
4. 非银行业金融机构存款	3313.59	392.29	4. 票据融资	1162.68	159.94
二、境外存款	23.96	2.86	5. 各项垫款	10.30	4.70
			二、境外贷款	7.58	0.13

5－9 财产保险公司业务主要指标(2022 年)

单位:万元

指　　标	保费收入	赔款支出
合　　计	**2019837.21**	**1364096.37**
1. 企业财产保险	93996.43	42763.07
2. 家庭财产保险	20104.11	2283
3. 机动车辆保险	1122103.2	723255.76
4. 工程保险	23354.24	10100.45
5. 责任保险	133454.85	51305.82
6. 信用保险	29468.93	19436.05
7. 保证保险	99201.73	163642.28
# 机动车辆消费贷款保证保险	-0.1	-104.05
个人贷款抵押房屋保证保险	-0.23	-100
8. 船舶保险	1211.47	2529.63
9. 货物运输保险	12315.2	4770.9
10. 特殊风险保险	411.13	405.15
11. 农业保险	38358.25	31993.93
12. 健康险	332484.91	260008.39
13. 意外伤害保险	77313.21	27614.41
14. 其他险	36059.54	23987.55

5－10 人寿保险公司业务主要指标(2022年)

单位:万元

指 标	合 计
一、原保险保费收入	3761954.57
1.寿险小计	3030540.56
2.意外伤害险小计	60211.71
(1)一年期以内业务	11009.4
(2)一年期业务	28400.97
(3)一年期以上业务	20801.33562
3.健康险小计	671202.3
二、赔付支出	586519.17
1.赔款支出	103373.79
(1)意外伤害险	12947.21
一年期以内业务	4328.15
一年期业务	8619.06
(2)一年期以内及一年期健康险	90426.58
个人业务	25853.27
团体业务	64573.3
2.死伤医疗给付	121658.26
(1)寿险	29014.32
个人业务	26558.46
团体业务	2455.86
(2)一年期以上健康险	92643.93
个人业务	91645.76
团体业务	998.17
3.满期给付	272052.27
(1)寿险	271659.07
个人业务	271584.39
其中:年金保险	28704.27
团体业务	74.68
其中:年金保险	0
(2)一年期以上健康险	393.21
个人业务	365.55
团体业务	27.66
4.年金给付	89434.85
(1)个人业务	74846.66
其中:年金保险	65349.88
(2)团体业务	14588.19
其中:年金保险	14584.25
三、退保金	469115.26
1.寿险	428253.53
(1)个人业务	428193.12
其中:年金保险	286175.96
(2)团体业务	60.41
其中:年金保险	35.72
2.一年期以上健康险	40861.73

6 物价指数

长沙统计年鉴

6-1 历年物价总指数

（上年=100）

年份	商品零售价格指数	居民消费价格指数	服务项目价格指数
1951	105.6		
1952	97.4		
1953	107.6	109.6	105.7
1954	104.8	104.8	100.5
1955	100.9	100.2	100.2
1956	100.2	99.9	94.4
1957	103.9	104.9	96.2
1958	98.5	98.6	99.7
1959	101.0	100.8	99.3
1960	103.0	102.7	100.0
1961	128.8	123.6	100.5
1962	92.2	93.2	103.4
1963	84.9	85.8	95.0
1964	95.4	95.3	94.2
1965	97.9	97.7	95.9
1966	100.1	99.4	92.8
1967	100.9	100.7	98.1
1968	99.7	99.7	100.0
1969	100.5	100.5	100.0
1970	99.3	99.4	100.0
1971	99.8	99.9	100.0
1972	99.9	99.9	99.9
1973	100.3	99.8	94.7
1974	99.8	99.6	97.9
1975	100.1	100.1	100.0
1976	100.0	99.9	97.8
1977	100.1	99.5	94.0
1978	99.9	99.6	96.4
1979	101.3	101.3	101.7
1980	107.7	107.2	101.7
1981	101.6	101.7	102.9
1982	101.8	101.7	101.1
1983	101.4	101.8	106.9
1984	103.5	103.7	106.1
1985	112.7	112.2	107.0
1986	105.3	105.4	106.5
1987	109.8	109.6	107.7
1988	124.9	123.7	111.2
1989	115.4	115.8	120.3
1990	100.2	101.5	113.3

6－1 续表　　（上年＝100）

年　　份	商品零售价格指数	居民消费价格指数	服务项目价格指数
1991	106.5	106.9	110.3
1992	111.8	114.0	128.5
1993	118.4	119.7	127.6
1994	119.0	123.8	133.7
1995	114.0	117.1	119.2
1996	105.4	106.9	111.6
1997	100.8	103.5	112.3
1998	98.5	101.2	112.6
1999	98.4	100.2	112.6
2000	100.7	101.7	111.1
2001	98.2	98.4	103.1
2002	98.6	99.2	102.2
2003	99.2	100.9	101.1
2004	101.3	103.2	102.4
2005	100.4	101.9	102.9
2006	101.1	101.1	101.0
2007	102.3	104.9	101.9
2008	103.9	105.2	101.4
2009	97.7	99.4	100.5
2010	103.8	102.9	101.3
2011	105.4	105.5	103.6
2012	101.5	102.3	102.1
2013	101.2	102.8	104.0
2014	101.7	102.7	102.7
2015	99.6	101.1	100.6
2016	100.9	101.9	101.8
2017	101.4	101.3	102.5
2018	102.5	102.0	101.6
2019	102.2	102.9	101.2
2020	100.8	101.8	100.0
2021	102.0	101.1	101.4
2022	103.3	101.7	100.3

6-2 重要年份定基物价指数

年 份	基 期	居民消费价格指数	商品零售价格指数
1952	以1950年为100		102.9
1957	以1950年为100	124.0	121.7
	以1952年为100	120.6	118.3
1965	以1950年为100	136.5	136.1
	以1952年为100	132.7	132.3
	以1957年为100	110.1	111.8
1970	以1950年为100	138.6	138.9
	以1952年为100	134.7	135.0
	以1957年为100	111.8	114.1
	以1965年为100	101.5	102.1
1978	以1950年为100	136.0	138.8
	以1952年为100	132.2	134.9
	以1957年为100	109.6	114.0
	以1965年为100	99.6	102.0
	以1970年为100	98.1	99.9
1980	以1950年为100	147.7	151.4
	以1952年为100	143.6	147.2
	以1957年为100	119.1	124.4
	以1965年为100	108.2	111.3
	以1970年为100	106.6	109.0
	以1978年为100	108.7	109.1
1990	以1950年为100	308.8	309.1
	以1952年为100	291.9	300.5
	以1957年为100	249.0	254.0
	以1965年为100	227.7	230.5
	以1970年为100	224.1	225.9
	以1978年为100	223.7	223.0
	以1980年为100	205.9	204.4
2000	以1950年为100	733.5	613.4
	以1952年为100	713.2	596.3
	以1957年为100	591.5	504.1
	以1965年为100	537.3	450.9
	以1970年为100	529.3	441.6
	以1978年为100	539.6	442.1
	以1980年为100	496.6	405.2
	以1990年为100	241.3	198.3
	以1995年为100	114.1	103.7
2005	以1950年为100	759.8	605.3
	以1952年为100	738.7	582.6
	以1957年为100	612.7	492.4
	以1965年为100	556.5	440.4
	以1970年为100	548.3	431.4
	以1978年为100	558.9	431.9
	以1980年为100	514.3	395.8
	以1990年为100	249.9	193.7
	以1995年为100	118.2	101.3
	以2000年为100	105.3	100.5

6－2 续表1

年　份	基　期	居民消费价格指数	商品零售价格指数
2010	以1950年为100	866.9	659.6
	以1952年为100	843.0	634.8
	以1957年为100	699.2	536.6
	以1965年为100	635.1	479.6
	以1970年为100	625.5	470.1
	以1978年为100	637.8	470.6
	以1980年为100	586.9	431.3
	以1990年为100	285.1	211.1
	以1995年为100	134.8	110.4
	以2000年为100	123.0	109.6
	以2005年为100	116.9	111.5
2014	以1950年为100	987.8	726.2
	以1952年为100	960.6	698.9
	以1957年为100	796.7	590.9
	以1965年为100	723.6	528.1
	以1970年为100	712.7	517.6
	以1978年为100	726.8	518.1
	以1980年为100	668.7	474.8
	以1990年为100	324.8	232.4
	以2000年为100	140.1	120.6
	以2005年为100	131.3	122.8
	以2010年为100	114.4	109.7
2015	以1950年为100	998.7	723.3
	以1952年为100	971.2	696.1
	以1957年为100	805.5	588.5
	以1965年为100	731.6	526.0
	以1970年为100	720.5	515.5
	以1978年为100	734.8	516.0
	以1980年为100	676.1	472.9
	以1990年为100	328.4	231.5
	以2000年为100	141.6	120.1
	以2005年为100	132.7	122.3
	以2010年为100	115.7	109.9
2016	以1950年为100	1017.7	729.8
	以1952年为100	989.7	702.4
	以1957年为100	820.8	593.8
	以1965年为100	745.5	530.7
	以1970年为100	734.2	520.1
	以1978年为100	748.8	520.6
	以1980年为100	688.9	477.2
	以1990年为100	334.6	233.6
	以2000年为100	139.2	123.1
	以2005年为100	135.2	123.4
	以2010年为100	117.9	110.9
	以2015年为100	102.7	101.7

6－2 续表 2

年　份	基　期	居民消费价格指数	商品零售价格指数
2017	以 1950 年为 100	1030.9	740.0
	以 1952 年为 100	1002.6	712.2
	以 1957 年为 100	831.5	602.1
	以 1965 年为 100	755.2	538.1
	以 1970 年为 100	743.7	527.4
	以 1978 年为 100	758.5	527.9
	以 1980 年为 100	697.9	483.9
	以 1990 年为 100	338.9	236.9
	以 2000 年为 100	140.4	124.9
	以 2005 年为 100	137.0	125.1
	以 2010 年为 100	119.4	112.5
	以 2015 年为 100	103.5	103.2
2018	以 1950 年为 100	1051.5	758.5
	以 1952 年为 100	1022.7	730.0
	以 1957 年为 100	848.1	617.2
	以 1965 年为 100	770.3	551.6
	以 1970 年为 100	758.6	540.6
	以 1978 年为 100	773.7	541.1
	以 1980 年为 100	711.9	496.0
	以 1990 年为 100	345.7	242.8
	以 2000 年为 100	143.6	127.5
	以 2005 年为 100	139.7	128.2
	以 2010 年为 100	121.8	115.3
	以 2015 年为 100	105.9	105.4
2019	以 1950 年为 100	1082.0	775.2
	以 1952 年为 100	1052.4	746.1
	以 1957 年为 100	872.7	630.8
	以 1965 年为 100	792.6	563.7
	以 1970 年为 100	780.6	552.5
	以 1978 年为 100	796.1	553.0
	以 1980 年为 100	732.5	506.9
	以 1990 年为 100	355.7	248.1
	以 2000 年为 100	148.8	131.4
	以 2005 年为 100	143.8	131.0
	以 2010 年为 100	125.3	117.8
	以 2015 年为 100	109.7	108.6

6－2 续表 3

年　份	基　期	居民消费价格指数	商品零售价格指数
2020	以 1950 年为 100	1101.5	781.4
	以 1952 年为 100	1071.3	752.1
	以 1957 年为 100	888.4	635.8
	以 1965 年为 100	806.9	568.2
	以 1970 年为 100	794.7	556.9
	以 1978 年为 100	810.4	557.4
	以 1980 年为 100	745.7	511.0
	以 1990 年为 100	362.1	250.1
	以 2000 年为 100	149.4	131.1
	以 2005 年为 100	146.4	132.0
	以 2010 年为 100	127.6	118.7
	以 2015 年为 100	110.2	108.4
2021	以 1950 年为 100	1113.6	797.0
	以 1952 年为 100	1083.1	767.1
	以 1957 年为 100	898.2	648.5
	以 1965 年为 100	815.8	579.6
	以 1970 年为 100	803.4	568.0
	以 1978 年为 100	819.3	568.5
	以 1980 年为 100	753.9	521.2
	以 1990 年为 100	366.1	255.1
	以 2000 年为 100	151.0	133.7
	以 2005 年为 100	148.0	134.6
	以 2010 年为 100	129.0	121.1
	以 2015 年为 100	111.4	110.6
	以 2020 年为 100	101.1	102.0
2022	以 1950 年为 100	1132.5	823.3
	以 1952 年为 100	1101.5	792.5
	以 1957 年为 100	913.4	669.9
	以 1965 年为 100	829.6	598.7
	以 1970 年为 100	817.1	586.8
	以 1978 年为 100	833.2	587.3
	以 1980 年为 100	766.7	538.4
	以 1990 年为 100	372.3	263.5
	以 2000 年为 100	153.6	138.1
	以 2005 年为 100	150.5	139.1
	以 2010 年为 100	131.2	125.1
	以 2015 年为 100	113.3	114.2
	以 2020 年为 100	102.8	105.4

6-3 商品零售价格指数(2022年)

(上年=100)

项　　目	全市	项　　目	全市
商品零售价格总指数	103.3	15. 餐饮业零售	100.4
一、食品	101.3	二、饮料、烟酒	101.4
1. 粮食	102.7	三、服装、鞋帽	101.8
2. 薯类	107.9	四、纺织品	100.5
3. 豆类	101.4	五、家用电器及音像器材	101.3
4. 食用油	104.9	六、文化办公用品	100.6
5. 菜及食用菌	100.4	七、日用品	102.2
6. 畜肉类	96.2	八、体育娱乐用品	102.4
7. 禽肉类	106.0	九、交通、通信用品	101.7
8. 水产品	97.8	十、家具	100.5
9. 蛋类	108.9	十一、化妆品	101.8
10. 奶类	100.5	十二、金银珠宝	103.1
11. 干鲜瓜果类	109.3	十三、中西药品及医疗保健用品	101.5
12. 糖果糕点类	100.7	十四、书报杂志及电子出版物	99.5
13. 调味品	103.3	十五、燃料	119.0
14. 其他食品类	101.4	十六、建筑材料及五金电料	101.5

6-4 居民消费价格指数(2022年)

(上年=100)

项　　目	全市	项　　目	全市
居民消费价格总指数	101.7	三、居住	100.9
一、食品烟酒	101.3	1. 租赁房房租	101.9
1. 食品	101.7	2. 住房保养维修及管理	101.9
(1)粮食	102.7	3. 水电燃料	101.8
(2)薯类	107.9	4. 自有住房	100.3
(3)豆类	101.4	四、生活用品及服务	101.4
(4)食用油	104.9	1. 家具及室内装饰品	100.5
(5)菜及食用菌	100.4	2. 家用器具	102.2
(6)畜肉类	96.1	3. 家用纺织品	100.1
(7)禽肉类	106.1	4. 家庭日用杂品	101.0
(8)水产品	97.8	5. 个人护理用品	101.8
(9)蛋类	108.9	6. 家庭服务	101.3
(10)奶类	100.5	五、交通和通信	106.2
(11)干鲜瓜果类	109.3	1. 交通	108.3
(12)糖果糕点类	100.7	2. 通信	99.2
(13)调味品	103.3	六、教育文化娱乐	100.1
(14)其他食品类	101.4	1. 教育	101.1
2. 茶及饮料	101.6	2. 文化娱乐	98.5
3. 烟酒	101.4	七、医疗保健	100.4
4. 在外餐饮	100.4	1. 药品及医疗器具	101.4
二、衣着	101.8	2. 医疗服务	100.1
1. 服装	101.4	八、其他用品和服务	101.2
2. 鞋类	103.8	1. 其他用品	103.1
		2. 其他服务	99.4

6-5 居民消费价格指数(分月)(2022年)

(上年同期=100)

项目	一月	二月	三月	四月	五月	六月	七月	八月	九月	十月	十一月	十二月
居民消费价格总指数	**100.9**	**101.0**	**101.3**	**101.5**	**101.6**	**102.3**	**102.5**	**102.0**	**102.2**	**101.8**	**101.3**	**101.6**
一、食品烟酒	97.2	97.5	98.6	99.6	100.1	101.2	103.8	103.6	105.0	104.6	102.3	102.8
1. 食品	95.0	95.6	97.3	99.1	99.8	101.6	105.9	105.8	107.9	107.0	103.1	103.7
(1)粮食	101.0	100.8	101.5	102.7	103.5	103.5	103.5	103.4	103.3	103.3	103.3	102.8
(2)薯类	103.0	96.7	99.7	110.1	111.4	111.0	108.8	114.6	110.6	106.2	109.7	115.5
(3)豆类	103.3	103.4	102.4	101.3	101.3	100.9	101.0	101.2	100.9	100.9	100.7	100.3
(4)食用油	98.8	97.9	99.1	100.1	101.8	105.5	109.0	109.4	109.5	110.0	109.1	109.1
(5)菜及食用菌	88.7	101.2	112.8	116.5	104.7	100.7	108.6	106.2	110.3	91.8	80.2	92.0
(6)畜肉类	73.0	70.4	71.7	76.2	85.7	96.7	112.8	114.1	120.3	130.9	121.9	114.7
(7)禽肉类	101.9	99.7	100.5	103.4	105.3	107.0	107.7	108.2	110.4	110.7	109.5	108.5
(8)水产品	110.7	107.3	103.8	97.2	91.9	92.2	92.3	94.0	96.2	97.2	97.0	97.2
(9)蛋类	110.8	111.3	112.3	114.9	113.6	110.3	106.3	100.6	106.4	108.0	106.8	106.8
(10)奶类	100.4	100.5	99.8	100.1	100.8	100.9	100.8	100.5	100.3	100.7	100.6	100.5
(11)干鲜瓜果类	115.1	112.8	109.0	110.0	111.4	110.1	109.8	108.7	108.1	108.3	105.0	104.1
(12)糖果糕点类	101.5	101.5	101.4	100.5	100.2	99.9	100.1	100.6	100.7	100.3	100.8	101.1
(13)调味品	100.8	100.7	101.6	102.8	103.9	104.3	104.1	104.0	104.1	103.9	104.4	104.9
(14)其他食品类	101.9	101.9	102.2	102.2	102.0	101.6	100.9	100.5	100.5	100.5	101.4	101.5
2. 茶及饮料	100.3	100.3	100.5	100.4	100.5	100.7	101.9	102.4	102.4	103.0	103.6	103.3
3. 烟酒	104.0	103.0	103.0	102.3	101.9	101.6	100.7	100.0	99.8	100.1	100.2	100.2
4. 在外餐饮	100.0	100.1	100.0	99.8	100.0	100.2	100.2	100.2	100.5	100.8	101.1	101.5
二、衣着	101.9	101.9	101.9	101.8	102.1	102.3	102.2	101.8	101.5	101.0	101.6	101.4
三、居住	102.5	102.1	101.6	101.5	101.2	101.2	100.9	99.8	99.7	99.8	100.0	100.8
四、生活用品及服务	100.7	101.2	101.5	101.6	101.6	101.4	101.5	101.3	101.5	101.3	101.5	101.5
五、交通和通信	105.9	106.2	107.0	108.2	107.8	110.0	108.0	106.3	106.0	103.5	103.1	103.0
六、教育文化娱乐	101.5	101.2	100.4	99.1	99.8	100.2	99.7	99.7	99.5	99.7	99.9	100.4
七、医疗保健	100.5	100.5	100.5	100.4	100.4	100.5	100.5	100.5	100.4	100.3	100.3	100.3
八、其他用品和服务	99.1	100.0	101.8	101.4	101.2	101.1	100.2	101.4	101.1	101.6	102.2	103.0

6-6 商品零售价格指数(分月)(2022年)

(上年同期=100)

项目	一月	二月	三月	四月	五月	六月	七月	八月	九月	十月	十一月	十二月
商品零售价格总指数	**102.2**	**102.6**	**103.2**	**103.9**	**103.9**	**104.6**	**104.5**	**103.8**	**103.9**	**102.7**	**102.1**	**102.2**
一、食品	96.3	96.8	98.0	99.3	99.9	101.2	104.3	104.2	105.8	105.3	102.6	103.1
1.粮食	101.0	100.8	101.5	102.7	103.5	103.5	103.5	103.4	103.2	103.2	103.2	102.7
2.薯类	103.0	96.7	99.7	110.1	111.4	111.0	108.8	114.6	110.6	106.2	109.7	115.5
3.豆类	103.3	103.4	102.4	101.3	101.3	100.9	101.0	101.2	100.9	100.9	100.7	100.3
4.食用油	98.9	98.1	99.2	100.3	101.9	105.5	109.0	109.4	109.5	109.9	109.1	109.0
5.菜及食用菌	88.7	101.2	112.8	116.5	104.7	100.7	108.6	106.2	110.3	91.8	80.2	92.0
6.畜肉类	73.0	70.4	71.8	76.3	85.8	96.7	112.8	114.0	120.3	130.9	121.9	114.6
7.禽肉类	101.9	99.7	100.5	103.4	105.3	107.0	107.6	108.2	110.4	110.7	109.5	108.5
8.水产品	110.7	107.3	103.8	97.2	91.9	92.2	92.3	94.0	96.2	97.2	97.0	97.2
9.蛋类	110.9	111.3	112.4	114.9	113.6	110.3	106.3	100.6	106.4	108.0	106.8	106.7
10.奶类	100.4	100.5	99.8	100.1	100.8	100.9	100.8	100.5	100.3	100.7	100.6	100.5
11.干鲜瓜果类	115.1	112.8	109.0	110.0	111.4	110.1	109.8	108.7	108.0	108.3	105.0	104.1
12.糖果糕点类	101.5	101.5	101.4	100.5	100.3	99.9	100.1	100.6	100.7	100.3	100.8	101.1
13.调味品	100.8	100.7	101.6	102.9	103.9	104.3	104.1	104.0	104.1	103.9	104.4	104.9
14.其他食品类	101.9	101.9	102.2	102.2	102.0	101.6	100.9	100.5	100.5	100.5	101.4	101.5
15.餐饮业零售	100.0	100.1	100.0	99.8	100.0	100.2	100.2	100.2	100.5	100.8	101.1	101.5
二、饮料、烟酒	103.4	102.6	102.6	102.0	101.6	101.5	100.9	100.3	100.2	100.5	100.7	100.7
三、服装、鞋帽	101.9	102.0	101.9	101.9	102.2	102.4	102.2	101.9	101.6	101.1	101.7	101.4
四、纺织品	102.0	101.6	101.2	100.6	100.4	100.3	99.9	100.1	100.3	100.1	100.1	99.9
五、家用电器及音像器材	102.5	103.4	103.5	102.7	101.7	101.3	101.2	101.1	100.4	99.7	99.1	98.8
六、文化办公用品	100.3	100.1	100.6	100.6	100.4	100.3	100.4	101.0	101.1	100.7	100.8	100.5
七、日用品	100.7	101.0	101.6	102.3	102.7	102.9	102.2	102.6	102.5	102.4	102.4	102.7
八、体育娱乐用品	101.7	102.1	102.0	102.3	103.1	103.6	103.6	103.0	102.4	102.2	101.4	101.2
九、交通、通信用品	102.5	102.1	102.0	102.6	102.6	102.4	102.7	101.8	101.7	100.3	99.9	100.0
十、家具	101.4	101.4	101.3	101.1	101.1	100.4	100.4	99.7	99.7	99.8	100.1	99.9
十一、化妆品	98.4	99.5	99.9	100.4	101.6	101.8	102.2	101.7	103.3	103.4	104.6	104.5
十二、金银饰品	96.4	100.1	108.4	105.3	102.9	100.9	98.9	104.1	101.5	104.5	105.7	109.4
十三、中西药品及医疗保健用品	102.1	102.1	102.1	101.8	101.5	101.3	101.5	101.4	101.1	100.9	100.7	100.8
十四、书报杂志及电子出版物	99.4	98.6	99.8	100.0	100.2	100.1	99.9	97.9	99.8	99.7	99.7	99.4
十五、燃料	118.1	120.7	121.9	126.0	125.0	129.7	122.6	118.4	117.3	110.5	109.9	109.7
十六、建筑材料及五金电料	103.1	103.0	102.5	102.3	101.4	101.5	101.5	101.3	100.9	100.1	100.4	100.3

6-7 工业生产者出厂价格指数(2022年)

(上年=100)

项目	全市	项目	全市
总指数	**102.0**		
煤炭开采和洗选业	116.0	医药制造业	99.1
黑色金属矿采选业	118.6	橡胶和塑料制品业	98.7
有色金属矿采选业	103.9	非金属矿物制品业	99.6
非金属矿采选业	98.8	黑色金属冶炼和压延加工业	89.4
农副食品加工业	103.2	有色金属冶炼和压延加工业	105.3
食品制造业	101.1	金属制品业	98.7
酒、饮料和精制茶制造业	100.9	通用设备制造业	101.3
烟草制品业	100.0	专用设备制造业	100.4
纺织业	104.4	汽车制造业	99.3
纺织服装、服饰业	102.2	铁路、船舶、航空航天和其他运输设备制造业	99.7
皮革、毛皮、羽毛及其制品和制鞋业	103.1	电气机械和器材制造业	101.8
木材加工和木、竹、藤、棕、草制品业	103.6	计算机、通信和其他电子设备制造业	101.9
造纸和纸制品业	99.5	电力、热力生产和供应业	107.6
石油、煤炭及其他燃料加工业	115.3	燃气生产和供应业	102.0
化学原料和化学制品制造业	107.5	水的生产和供应业	104.5

6-8 原材料、燃料、动力购进价格指数(2022年)

(上年=100)

项　　目	全市	项　　目	全市
总指数	**104.8**		
1.燃料、动力类	111.9	6.建筑材料类及非金属矿类	96.1
2.黑色金属材料类	94.4	7.其他工业原材料及半成品类	99.6
3.有色金属材料和电线类	108.5	8.农副食品类	106.2
4.化工原料类	115.2	9.纺织原料类	104.7
5.木材及纸浆类	102.0		

6-9 房地产价格指数(2022年12月)

项　　目	2021年12月=100	2020年=100
一、新建商品住宅销售价格指数	103.2	112.9
1.90㎡及以下	104	113.3
2.90-144㎡	103.2	112.6
3.144㎡以上	103.1	113.6
二、二手住宅销售价格指数	99.9	106.2
1.90㎡及以下	100	105.7
2.90-144㎡	99.9	106.6
3.144㎡以上	99.6	106.1

7 人民生活

长沙统计年鉴

7－1 历年城市居民调查户基本情况

年份	调查户数（户）	平均每户家庭人口（人）	平均每一就业者负担人数（人）	人均可支配收入（元）	人均消费支出（元）	人均住房使用面积（m^2）
1980	100	3.70	1.68	522	473	7.67
1981	100	3.75	1.61	539	508	8.31
1982	100	3.75	1.60	555	500	8.93
1983	100	3.72	1.65	581	535	9.33
1984	100	3.70	1.67	660	572	10.10
1985	150	3.49	1.77	834	782	11.18
1986	150	3.44	1.82	970	895	11.85
1987	150	3.39	1.80	1102	992	11.95
1988	200	3.46	1.76	1414	1377	11.51
1989	200	3.38	1.76	1639	1437	11.69
1990	200	3.30	1.71	1770	1496	12.07
1991	200	3.28	1.73	1971	1679	12.90
1992	200	3.20	1.76	2482	1953	13.53
1993	200	3.13	1.70	3246	2595	13.33
1994	200	3.39	1.60	4069	3502	13.22
1995	200	3.36	1.69	4860	4131	13.11
1996	200	3.31	1.65	5289	4697	13.93
1997	200	3.13	1.62	5880	5469	15.89
1998	200	3.07	1.57	6274	5585	16.66
1999	200	3.07	1.66	6883	6364	17.22
2000	200	3.07	1.64	7530	7051	18.23
2001	400	3.04	1.69	8207	7410	17.88
2002	400	2.99	1.85	9021	7854	17.82
2003	400	3.06	1.92	9933	8330	18.17
2004	400	3.05	1.85	11021	9032	18.80
2005	400	2.85	2.09	12434	9660	21.26
2006	400	2.81	2.06	13924	10680	21.40
2007	400	2.82	1.97	16153	12288	21.64
2008	400	2.97	2.17	18282	12960	21.23
2009	500	2.99	1.97	20864	15447	29.33
2010	500	2.93	1.84	23347	16563	30.88
2011	550	2.95	1.90	27069	18069	33.10
2012	550	2.91	1.86	31044	19639	33.08
2013	532	2.99	1.95	33662	22346	41.42
2014	528	2.98	1.83	36826	26779	46.74
2015	536	3.03	1.83	39961	29753	45.34
2016	560	3.04	1.84	43294	31826	44.77
2017	562	3.03	1.87	46948	34645	45.48
2018	570	3.21	1.91	50792	36775	42.72
2019	570	3.22	1.94	55211	39516	41.30
2020	570	3.28	1.96	57971	39133	41.20
2021	570	3.19	1.92	62145	41324	40.90
2022	580	3.15	2.03	65190	42936	41.68

注：1. 从2002年起，由于报表制度的变动，人均可支配收入应剔除出售财物收入、从1996年开始工资中扣除的各项社会保障支出，以及从1997年起的自有房房租折算收入。因此，本年鉴按新制度重新整理的（1980—2002年）各年的可支配收入额与原来相应年度出版的年鉴数据不一致，均以本年鉴数据为准。

2. 2012年以前数据为城市居民统计范围，从2013年起，因统计方法制度改革，统计范围调整为城镇居民统计范围，与往年数据不具有可比性。同时原人均住房使用面积指标调整为人均现住房建筑面积。

7－2　历年城镇居民家庭人均可支配收入情况

单位:元

年　　份	人均可支配收入	工资性收入	经营净收入	财产净收入	转移净收入
2013	33662	17649	4575	4806	6633
2014	36826	19471	5606	5393	6356
2015	39961	21057	5929	5959	7016
2016	43294	23283	6426	6105	7480
2017	46948	25241	6782	6583	8343
2018	50792	27664	7093	6902	9132
2019	55211	30505	7914	7096	9697
2020	57971	32543	7569	7420	10439
2021	62145	34834	8094	7846	11372
2022	65190	36367	8474	8262	12087

7－3 历年城市居民调查户消费性支出情况

单位:元

年份	人均消费支出	食品支出	衣着支出	用品支出	燃料支出	非商品支出
1980	473	252	67	105	7	42
1981	508	287	67	107	8	40
1982	500	297	63	91	9	39
1983	535	317	73	96	9	40
1984	572	334	75	106	9	47
1985	782	425	113	174	11	59
1986	895	489	124	198	12	72
1987	992	561	129	205	11	85
1988	1377	672	173	402	12	117
1989	1437	789	185	307	18	138
1990	1496	823	202	288	22	160
1991	1679	880	227	357	24	191

年份	人均消费支出	食品烟酒支出	衣着支出	居住支出	生活用品及服务支出	交通通信支出	教育文化娱乐支出	医疗保健支出	其他用品及服务支出
1992	1953	1003	279	96	192	54	210	42	77
1993	2595	1232	385	1540	351	93	217	64	100
1994	3502	1631	481	191	349	245	414	80	111
1995	4131	2031	513	263	372	257	440	124	130
1996	4697	2233	545	326	422	260	555	178	179
1997	5469	2408	646	357	395	432	856	186	188
1998	5585	2373	623	569	329	381	878	204	226
1999	6364	2454	765	661	575	482	944	229	254
2000	7051	2454	683	964	777	582	1057	266	267
2001	7410	2512	715	853	623	728	1289	394	298
2002	7854	2536	777	1036	566	795	1403	490	252
2003	8330	2629	778	792	558	1115	1575	608	274
2004	9032	3017	850	924	485	1195	1606	662	291
2005	9660	3230	970	852	614	1209	1686	788	312
2006	10680	3481	1056	1089	670	1398	1795	867	323
2007	12288	4286	1250	1075	733	1925	1740	974	306
2008	12960	4780	1298	1388	933	1615	1450	1166	330
2009	15447	4988	1487	1673	1389	2605	1871	1097	338
2010	16563	5655	1500	1813	1262	2780	2101	981	470
2011	18069	6498	1953	1701	1162	2916	2410	943	486
2012	19639	7128	2254	1816	1297	2950	2670	882	641
2013	22346	6589	1804	5415	1388	2990	2499	1255	405
2014	26779	7082	1915	5749	1471	4596	3808	1610	547
2015	29753	7740	2251	6462	1853	4219	5179	1535	514
2016	31826	7941	2165	6379	2542	4499	5739	1984	578
2017	34645	8550	2173	6947	2810	4813	6378	2266	708
2018	36775	9523	2399	7040	2836	4706	6876	2569	826
2019	39516	10188	2564	7628	3049	5037	7361	2820	869
2020	39133	10568	2522	7567	2890	4627	7180	2922	857
2021	41324	11076	2623	7754	2992	4516	8523	2904	936
2022	42936	11358	2649	7986	3103	4836	9026	3032	945

注:1. 从2002年起由于报表制度的变动,人均消费性支出不包括在外就学子女费用和1997年开始的自有房房租折算支出,以及各类社会保障支出。旅游消费也从杂项商品与服务支出中按相关指标相应地调整到娱乐文教、食品、交通与通讯支出项目中。因此,本年鉴按新制度重新整理的(1988－2002年)各年的消费支出与分类支出额与原来相应年度出版的年鉴数据不一致,均以本年鉴数据为准。

2. 2012年以前数据为城市居民统计范围,从2013年起,由于统计方法制度改革,统计范围调整为城镇居民统计范围,与往年数据不具有可比性。

7-4 城镇居民分区、县(市)家庭人均可支配收入情况(2022年)

单位:元

指标	长沙	芙蓉区	天心区	岳麓区	开福区	雨花区	望城区	长沙县	浏阳市	宁乡市
人均可支配收入	65190	69574	69985	69532	68748	70239	60812	60047	59275	55272
一、工资性收入	36367	32520	35850	42475	34241	37371	34862	38995	39956	30550
二、经营净收入	8474	8305	9711	8691	4595	9751	15459	6282	8725	7605
三、财产净收入	8262	14174	9112	6416	8786	5910	5822	11558	4924	8157
四、转移净收入	12087	14575	15312	11949	21126	17207	4669	3213	5670	8960

7-5 城镇居民分区、县(市)家庭人均消费支出情况(2022年)

单位:元

指标	长沙	芙蓉区	天心区	岳麓区	开福区	雨花区	望城区	长沙县	浏阳市	宁乡市
人均消费支出	42936	47874	48096	49905	39587	53330	39403	37238	33383	34843
一、食品烟酒	11358	12721	12389	13285	12326	13915	9853	10306	8733	8678
二、衣着	2649	3679	2481	2859	2353	3049	2428	2407	2331	2251
三、居住	7986	8442	7321	9006	7368	9588	7042	6051	7506	8045
四、生活用品及服务	3103	3071	3215	3376	2491	6357	2330	2018	1804	2417
五、交通通信	4836	4856	8405	6221	2800	4399	6613	5376	2660	3117
六、教育文化娱乐	9026	9724	9368	10535	8137	11213	8526	8207	7272	7796
七、医疗保健	3032	3822	3830	3463	3655	3854	1790	2502	1992	1564
八、其他用品和服务	945	1559	1087	1159	456	954	821	372	1085	974

7－6 2000—2022年农村居民家庭调查户基本情况

年 份	调查户数（户）	平均每户家庭人口（人）	人均纯收入（元）	人均可支配收入（元）	人均消费性支出（元）	人均住房使用面积（m^2）
2000	560	4.02	3005	2941	2584	44.1
2005	1000	3.90	4908	4735	4166	49.4
2006	1000	3.89	5653	5438	4574	53.4
2007	1000	3.90	6613	6339	5414	57.1
2008	1000	3.83	8003	7632	6212	58.6
2009	1000	3.83	9432	8986	6826	59.9
2010	1000	3.84	11206	10640	7533	59.5
2011	980	3.87	13400	12717	8579	62.0
2012	690	3.84	15763	15057	10155	62.6
2013	308	3.54		19713	11586	62.0
2014	305	3.65		21723	13147	51.8
2015	304	3.74		23601	15954	56.5
2016	310	3.83		25448	17574	60.0
2017	310	3.84		27360	19189	59.1
2018	310	3.63		29714	20959	59.4
2019	310	3.63		32329	23090	58.1
2020	310	3.72		34754	24427	62.4
2021	310	3.85		38195	27676	61.0
2022	300	3.80		40678	29309	61.3

7-7 历年农村居民家庭人均可支配收入情况

单位:元

年 份	人均可支配收入	工资性收入	经营净收入	财产净收入	转移净收入
2013	19713	10311	6891	558	1953
2014	21723	10103	8118	583	2919
2015	23601	13355	7483	311	2452
2016	25448	15617	7265	263	2303
2017	27360	16709	7944	356	2351
2018	29714	18130	8608	386	2590
2019	32329	20110	9040	472	2708
2020	34754	21211	10099	497	2948
2021	38195	23293	10972	651	3279
2022	40678	24627	11707	709	3636

7－8 历年农村居民家庭人均消费支出情况

单位:元

年 份	人均消费支出	食品烟酒支出	衣着支出	居住支出	生活用品及服务支出	交通通信支出	教育文化娱乐支出	医疗保健支出	其他用品及服务支出
2013	11586	2845	793	3008	726	2066	1110	866	171
2014	13147	4055	812	2823	835	1772	1726	892	232
2015	15954	4033	942	3408	1020	3080	2342	831	297
2016	17574	4386	1068	3445	1034	3654	2868	900	219
2017	19189	4621	1104	3739	1187	3827	3481	981	249
2018	20959	5344	1176	4271	1341	3797	3563	1210	257
2019	23090	5859	1257	4780	1456	4146	3990	1318	284
2020	24427	6177	1323	4973	1572	4441	4114	1471	357
2021	27676	6971	1408	5250	1875	4617	5472	1680	403
2022	29309	7301	1446	5508	1950	5028	5882	1788	407

7-9 农村居民分区、县(市)家庭人均可支配收入情况(2022年)

单位:元

指 标	全市	望城区	长沙县	浏阳市	宁乡市
人均可支配收入	40678	44127	43432	43407	37154
一、工资性收入	24627	28581	32413	18177	23877
二、经营净收入	11707	12488	7563	20215	8545
三、财产净收入	709	1060	753	545	337
四、转移净收入	3636	1999	2703	4470	4395

注:7-9 表至 7-10 表芙蓉区、天心区、岳麓区、开福区和雨花区无农村调查点。

7-10 农村居民分区、县(市)家庭人均消费支出情况(2022年)

单位:元

指 标	全市	望城区	长沙县	浏阳市	宁乡市
人均消费支出	29309	29339	28792	25784	29500
一、食品烟酒	7301	8018	7157	6110	7714
二、衣着	1446	1383	1692	1116	1327
三、居住	5508	5862	5699	4733	4918
四、生活用品及服务	1950	1645	2662	1725	1719
五、交通通信	5028	4465	4147	4786	5509
六、教育文化娱乐	5882	5864	6158	4589	6310
七、医疗保健	1788	1764	1041	2305	1627
八、其他用品和服务	407	338	236	420	376

8 城市建设、环境保护

8－1 2009－2022年城市公共交通情况

年份	全年客运总量（万人次）	公共汽车营运情况				出租汽车营运情况		轨道交通营运情况		
		客运量（万人次）	年末营运车辆数（辆）	年末营运线网长度（公里）	年末营运线路条数（条）	客运量（万人次）	年末营运车辆数（辆）	客运量（万人次）	年末营运车数（辆）	年末营运线路长度（公里）
2009	104478	67305	3553	1018	129	37173	6280			
2010	101303	72222	3557	1048	129	29081	6280			
2011	106159	75433	3651	3195	135	30726	6420			
2012	105599	75844	3775	3263	140	29755	6420			
2013	104103	73943	4157	3484	141	30160	6915			
2014	115109	75221	5142	3512	150	35308	7816	4580	96	21.9
2015	116944	74324	6102	3559	180	34213	7816	8407	162	26.6
2016	112719	68162	7187	4519	187	28524	7816	16033	345	68.8
2017	121732	69118	8361	5570	226	29267	7820	23347	345	68.8
2018	120860	68457	8806	6603	266	27373	7840	25030	345	68.8
2019	142104	76644	11486	10238	284	31671	9128	33789	522	100.5
2020	98765	41359	11858	7344	366	18830	8080	38576	891	158
2021	128362	48203	10063	7341	280	21369	8164	58790	911	162
2022	116109	38003	9712	7440	384	20323	8156	57783	1149	210

注：1. 从2011年开始，表中数据含望城区。

2. 从2011年开始，公交车年末营运线网长度统计口径变更，与以前年度数据不可比，按同口径计算，2010年为3173公里；从2014年开始全年客运总量中含有轨道交通客运量。

8－2 2000－2022年城市房屋发展状况及住房水平

年份	城市房屋建筑面积（万 m^2）	#住宅	人均住房建筑面积（m^2/人）	年末危险房屋（万 m^2）
2000	5283.28	2839.76	18.6	24.2
2001	5635.30	3097.40	19.6	35.4
2002	6132.40	3447.20	21.5	35.4
2003	6624.90	3771.81	23.2	33.3
2004	7352.00	4268.30	25.3	31.7
2005	8223.00	4776.00	27.2	27.7
2006	9021.62	5280.36	28.3	26.2
2007	9939.52	5883.72	28.9	22.2
2008	10891.33	6561.62	28.3	21.7
2009	10578.92	9219.11	29.5	3.0
2010	14940.70	10581.09	30.9	2.5
2011	16619.67	11813.00	32.2	3.2
2012	18583.00	13267.00	31.8	4.7
2013	17249.29	11858.72	41.4	8.6
2014	19177.00	13239.00	48.3	120.0
2015	21407.00	14836.00	45.3	120.0
2016	22904.80	15844.30	44.8	81.9
2017	25630.41	18617.19	45.5	42.0
2018	29950.63	20658.21	42.7	33.5
2019	32848.39	22750.63	41.3	32.2
2020	31869.14	22408.16	41.2	60.2
2021	34340.49	24090.92	40.9	64.6
2022	35907.68	24855.12	41.7	69.4

注：1. 人均住房建筑面积统计指标2012年以前为城市统计口径，2013年开始调整为城镇统计口径。

2. 从2014年起年末危险住宅指标改为年末危险房屋，统计口径由危房改造面积调整为危房存量面积。

3. 以2021年国土变更调查数据为基础，对2020年以来城市住房建筑面积进行了调整。

8－3　2000－2022年城市自来水、供气、用电供应情况

年份	自来水					供气情况			
						液化气			
	年末水厂个数(个)	年末供水管道长度(公里)	年末供水总量(万吨)	#生活用水	年末水厂生产能力(万吨/日)	供气总量(吨)	#生活用	用气人口(万人)	储气能力(吨)
2000	6	1087	37399	21246	132	65700	63796	106.5	3700
2001	6	1120	39872	22262	157	70200	68806	137.8	3700
2002	6	1188	36748	24199	165	72306	70870	140.3	3800
2003	6	1292	38845	29369	165	75668	74911	142.2	3800
2004	6	1338	39819	30105	165	91500	90584	149.1	3800
2005	6	1450	41969	31540	165	92600	91600	151.1	3800
2006	6	1529	43328	32441	165	85000	80300	138	3800
2007	6	1659	32840	24630	167	84000	79500	119.9	4000
2008	6	1801	44866	24870	167	82000	78000	146.5	4000
2009	6	1925	45144	26597	167	85000	80000	125	4000
2010	6	2012	46431	26611	180	83000	77000	115	4000
2011	7	2323	51224	29243	221	93000	84300	101.5	4000
2012	7	3050	41997	29950	265	76663	63385	267.3	4000
2013	7	3300	52739	31263	270	86492	72573	275	4000
2014	8	3490	55589	33880	225	101838	87210	210	6400
2015	8	3457	57652	34507	215	60876	49667	64	3770
2016	8	3647	60558	35201	215	61620	48766	64	3770
2017	9	3817	50167	37083	235	52120	38417	60	3770
2018	8	5721	67721	45300	235	58742	45405	50	3770
2019	8	5885	69466	40892	240	73572	56868	59.1	3770
2020	8	7533	70747	24325	240	69187	39459	61.2	3770
2021	9	7710	76495	28114	285	82835	40656	84.8	1708
2022	9	7888	85417	30836	290	80665	35005	81.4	1708

注：液化气储气能力2021年、2022年按实际储气能力统计，以前年度按设计储气能力统计，数据不可比。

供气总量（万 m^3）	#生活用	用气人口（万人）	储气能力（万 m^3）	供电（万度）					
				全市用电总量	#工业用电	城乡居民生活用电	其中:市区用电总量	#工业用电	居民生活用电
			480160	221763	136507	313975	131522	105952	
				529409	281711	143681	343137	156001	119738
				591319	310605	235649	375933	175375	163622
				696000	354800	360300	439000	201500	154200
				722087	375058	276637	430300	194500	215800
3418	2238	25	10	923856	384129	282458	501464	193501	205719
11947	3390	68	10	1039585	345094	423066	602611	200408	277750
19254	4647	90.1	10	1153430	368754	456961	637260	167545	247098
26607	6192	90.9	10	1265685	498417	426619	683642	198858	273759
32948	10618	164.7	100	1414653	456798	564587	817921	185517	343932
39300	12500	192	100	1603152	573315	513122	943789	223612	344333
50363	19450	246.1	100	1838972	675729	587635	1156205	308003	417589
64298	24911	264.7	100	2040474	757802	666846	1268341	332841	464827
70321	26019	311.9	100	2245429	898159	718282	1373249	383172	489662
85657	30780	337.2	1200	2274871	923598	691650	1382042	387454	465045
72731	23057	260	1280	2464961	993670	754227	1501794	423836	506081
76757	27625	290	1280	2848657	1142014	915832	1759889	527313	610681
80157	26703	320	1280	3129032	1296129	980630	1862295	558290	644786
86826	35097	319	1280	3636932	1488684	1126535	2138396	619967	737304
88998	37017	322.8	1280	3959312	1569024	1250627	2354586	661979	826907
84475	35495	333	1280	4116782	1688776	1269589	2424258	675468	871864
101748	46873	497.9	1298	4848104	1959807	1446078	2889280	802864	993102
107781	53744	521.2	1118	5167903	2023727	1601768	3076379	804076	1101701

8－4　2000－2022年城市环境卫生基本情况

年　份	道路清扫保洁面积（万 m^2）	生活垃圾无害处理量（万吨）	环卫专用车辆（辆）					公共厕所（座）	#本年新建	垃圾站（个）	#本年新建
			垃圾运输车	真空吸粪车	洒水车	清扫车	专用集装式垃圾中转车				
2000	540		156	9	27			462	10	504	11
2001	566	68	148	7	29			461	2	504	4
2002	912	68	160	8	31			431	7	494	5
2003	1200	66	173	1	35			388	13	458	15
2004	1741	77	219	8	65			422	35	487	32
2005	1912	77	182	8	77			455	33	576	42
2006	2689	76	199	9	85			516	61	637	61
2007	3033	86	180	9	104			545	29	545	25
2008	2523	102	187	10	99	43	25	490	24	570	287
2009	2638	107	200	6	99	45	27	542	52	615	51
2010	2954	117	368	10	104	52	40	551	9	635	20
2011	3543	143	201	4	133	82	40	543		661	
2012	3608	169	204	4	170	73	48	567		673	
2013	5238	160	264	2	296	124	60	566		676	
2014	5140	207	368	5	307	148	63	519		620	
2015	5810	201	339	6	492	181	80	536		641	
2016	6846	215	395	8	493	195	72	549		672	
2017	6920	228	341	9	595	232	82	557		650	
2018	7162	251	627	13	549	271	80	539	26	668	23
2019	8461	286	594	12	490	282		549	10	670	2
2020	8104	257	587	1	502	255	91	551	22	657	2
2021	8588	295	618	1	534	268	99	565	14	661	4
2022	10649	321	624	0	630	271	101	611		668	

8－5 2000－2022 年市政设施基本情况

年 份	城市道路		年末实有永久性桥梁(座)	年末实有下水道长度(公里)	路灯盏数(盏)
	年末实有道路长度(公里)	年末实有道路面积(万 m^2)			
2000	998	928	71	636	16259
2001	1098	1099	71	648	17309
2002	1150	1575	73	648	26411
2003	1188	1980	73	770	37215
2004	1323	2385	76	800	43215
2005	1415	2795	77	895	53468
2006	1466	3002	77	1046	64938
2007	1552	3131	87	1046	69731
2008	1608	3320	92	1186	77135
2009	1660	3489	93	1230	76200
2010	1781	3618	97	1842	79542
2011	2173	4258	168	2601	82423
2012	2342	3958	172	2169	87389
2013	2966	4307	174	2169	91393
2014	1698	4382	179	2698	102602
2015	1698	4596	186	2172	84848
2016	1798	4706	196	2270	86349
2017			219	2637	89943
2018	1985	4808		2742	94157
2019	1950	4950	236	3198	101167
2020	2530	6988		3521	107939
2021	3113	8931		6526	120103
2022	2838	8062		6899	157699

注:1. 路灯盏数 2015 年以前为城市拥有路灯统计口径,2015 年统计口径开始调整为移交使用路灯盏数。
2. 2021 年开始相关指标统计口径包括望城区。2020 年开始,城市道路相关指标、统计口径进行了调整。
3. 2022 年年末实有道路长度和道路面积统计口径为已经移交验收的,以前年度为实际维护的。

8－6　2000－2022年城市园林、绿化情况

年　份	城市园林绿化覆盖面积(公顷)	城市园林绿地面积(公顷)	公园绿地面积(公顷)	公园处数(处)	公园面积(公顷)
2000	5508	5152	889	10	575
2001	5846	5541	1006	11	576
2002	6094	5712	1085	12	717
2003	6720	5712	1229	14	904
2004	6949	5907	1240	14	904
2005	7368	6244	1381	18	1143
2006	7876	6706	1590	19	1210
2007	8541	5656	1892	21	1302
2008	8818	7693	2142	21	1302
2009	9304	8134	2348	22	1323
2010	9857	8598	2522	22	1323
2011	10235	9188	2794	22	1323
2012	10729	9293	2804	23	1573
2013	11206	9611	2913	24	1581
2014	11813	10163	3256	26	1779
2015	12278	10586	3538	27	1809
2016	12928	11177	3779	30	2002
2017	14877	12584	4031	32	2235
2018	15157	12848	4261	36	2286
2019	15633	13324	4444	42	2476
2020	16978	14472	4620	44	2797
2021	19530	17888	6371	245	5254
2022	20531	18648	6845	257	5369

注：1. 绿地面积、绿化覆盖面积均不含湿地面积。

2. 2021年公园数据包含社区公园情况。

8-7 2000-2022年城市环境污染和治理情况

年份	工业废水排放总量（万吨）	工业废水排放达标量（万吨）	工业废气排放总量（万标 m^3）	工业颗粒物排放量（万吨）	工业颗粒物去除量（万吨）	工业固体废物产生量（万吨）	#综合利用	工业锅炉数（台）	#达标数	工业炉窑数（台）	#达标数
2000	5532.9	4212.6	2624324	7.81	11.19	137.53	101.79	407	359	465	232
2001	4992.2	3956.9	3252834	4.81	9.32	133.95	120.83	392	321	477	149
2002	4310.7	3556.8	2762532	7.11	13.37	111.83	105.64	351	285	430	150
2003	4006.7	3510	2501271	7.22	13.34	112.72	99.67	318	245	371	309
2004	4047	3552	2679022	9.39	11.03	107.7	94	324	257	262	124
2005	4065	3562	3078324	10.06	11.83	109.7	98.4	307	243	222	117
2006	4073	3482	2891585	10.35	10.58	111.69	102.94	273	267	226	118
2007	4377	3704	2933547	10.29	19.15	107.3	101.96	229	222	251	194
2008	4162	3665	5278500	13.48	20.08	183.6	164.6	187	167	213	163
2009	3726	3354	5315831	13.35	19.19	154.6	140.1	267	254	232	178
2010	4336	3955	6269499	10.52	12.62	148.8	148.4	284	256	219	151
2011	4051		10219789	1.59	198.59	177.6	174.8	269		108	
2012	3777		5470000	1.2	131.69	103.5	94.7	259		116	
2013	4049		6233559	1.9	114.1	100.5	86.9	280		108	
2014	4397		6486474	1.73	138.9	107	91.5	288		117	
2015	5102		4803775	1.16	102.2	107.6	92.7	272		124	
2016	4287		4834697	0.69	40.8	141.3	132.8	264		94	
2017	4066		6360805	0.76	150.8	113.1	93.3	223		118	
2018	3475		8775533	0.55	132	148.7	122	239		147	
2019	6063			1.56		301.93	223.94	370		331	
2020	4537		11973900	0.4	109.26	141.93	114.06	345		259	
2021	4395		14219779	0.23	98.3	157.02	132.31	300		259	
2022	4313.3		14957999	0.18	80.5	161.06	119.55	301		219	

9 农　业

长沙统计年鉴

9－1 历年农、林、牧、渔业总产值

（按现行价格计算）

单位:万元

年 份	合 计	农 业	林 业	牧 业	渔 业	服务业
1978	97658					
1980	99524					
1983	133455					
1984	139627					
1985	165803					
1986	180977					
1987	212304					
1988	274536					
1989	307534					
1990	365244					
1991	368160					
1992	409372					
1993	480104	237282	16083	205582	21157	
1994	725156	351689	17108	328777	27582	
1995	868362	426578	28951	375241	37592	
1996	1011363	509820	40193	416774	44576	
1997	1114485	561705	41906	460042	50832	
1998	1137969	596651	43425	446164	51729	
1999	1146402	635440	41800	413206	55956	
2000	1167935	628013	43598	442543	53781	
2001	1239985	672704	47407	464641	55233	
2002	1302245	700436	57148	486981	57680	
2003	1371608	694002	70917	527412	61035	18242
2004	1720668	825189	73635	734973	68050	18821
2005	1871313	926445	76257	771539	75967	21105
2006	1903000	994600	80300	712700	74700	40600
2007	2171300	1146600	94000	780900	103500	46100
2008	2818996	1367085	112079	1165305	122893	51634
2009	2946120	1465841	123699	1171296	127520	57764
2010	3236412	1735890	144988	1156629	137340	61565
2011	3877163	2082639	179791	1405473	142489	66770
2012	4197846	2303064	195535	1484271	145535	69441
2013	4546157	2518547	217452	1572730	161432	75996
2014	4905925	2849093	238930	1552892	182015	82995
2015	5371294	3173856	273543	1637130	194604	92161
2016	5042983	3121606	291856	1202878	158241	268402
2017	5141997	3239403	318304	1110648	169161	304481
2018	5269212	3327540	348683	1083731	173735	335523
2019	6076974	3782294	382424	1354874	191116	366265
2020	7221925	4251662	393552	1953530	225399	397782
2021	7315233	4516665	391920	1701658	274659	430332
2022	7760263	5022470	374829	1586373	297805	478787

注:1. 2003年开始农林牧渔服务业从规模以下工业中划归农业统计,同时种植业中的农民家庭兼营商品性工业产值划入规模以下工业中。
2. 2006年、2007年、2008年数据根据第二次全国农业普查结果予以调整。
3. 2016年、2017年数据根据第三次全国农业普查结果予以调整。

9-1 续表 1 （按不变价格计算） 单位:万元

年　份	合　计	农　业	林　业	牧　业	渔　业	服务业
（按 1952 年不变价格计算）						
1949	17020	15081	390	1356	193	
1952	21728	18337	734	2084	573	
1957	27743	22819	504	4001	419	
（按 1957 年不变价格计算）						
1957	27743	22819	504	4001	419	
1962	24328	21436	527	2084	281	
1965	29799	24251	663	4499	386	
1970	38426	31441	639	6115	231	
1971	43127	35736	1137	5982	272	
（按 1970 年不变价格计算）						
1971	43127	35736	1137	5982	272	
1972	62622	50111	1576	10618	317	
1973	66813	54094	1730	10637	352	
1974	67157	54138	1777	10849	393	
1975	67676	54516	1675	11096	389	
1976	70920	57176	1536	11753	455	
1977	73598	59758	1771	11603	466	
1978	73800	58941	1911	12475	473	
1979	78000	61738	1726	13968	568	
1980	77400	59996	1789	14927	688	
（按 1980 年不变价格计算）						
1980	98260	73690	3079	20109	1382	
1981	102770	76279	3380	21494	1617	
1982	115532	85345	3406	24870	1911	
1983	125664	93427	3253	26879	2105	
1984	129025	92077	3588	30767	2593	
1985	139379	93056	3819	39692	2812	
1986	147691	97645	3586	43193	3267	
1987	152161	100216	4491	43812	3642	
1988	159036	100182	4570	50212	4072	
1989	163414	102263	5623	51134	4394	
1990	167152	104672	4217	53793	4470	

9－1 续表 2 （按不变价格计算） 单位:万元

年 份	合 计	农 业	林 业	牧 业	渔 业	服务业
	（按 1990 年不变价格计算）					
1990	393694	222433	12668	143383	15210	
1991	407495	231266	13740	145338	17151	
1992	419479	222100	14341	163178	19860	
1993	442505	219393	15467	184955	22690	
1994	470439	227779	16548	201545	24567	
1995	500336	236182	23768	212214	28172	
1996	542354	267499	31460	213555	29840	
1997	584737	290795	35970	223452	34520	
1998	605182	293536	36341	238917	36388	
1999	623902	321588	34528	229693	38093	
2000	653582	336044	37905	238238	41395	
2001	692224	357291	37281	252324	45328	
2002	723725	375476	41428	259782	47039	
2003	746034	339273	57973	276659	53887	
2004	800454	361818	56654	305791	57070	
	（按可比价格计算）					
2005	1841526	882440	76519	791928	70443	20196
2006	1860893	950749	80731	713768	75825	39819
2007	1987611	1051292	87366	728379	77090	43483
2008	2318577	1179040	94567	887459	107671	49840
2009	3004722	1432889	110758	1276600	128220	56255
2010	3078386	1600565	130924	1152458	133944	60495
2011	3365918	1864808	159174	1136426	138659	66851
2012	4032356	2180591	192860	1443670	144529	70705
2013	4324845	2386699	204710	1503566	155792	74078
2014	4752645	2691186	231027	1574997	173981	81455
2015	5080925	3036773	257485	1504251	190846	91571
2016						
2017	5209402	3257593	319582	1172806	165520	293901
2018	5318095	3354143	339668	1124710	170536	329039
2019	5437824	3449518	371580	1066580	192814	357332
2020	6326196	4006199	412197	1299167	216730	391903
2021	7951330	4448091	424826	2412467	240718	425229
2022	7593234	4671804	416602	1749064	284981	470783

注:1. 根据湖南省统计局制定的 2004 年农林牧渔业综合统计报表制度规定,从 2004 年开始取消不变价计算农林牧渔业产值,改用可比价计算产值,用农产品价格指数缩减法计算农业发展速度。
2. 2006 年、2007 年、2008 年数据根据第二次农业普查结果予以调整。
3. 2016 年数据因第三次农业普查数据修正暂无核定数据。

9-2 历年粮食总产量

单位:吨

年份	合计	稻谷	小麦	折粮薯类	杂粮	大豆
1949	742990	694100	2835	30400	10980	4675
1950	836155	774735	3165	37490	11290	9475
1951	924745	858455	3965	47375	10720	4230
1952	941680	879335	4900	36270	14185	6990
1953	959055	892065	6345	39730	13800	7115
1954	855385	784730	7735	44225	13730	4965
1955	1026360	925905	12220	69045	14845	4345
1956	982635	919265	9565	42550	9210	2045
1957	1002970	911700	4480	69455	13155	4180
1958	1054150	947910	8155	82070	10645	5370
1959	962480	861870	8325	70490	14745	7050
1960	657725	622300	7280	21100	6420	625
1961	607360	543910	7650	45385	9605	810
1962	833095	729930	11180	74505	15465	2015
1963	920345	853725	5960	40875	18485	1300
1964	936420	872145	5265	39790	17200	2020
1965	1010075	929350	7675	55745	13895	3410
1966	1145640	1098985	6355	29465	7265	3570
1967	1198540	1127455	9465	48510	9910	3200
1968	1252535	1189595	6660	46560	7195	2525
1969	1166505	1100210	6735	51155	6510	1895
1970	1308655	1249270	9515	40930	6040	2900
1971	1536300	1468475	8905	47170	7480	4270
1972	1453085	1370820	8100	61575	8200	4390
1973	1562770	1487460	7040	60010	5400	2860
1974	1550020	1493725	6245	43145	4035	2870
1975	1546080	1478850	8410	50855	5220	2745
1976	1543550	1471275	14965	49300	4835	3175
1977	1537670	1465765	11240	53105	4710	2850
1978	1898070	1829940	15135	44545	3300	5150
1979	1960495	1892480	13060	44880	5000	5075
1980	2028640	1970115	7885	42590	3565	4485
1981	1931885	1878290	8575	35120	5525	4375
1982	2334880	2269795	8630	44360	4735	7360
1983	2558240	2487825	7335	51200	4860	7020
1984	2443660	2373670	6565	48105	7915	7405
1985	2449215	2386240	5210	45600	5215	6950
1986	2518856	2458199	5550	37918	9536	7653
1987	2554153	2469708	5487	45653	24970	8335
1988	2535020	2453928	6436	42982	23901	7773
1989	2588563	2499928	7733	47108	24606	9188
1990	2641261	2542642	6094	50715	31949	9861

9－2 续表

单位:吨

年 份	合 计	稻 谷	小 麦	折粮薯类	杂 粮	大 豆
1991	2693046	2586304	7760	53322	33903	11757
1992	2548991	2440907	8370	53100	33969	12645
1993	2450080	2349086	7318	50828	26659	16189
1994	2534843	2412841	5801	62742	37218	16241
1995	2448028	2325133	4928	77917	24793	15257
1996	2737179	2597117	6905	77701	40598	14858
1997	2928132	2757668	9551	85889	58636	16388
1998	2618000	2443065	10211	90492	57497	16735
1999	2750152	2503557	9372	100343	121111	15769
2000	2623327	2405899	5324	98682	98444	14978
2001	2503041	2299943	6859	97099	86043	13097
2002	2119788	1908942	5245	116868	72908	15825
2003	2163732	1939536	3091	121342	82360	17403
2004	2520412	2300549	3498	125934	74045	16386
2005	2622817	2386731	3598	131021	82366	19101
2006	2424098	2344684	607	37223	32502	9082
2007	2230293	2018315	1030	124066	73827	13055
2008	2174385	2107480	372	35998	24062	6473
2009	2155996	2052794	1698	53948	38192	9364
2010	2090484	1967873	2285	63203	46338	10785
2011	2160047	2012963	3108	69802	59573	14601
2012	2248647	2086972	2599	75314	69346	14416
2013	2303074	2158998	3239	57159	68805	14873
2014	2345703	2204677	1218	55116	68643	16049
2015	2368295	2235192	1070	49305	67944	14784
2016	2330692	2200024	448	45627	69006	15587
2017	2264435	2126581	568	47341	74460	15485
2018	2155160	1990866	627	50673	92482	20512
2019	2156812	1981479	623	53602	98291	22817
2020	2117806	1974654	370	58892	69031	14859
2021	2160423	2015342	379	59392	70150	15160
2022	2100100	1968839	0	54923	61648	14689

注:1. 2006 年数据根据第二次全国农业普查结果予以调整。

2. 2007－2017 年数据根据第三次全国农业普查结果予以调整。

3. 2020 年开始,粮食数据由国家统计局长沙调查队核定提供。

9-3 历年耕地面积

单位:千公顷

年份	合计	水田	旱地	每一农业人口占有耕地(亩)
1949	274.27	253.77	20.50	
1950	278.19	255.97	22.22	1.60
1951	282.98	258.87	24.11	1.60
1952	287.05	264.09	22.96	1.62
1953	291.23	265.75	25.48	1.62
1954	292.94	265.89	27.05	1.62
1955	297.80	266.27	31.53	1.63
1956	298.36	265.45	32.91	1.62
1957	295.05	260.49	34.56	1.61
1958	276.36	247.11	29.25	1.54
1959	271.76	241.87	29.89	1.56
1960	266.09	234.82	31.27	1.58
1961	261.71	235.12	26.59	1.55
1962	263.38	234.45	28.93	1.53
1963	261.97	235.25	26.72	1.47
1964	264.50	235.60	28.90	1.45
1965	265.87	235.99	29.88	1.41
1966	264.43	234.05	30.38	1.36
1967	263.07	231.56	31.51	1.32
1968	257.48	231.51	25.97	1.26
1969	260.65	231.72	28.93	1.22
1970	261.79	231.55	30.24	1.19
1971	261.47	231.93	29.54	1.18
1972	260.93	231.17	29.76	1.16
1973	260.49	230.51	29.98	1.14
1974	260.03	229.66	30.37	1.14
1975	258.92	228.44	30.48	1.09
1976	257.33	227.44	29.89	1.08
1977	257.11	227.22	29.89	1.06
1978	255.91	226.27	29.64	1.05
1979	255.49	225.86	29.63	1.05
1980	254.80	225.85	28.95	1.04
1981	254.31	225.74	28.57	1.03
1982	253.96	225.77	28.19	1.02
1983	253.30	225.11	28.19	1.01
1984	251.97	224.80	27.17	1.02
1985	250.05	223.64	26.41	1.00
1986	249.58	223.65	25.93	0.97
1987	249.04	223.33	25.71	0.96
1988	248.44	222.91	25.53	0.94
1989	248.20	222.69	25.51	0.92
1990	247.93	222.47	25.46	0.91

9－3 续表

单位：千公顷

年 份	合 计	水 田	旱 地	每一农业人口占有耕地（亩）
1991	248.07	222.58	25.49	0.91
1992	247.89	220.03	27.86	0.90
1993	246.89	219.37	27.52	0.90
1994	246.00	218.36	27.64	0.90
1995	245.77	218.18	27.59	0.89
1996	244.68	217.20	27.48	0.89
1997	244.07	216.70	27.37	0.88
1998	242.99	215.73	27.26	0.88
1999	242.14	215.26	26.88	0.87
2000	242.32	215.26	27.06	0.87
2001	242.53	215.48	27.05	0.87
2002	239.99	214.73	25.26	0.87
2003	237.10	215.20	21.90	0.86
2004	246.79	224.31	22.48	0.89
2005	246.90	220.43	26.47	0.88
2006	243.66	202.19	38.02	
2007	262.20	226.24	35.96	1.01
2008	274.03			
2009	278.07	245.62	32.45	1.05
2010	276.79	244.41	32.38	1.05
2011	275.65	243.33	32.32	1.04
2012	274.89	241.62	33.27	1.04
2013	274.15	241.42	32.73	1.04
2014	273.36	241.00	32.36	
2015	271.97	236.01	35.64	
2016	270.16	234.17	35.65	
2017	274.16	240.99	32.80	
2018	273.56	240.19	33.00	
2019	202.40	189.03	13.20	
2020				
2021				
2022				

注：从 2017 年开始，农业用地有关数据均来自自然资源规划部门；2019 年数据为第三次国土调查核定数据。

9－4　历年生猪、水产品生产情况

年　份	全年出栏肉猪(万头)	年末生猪存栏(万头)	每一农业人口出栏肉猪(头)	水产品产量(吨)	#鱼　类(吨)	#虾贝类(吨)
1950	31.14	36.44	0.12	4945	4945	
1951	34.83	39.44	0.13	4865	4865	
1952	39.97	46.42	0.15	5335	5335	
1953	43.40	48.64	0.16	5840	5840	
1954	48.56	39.24	0.18	7320	7320	
1955	45.69	41.77	0.17	6300	6300	
1956	46.70	81.19	0.17	7105	7105	
1957	72.89	123.12	0.26	7195	7175	20
1958	73.25	102.37	0.27	6635	6580	55
1959	49.19	88.98	0.19	7055	6730	325
1960	37.64	66.15	0.15	6270	5780	490
1961	15.44	37.05	0.06	4180	4125	55
1962	14.09	55.42	0.05	3875	3575	300
1963	31.27	82.81	0.12	3815	3490	325
1964	73.35	79.57	0.27	5050	4355	700
1965	68.20	76.22	0.24	7620	6170	1450
1966	55.80	101.08	0.19	8130	6805	1325
1967	80.36	104.46	0.27	3950	3925	25
1968	92.58	104.17	0.30	4220	4190	30
1969	92.69	96.31	0.29	5950	5585	365
1970	80.19	129.80	0.24	5370	5365	5
1971	97.24	150.42	0.29	5845	5835	10
1972	147.12	162.80	0.44	5350	5205	145
1973	151.93	166.88	0.44	5535	5445	90
1974	155.31	166.56	0.45	6380	6375	5
1975	132.83	165.53	0.37	6490	6480	10
1976	149.60	182.02	0.42	7415	7340	75
1977	146.23	171.03	0.40	7555	7425	130
1978	147.47	170.29	0.40	7755	7575	180
1979	154.09	199.79	0.42	9995	9510	485
1980	184.47	185.29	0.50	11865	11185	680
1981	162.53	185.15	0.44	13195	12045	1150
1982	171.95	209.23	0.46	15520	14175	1345
1983	186.52	238.51	0.49	17025	16100	925
1984	230.25	245.42	0.62	21310	21140	170
1985	273.91	265.86	0.74	23265	22785	480
1986	306.75	283.68	0.81	27050	26572	478
1987	331.33	294.08	0.87	29983	29464	519
1988	370.10	307.93	0.93	33426	32983	443
1989	378.68	313.48	0.94	36079	35585	494
1990	399.12	328.75	0.98	36669	36184	485

9－4 续表

年 份	全年出栏肉猪(万头)	年末生猪存栏(万头)	每一农业人口出栏肉猪(头)	水产品产量(吨)	#鱼 类(吨)	#虾贝类(吨)
1991	415.00	336.04	1.02	41276	40726	550
1992	480.11	358.38	1.17	47762	47198	564
1993	537.38	396.32	1.31	53917	53234	683
1994	560.84	385.31	1.37	56256	55128	1128
1995	592.63	369.33	1.43	61664	60719	679
1996	601.34	346.91	1.50	67887	66601	710
1997	608.33	355.90	1.53	75529	73663	851
1998	622.75	345.52	1.54	77425	75451	954
1999	596.75	322.08	1.52	82195	80965	771
2000	621.28	350.78	1.58	85191	83744	1015
2001	655.78	364.91	1.67	89965	88334	1208
2002	658.26	367.07	1.69	92874	90875	1502
2003	683.13	391.77	1.77	94235	91553	2104
2004	756.66	415.30	1.96	100128	97790	1805
2005	801.54	432.77	2.08	104201	101355	2249
2006	786.94	417.29		105074	102726	1764
2007	832.20	424.90	2.13	95302	93000	1537
2008	835.90	446.26	2.13	96395	94296	1442
2009	846.00	450.70	2.14	101443	99056	1738
2010	824.65	438.00	2.08	106571	104328	1819
2011	804.68	427.60	2.02	107154	104889	1563
2012	833.20	436.20	2.01	84550	82537	1735
2013	547.44	371.74	1.38	88450	86299	1847
2014	552.03	368.81	1.42	90740	88587	1841
2015	517.10	343.28	1.33	94000	91715	1990
2016	490.31	324.91	1.32	93622	90496	2644
2017	436.94	309.36		93435	90772	2363
2018	438.53	274.94		92595	89552	2754
2019	349.50	92.09		98698	91620	6769
2020	275.34	203.82		113631	96984	14738
2021	361.91	227.71		120660	105534	13281
2022	367.78	216.38		123673	108128	13593

注：1. 2013－2017 年畜牧指标数据根据第三次农业普查结果予以调整。
2. 2012－2017 年水产指标数据根据第三次农业普查结果予以调整。

9－5 农村基层组织情况与农业生产条件(2022 年)

指标	单位	全市	芙蓉区	天心区
一、乡村人口与从业人员				
1. 乡村户数	万户			
2. 乡村人口数	万人			
3. 乡村劳动力资源数	万人			
4. 乡村从业人员数	万人			
按性别分				
(1)男	万人			
(2)女	万人			
二、农业主要能源及物资消耗				
(一)农村用电量情况				
农村用电量(不包括县办工业和城镇生活用电)	万千瓦小时			
(二)农用化肥施用量				
1. 按实物量计算	吨	504252		2460
(1)氮　肥	吨	170008		1008
(2)磷　肥	吨	99926		504
(3)钾　肥	吨	60610		318
(4)复合肥	吨	173707		629
2. 按折纯量计算	吨	165150		769
(1)氮　肥	吨	44032		261
(2)磷　肥	吨	13990		71
(3)钾　肥	吨	30002		157
(4)复合肥	吨	77126		279
(三)农用塑料薄膜使用量	吨	7045		33
# 地膜使用量	吨	5248		7
地膜覆盖面积	公顷	62217		77
(四)农用柴油使用量	吨	68392		149
(五)农药使用量(实物量)	吨	6611		25

岳麓区	开福区	雨花区	望城区	长沙县	浏阳市	宁乡市
14306	3842	1252	63704	88301	140072	190316
6121	1754	214	34637	29649	32029	64596
3284	607	311	13712	18885	24594	38029
1523	441	35	6757	8530	16242	26764
3377	1040	692	8598	31237	67207	60927
4299	1219	424	18053	28415	49618	62354
1585	454	55	8971	7679	8296	16730
460	85	43	1920	2644	3443	5324
754	218	17	3345	4222	8040	13248
1499	462	307	3818	13869	29840	27052
396	53	60	1003	690	2464	2347
227	42	44	872	484	1774	1797
2457	800	702	9501	9047	19773	19860
329	359	20	2297	10725	41730	12783
180	47	12	813	1273	1658	2603

9-6 主要农产品生产情况(2022年)

指标	单位	全市	芙蓉区	天心区
农作物总播种面积	**千公顷**	**577.81**		**1.19**
一、粮食作物播种面积	千公顷	311.12		0.13
单产	公斤/亩	450		501
总产量	吨	2100100		1000
(一)谷物播种面积	千公顷	294.37		0.13
单产	公斤/亩	460		514
总产量	吨	2029196		966
1.稻谷播种面积	千公顷	285.08		0.12
单产	公斤/亩	460		515
总产量	吨	1968839		958
(1)早稻播种面积	千公顷	96.03		
单产	公斤/亩	407		
总产量	吨	586415		
(2)中稻与一季晚稻播种面积	千公顷	90.65		0.12
单产	公斤/亩	530		515
总产量	吨	721025		958
(3)晚稻播种面积	千公顷	98.40		
单产	公斤/亩	448		
总产量	吨	661399		

岳麓区	开福区	雨花区	望城区	长沙县	浏阳市	宁乡市
13.09	**2.14**	**0.77**	**87.21**	**124.75**	**173.55**	**175.12**
6.00	1.20	0.20	41.04	74.02	80.70	107.83
444	444	367	447	441	463	448
40000	8000	1100	275000	490000	560000	725000
5.80	1.17	0.18	39.59	66.41	76.25	104.85
450	448	379	452	459	474	453
39122	7879	1003	268486	456879	542069	712793
5.75	1.17	0.18	39.46	62.28	74.42	101.70
450	448	379	452	461	476	453
38864	7879	998	267541	430365	530977	691257
0.60	0.07		16.00	23.67	20.03	35.67
407	419		409	425	414	390
3660	421		98158	151050	124268	208858
4.57	1.04	0.18	7.22	13.11	34.73	29.69
463	453	379	538	535	533	536
31704	7058	998	58279	105268	277830	238930
0.59	0.07		16.24	25.50	19.66	36.34
398	398		456	455	437	447
3500	400		111104	174047	128879	243469

9－6 续表1

指标	单位	全市	芙蓉区	天心区
2. 小麦播种面积	千公顷			
单　产	公斤/亩			
总产量	吨			
3. 玉米播种面积	千公顷	8.72		
单　产	公斤/亩	444		363
总产量	吨	58000		7
4. 高粱播种面积	千公顷	0.37		
单　产	公斤/亩	307		
总产量	吨	1711		
5. 其他谷物播种面积	千公顷	0.20		
单　产	公斤/亩	213		
总产量	吨	647		
（二）豆类播种面积	千公顷	6.65		
单　产	公斤/亩	209		193
总产量	吨	20848		3
1. 大豆播种面积	千公顷	4.48		
单　产	公斤/亩	219		193
总产量	吨	14689		3
2. 绿豆播种面积	千公顷	0.39		
单　产	公斤/亩	154		
总产量	吨	896		
3. 红小豆播种面积	千公顷			
单　产	公斤/亩			
总产量	吨			
4. 其他杂豆播种面积	千公顷	1.78		
单　产	公斤/亩	197		
总产量	吨	5263		

岳麓区	开福区	雨花区	望城区	长沙县	浏阳市	宁乡市
0.04			0.13	3.99	1.49	3.06
397		500	473	434	435	460
250		5	945	25948	9705	21140
				0.11	0.18	0.08
258				270	332	302
8				456	896	351
				0.03	0.16	0.02
				256	207	199
				110	492	45
0.05	0.01	0.01	0.38	2.91	2.07	1.23
184	214	198	198	210	210	208
144	16	30	1122	9175	6533	3826
0.03	0.01	0.01	0.20	1.57	1.67	1.00
191	214	198	216	214	223	220
83	16	30	648	5025	5580	3305
0.02				0.09	0.13	0.15
170				193	136	146
41				258	273	325
0.01			0.18	1.25	0.27	0.08
190			177	207	169	168
20			474	3892	681	196

9－6 续表2

指　　标	单　位	全　市	芙蓉区	天心区
(三)薯类播种面积	千公顷	11.71		0.01
单　产	公斤/亩	313		315
总产量	吨	54923		32
1.甘薯播种面积	千公顷	6.04		0.01
单　产	公斤/亩	316		315
总产量	吨	28618		32
2.马铃薯播种面积	千公顷	5.67		
单　产	公斤/亩	309		
总产量	吨	26305		
二、油料播种面积	千公顷	58.17		0.06
单　产	公斤/亩	122		104
总产量	吨	106740		89
1.花生果播种面积	千公顷	3.67		
单　产	公斤/亩	210		
总产量	吨	11581		
2.油菜籽播种面积	千公顷	53.69		0.06
单　产	公斤/亩	116		104
总产量	吨	93591		89
3.芝麻播种面积	千公顷	0.61		
单　产	公斤/亩	100		
总产量	吨	912		
三、棉花播种面积	千公顷			
单　产	公斤/亩			
总产量	吨			
四、生麻播种面积	千公顷			
单　产	公斤/亩			
总产量	吨			
# 生苎麻播种面积	千公顷			
单　产	公斤/亩			
总产量	吨			
五、甘蔗播种面积	千公顷	0.06		
单　产	公斤/亩	1626		
总产量	吨	1550		

岳麓区	开福区	雨花区	望城区	长沙县	浏阳市	宁乡市
0.16	0.02	0.01	1.23	5.86	2.60	1.83
319	319	327	315	314	307	313
754	105	67	5793	27603	11990	8578
0.08	0.02	0.01	0.40	3.29	1.65	0.58
307	317	310	316	317	313	316
390	95	31	1895	15675	7775	2725
0.07		0.01	0.83	2.56	0.95	1.25
333	347	343	315	310	296	311
364	10	36	3898	11928	4215	5853
1.11	0.02	0.02	5.80	9.65	33.46	8.05
135	102	85	142	112	121	124
2234	24	26	12362	16256	60788	14962
0.07			0.73	0.57	0.86	1.45
224			210	196	211	215
236			2296	1666	2721	4662
1.03	0.02	0.02	4.81	8.87	32.42	6.46
129	102	85	129	106	119	105
1988	24	26	9319	14102	57874	10170
0.01			0.14	0.13	0.18	0.15
89			149	129	72	59
10			321	258	193	130
						0.04
					0.03	1782
					1387	1030

9－6 续表 3

指　　标	单　位	全　市	芙蓉区	天心区
六、烟叶播种面积	千公顷	6.66		
单　产	公斤/亩	126		
总产量	吨	12598		
1. 烤烟播种面积	千公顷	6.49		
单　产	公斤/亩	124		
总产量	吨	12113		
2. 晒(土)烟播种面积	千公顷	0.17		
单　产	公斤/亩	187		
总产量	吨	485		
七、药材播种面积	千公顷	2.49		
单　产	公斤/亩	577		
总产量	吨	21575		
八、蔬菜播种面积(含菜用瓜)	千公顷	166.28		0.93
单　产	公斤/亩	2367	1908	1681
总产量	吨	5903217	3	23477
九、瓜果类播种面积	千公顷	7.92		0.05
单　产	公斤/亩	1925		1951
总产量	吨	228858		1537
1. 西瓜播种面积	千公顷	5.83		0.02
单　产	公斤/亩	1995		2665
总产量	吨	174476		962
2. 甜瓜播种面积	千公顷	1.53		
单　产	公斤/亩	1756		1677
总产量	吨	40355		104
3. 草莓播种面积	千公顷	0.29		0.02
单　产	公斤/亩	1008		1255
总产量	吨	4428		449
十、其他农作物播种面积	千公顷	25.09		0.01
# 青饲料播种面积	千公顷	8.22		0.01

岳麓区	开福区	雨花区	望城区	长沙县	浏阳市	宁乡市
				0.01	3.97	2.68
				127	117	139
				14	6983	5601
					3.97	2.52
					117	136
					6983	5130
				0.01		0.17
				127		189
				14		471
			0.08	0.08	1.65	0.68
67			100	605	636	489
3			118	738	15736	4980
4.96	0.89	0.55	35.89	29.65	45.37	48.05
2275	1962	1264	2414	2550	2229	2392
169256	26120	10349	1299341	1133776	1516637	1724257
0.14			1.17	1.20	4.01	1.35
2633	1572	1400	2229	2204	1880	1481
5335	117	63	39279	39504	112961	30062
0.07			0.99	0.90	2.58	1.27
3225	2855	1947	2312	2351	1950	1509
3260	79	37	34156	31902	75360	28720
0.04			0.13	0.21	1.12	0.04
2619	2143	1000	1829	1923	1680	1974
1545	15	23	3540	5942	28132	1054
0.03			0.03	0.05	0.13	0.03
1154	592	1000	1178	1065	1005	540
457	24	3	536	783	1894	282
0.88	0.03		3.22	10.15	4.37	6.43
0.12	0.03		2.50	1.74	3.03	0.79

9－7 茶叶、水果生产情况(2022 年)

指标	单位	全市	芙蓉区	天心区
一、茶叶产量	吨	49663		
绿茶	吨	39501		
青茶	吨	69		
红茶	吨	7552		
其他茶	吨	2541		
二、水果产量	吨	406306		1621
1. 园林水果	吨	177448		84
柑	吨	30210		2
桔	吨	60695		15
橙	吨	2859		5
柚	吨	8818		25
桃	吨	18398		3
猕猴桃	吨	1177		
李子	吨	9669		1
梨	吨	10932		
葡萄	吨	19376		29
红枣(干枣折成鲜枣)	吨	502		
鲜柿子(柿饼折成鲜柿)	吨	4643		1
枇杷	吨	953		3
其他园林水果	吨	9216		
2. 瓜果类水果(西瓜、甜瓜、草莓)	吨	228858		1537
三、食用坚果	吨	6553		3
# 板栗	吨	6550		3
四、年末茶园面积	千公顷	14.27		
# 当年采摘	千公顷	12.88		
五、年末果园面积	千公顷	15.58		
# 柑桔园面积	千公顷	4.89		
桃园面积	千公顷	2.11		
猕猴桃园面积	千公顷	0.25		
梨园面积	千公顷	2.15		
葡萄园面积	千公顷	1.64		

岳麓区	开福区	雨花区	望城区	长沙县	浏阳市	宁乡市
49			872	42143	1801	4798
49			863	33340	1460	3789
					45	24
			9	6976	4	563
				1827	292	422
15995	118	79	49440	85293	193930	59830
10660	1	16	10161	45789	80969	29768
1377			634	1043	23078	4076
2149			5594	10670	25026	17241
56			455	987	1016	340
161			103	4016	4272	241
983			731	5925	9160	1596
			87	619	258	213
84			7	4000	2907	2670
301			431	1795	5690	2715
2210	1	16	1873	11630	2965	652
3			45	345	98	11
2				348	4292	
6			12	346	582	4
3328			189	4065	1625	9
5335	117	63	39279	39504	112961	30062
16			58	4065	2379	32
13			58	4065	2379	32
0.09			0.75	7.12	2.91	3.40
0.05			0.71	6.63	2.45	3.05
0.40			0.94	4.87	5.41	3.95
0.11			0.60	0.60	1.21	2.37
0.04			0.10	0.45	1.27	0.25
			0.01	0.07	0.12	0.04
0.04			0.04	0.44	1.29	0.35
0.12			0.19	0.55	0.52	0.26

9-8 畜牧业生产情况(2022年)

指标	单位	全市	芙蓉区	天心区
一、当年出栏猪头数	万头	367.78		0.51
1. 出栏肉猪	万头	367.78		0.51
2. 出口中仔猪	万头			
二、当年出售和自宰的肉用牛	万头	5.97		0.02
三、当年出售和自宰的肉用羊	万只	70.09		0.12
四、当年出售和自宰的肉用驴	匹	26		
五、当年出售和自宰的家禽(鸡鸭鹅)	万羽	4868.66		5.83
六、当年出售和自宰的肉用兔	万只	4.72		
七、当年肉类总产量	吨	358514		700
1. 猪肉产量	吨	269400		400
①肉猪肉产量	吨	269400		400
②出口中仔猪肉产量	吨			
2. 牛肉产量	吨	7000		
3. 羊肉产量	吨	11600		
4. 驴肉产量	吨	4		
5. 禽肉产量	吨	70100		300
6. 兔肉产量	吨	65		
7. 其他肉产量	吨	345		
八、当年牛奶产量	吨	5900		
九、当年蜂蜜产量	吨	874		
十、当年禽蛋产量	吨	48740		400
十一、大牲畜存栏总头数	头	112600		
1. 牛存栏	头	112600		
2. 马存栏	匹			
3. 驴存栏	头			
4. 骡存栏	头			
十二、生猪存栏	万头	216.38		0.34
# 能繁母猪	万头	18.83		0.03
十三、山羊存栏	万只	51.38		0.13
十四、兔存栏	万只			
十五、家禽存笼	万羽	2609.8		5.16

岳麓区	开福区	雨花区	望城区	长沙县	浏阳市	宁乡市
2.12	1.37	0.82	30.78	67.98	131.98	132.22
2.12	1.37	0.82	30.78	67.98	131.98	132.22
0.04	0.01		0.69	0.65	1.66	2.9
0.53	0.01	0.01	2.32	2.65	52.47	11.98
						26
40.75	6.21	4.69	253.93	281.3	1361.88	2914.07
			0.05		3.58	1.09
2400	1100	700	27596	54900	124897	146221
1600	1000	600	22500	49800	96700	96800
1600	1000	600	22500	49800	96700	96800
			800	800	2000	3400
100			400	500	8400	2200
						4
700	100	100	3800	3800	17500	43800
			1		47	17
			95		250	
			1600	1300		3000
			3	46	825	
1500	200	200	11795	7900	15044	11700
1200	100		11100	8500	38000	53700
1200	100		11100	8500	38000	53700
1.21	1.24	0.38	17.22	43.02	76.41	76.56
0.1	0.11	0.04	1.66	3.53	6.65	6.71
0.53		0.01	2.03	1.85	39.33	7.5
49.03	7.78	2.62	271.5	250	834.03	1189.68

9－9 渔业生产情况(2022年)

指标	单位	全市	芙蓉区	天心区
一、水产品总产量	吨	123673	60	1562
(一)淡水产品捕捞产量	吨	2		
1. 鱼类(含鳝鱼、泥鳅)	吨	2		
2. 虾蟹类	吨			
3. 贝类	吨			
4. 其他类	吨			
(二)淡水产品养殖产量	吨	123671	60	1562
1. 鱼类(含鳝鱼、泥鳅)	吨	108126	60	1562
2. 虾蟹类	吨	12041		
3. 贝类	吨	1552		
4. 其他类	吨	1952		
二、淡水养殖面积合计	公顷	22065	14	170
(一)池塘养殖	公顷	15442	14	159
# 精养池塘	公顷	8658		154
(二)湖泊养殖	公顷	1583		
(三)河沟养殖	公顷	177		6
(四)水库养殖	公顷	4808		5
(五)其他养殖	公顷	55		
附:1. 稻田养殖面积	公顷	8590		
2. 养殖水面中鱼种池面积	公顷			

岳麓区	开福区	雨花区	望城区	长沙县	浏阳市	宁乡市
6298	1940	2347	40216	14888	23570	32792
		2				
		2				
6298	1940	2345	40216	14888	23570	32792
6145	1730	2340	29200	14310	23055	29724
153	205		10138	570	45	930
					190	1362
	5	5	878	8	280	776
770	449	290	5885	2982	4080	7425
667	423	245	4338	2098	1870	5628
667	130	150	3872	505	670	2510
33			1020			530
			151	20		
62	26	45	376	864	2210	1220
8						47
181	80		4867	494	260	2708

9－10 农林牧渔业总产值(2022年)

指　　标	全　市	芙蓉区	天心区	岳麓区
农林牧渔业总产值	**7760263**	**79**	**22606**	**165094**
一、农业产值	5022470	1	15302	129828
1. 谷物及其他作物	862680		401	14848
# 粮食	721309		322	12858
(1)谷物	683045		310	12468
# 小麦				
稻谷	616118		307	12343
玉米	27144		3	117
(2)折粮薯类	17302		9	215
(3)油料	96766		78	1991
# 花生	11025			225
油菜籽	82547		78	1753
(4)豆类	20962		3	175
# 大豆	14513		3	82
(5)棉花				
(6)生麻				
(7)糖料	586			
(8)烟草	43100			
(9)其他农作物	920			
# 饲料作物	200			
2. 蔬菜园艺作物	3517619	1	14010	106175
(1)蔬菜	2821629	1	11398	81674
(2)食用菌(干鲜混合)	54646		124	
(3)花卉	30193		337	3651
(4) 盆景园艺	611150		2150	20850
3. 水果、坚果、饮料和香料作物	583488		891	8797
# 水果(含果用瓜)	168038		888	8330
# 梨	4570			126
柑桔	35015		17	1269
# 茶及其他饮料	408244			450
4. 中药材	58683			7

单位:万元

开福区	雨花区	望城区	长沙县	浏阳市	宁乡市
按现行价格计算					
22346	**92851**	**1098388**	**1597466**	**2376680**	**2384753**
14152	83078	763207	1187785	1380314	1448802
2578	394	104326	187150	270562	282420
2557	371	92802	172172	191535	248692
2510	322	89632	155298	180972	241532
2510	319	83289	134171	166852	216327
	2	442	12144	4542	9894
31	20	2091	7888	3924	3124
21	23	11351	14775	54713	13813
		2186	1586	2590	4438
21	23	8219	12438	51045	8970
16	29	1079	8986	6639	4036
16	29	640	4965	5513	3265
				197	389
			48	23882	19170
		173	155	236	356
		58	40	38	64
11516	82644	628448	626482	968557	1079786
11516	4883	607261	522885	725062	856947
	2	580	37102	7902	8936
	125	281	10645	9640	5513
	77633	20325	55850	225952	208390
58	40	30112	372146	98393	73050
58	40	19139	42379	74811	22392
		180	750	2378	1135
		2296	5837	18221	7375
		10910	325379	21014	50492
		321	2007	42802	13546

9－10 续表

指　　标	全　市	芙蓉区	天心区	岳麓区
二、林业产值	374829			3409
(一)林木的培育和种植	62700			810
1. 育种育苗	16912			
2. 造林	36613			810
3. 抚育和管理	9175			
(二)竹木采运	47449			1458
(三)林产品	264680			1141
三、牧业产值	1586373		2963	12469
(一)牲畜饲养	131590		282	921
1. 牛的饲养	40298		135	270
2. 羊的饲养	86071		147	651
3. 牛奶	5222			
(二)猪的饲养	1118787		1551	6449
# 肉猪	1118787		1551	6449
(三)家禽饲养	326640		1129	5099
1. 肉禽	222985		267	1866
2. 禽蛋	103656		862	3233
(四)其他畜牧业	9356			
# #兔	273			
四、渔业产值	297805	49	3261	12533
1. 鱼类	239125	49	3261	11909
2. 虾蟹类	50813			624
3. 贝类	1386			
4. 其他	6481			
五、农林牧渔服务业	478787	29	1080	6855

单位:万元

开福区	雨花区	望城区	长沙县	浏阳市	宁乡市
按现行价格计算					
		14887	45897	237437	73199
		5796	22508	19950	13636
		308	12465	2819	1320
		4932	9546	11018	10307
		556	497	6113	2009
		1942	3153	14300	26595
		7149	20235	203187	32967
4776	2874	138279	240671	551491	632849
80	12	8922	8792	75638	36941
68		4658	4388	11205	19575
12	12	2849	3254	64433	14711
		1416	1151		2655
4000	2230	92064	201221	380102	431168
4000	2230	92064	201221	380102	431168
695	632	36412	29908	90001	162764
284	215	11630	12884	58288	137550
411	417	24783	17025	31712	25214
		880	750	5750	1976
		4		197	72
2638	3174	104433	36282	57497	77937
1941	3157	58736	33849	56208	70015
681		42782	2407	190	4129
				170	1216
17	17	2915	27	930	2576
780	3725	77582	86830	149940	151966

10 工　业

长沙统计年鉴

10－1 历年工业总产值

单位:万元

年份	合计	#大中型企业	#国有工业	#集体工业	#乡办工业	轻工业	重工业
1949	5791		433			4896	895
1950	9002		1630	39		7921	1081
1951	14892		4057	129		12945	1947
1952	20409		10400	201		17076	3333
1953	28847		14602	378		24199	4648
1954	30875		17846	714		24523	6352
1955	35450		19311	2234		28742	6708
1956	45732		36351	7660		35686	10046
1957	49355		39277	9360		39189	10166
			按1957年不变价格计算				
1957	46096		36541	8845		36868	9228
1958	80433		58213	22109	4659	59711	20722
1959	105816		75554	30262	4455	68870	36946
1960	120489		86411	34078	3508	68554	51935
1961	63898		46444	17333	1051	46572	17326
1962	53339		38507	14580	467	40256	13083
1963	54016		40829	12992	178	38672	15344
1964	64857		49533	15219	290	45358	19499
1965	79691		58891	20797	1277	51868	27823
1966	96285		68584	27701	3073	62743	33542
1967	87318		59683	27635	3151	57524	29794
1968	78585		51981	26604	3382	54247	24338
1969	97375		68078	29297	2194	60575	36800
1970	140654		104311	36343	2948	78545	62109
1971	150535		111997	38538	3577	81623	68912
			按1970年不变价格计算				
1971	132575		96260	36315	3577	72794	59781
1972	154173	48387	113309	40864	3627	86545	67628
1973	163927	50018	118714	45213	4691	93632	70295
1974	128974	34209	89526	39448	5633	82062	46912
1975	163374	51074	113325	50049	7181	94128	69246
1976	147984	37453	97010	50974	9479	88653	59331
1977	190006	50228	125967	64039	11791	106133	83873
1978	238489	55004	153188	85301	14509	132376	106113
1979	274260	63033	178564	95696	17671	155407	118853
1980	302624	69477	192773	108551	19593	180677	121947
1981	312240	67577	193803	117076	20046	199146	113094

10－1 续表

单位:万元

年份	合计	#大中型企业	#国有工业	#集体工业	#乡办工业	轻工业	重工业
			按1980年不变价格计算				
1981	305989	65529	190040	114625	20357	197536	108453
1982	318933	68386	192110	124599	22348	204500	114433
1983	339270	80644	203733	135294	24694	213291	125979
1984	387985	108532	228587	158835	30208	239867	148118
1985	463521	139538	255540	207209	42044	279040	184481
1986	524318	179662	294463	218422	46225	301104	223214
1987	635046	227241	348228	271609	65890	364015	271031
1988	763387	275958	406300	329184	90309	418990	344397
1989	837404	307890	418981	369449	68336	465656	371748
1990	864295	332217	428900	388730	79207	481316	382979
			按1990年不变价格计算				
1990	1201241	519530	685839	461738	124188	680329	520912
1991	1389702	572449	751752	561615	167332	780430	609272
1992	1655135	646830	877163	716342	219372	856131	799004
1993	1923267	828288	907141	900189	345084	988828	934439
1994	2261762	917685	950930	664639	352342	1215599	1046163
1995(原规定)	2625906	888684	1072289	635231	388926	1458138	1167768
1995(新规定)	2465662	884923	1047582	887074	410523	1347777	1117885
1996	2874962	916152	1112524	1103270	492329	1465786	1409176
1997	3366581	1029812	1169371	1147896	518527	1655539	1711042
1998	3871568	1157742	1244845	1082559	490985	1812982	2058586
1999	4316798	1322056	1338019	990848		1990907	2325891
2000	4836651	1486342	1530512	914127		2235016	2601635
2001	5349642	1975827	1208526	1011082		2404381	2945261
2002	6079083	2522050	1318284			2412608	3666475
2003	7147780	2435058	1703105			2516350	4631430
			按当年价格计算				
2003	8034980	4075032	2273348			3438771	4596209
2004	10060596	4848325	2679230			4488562	5572034
2005	13006235	6193647	3151357			5802766	7203469
2006	16509547	7667315	3998824			5978281	10531266
2007	21546411	9933579	5289693			7461083	14085328
2008	35074824	17520328	10109994			14391159	20683665
2009	41618121	20436243	11793145			16262144	25355977
2010	54877395	28190353	15158744			21443162	33434233
2011	71273582	38750233	19293574			27958192	43315390
2012	82630847	42333662	21852534			32276868	50353979
2013	89380523	49570685	22108786			31876211	57504312
2014	104445106	59472793	22111685			32681853	62765763
2015	111746223	67380196	22134390			37262597	74483626
2016	122077301	74148116	21927534			41378142	80699159
2017	124115779	76349482	26580545				

10－2 历年工业总产值指数

（以1949年为100）

年 份	工业总产值	#国有工业	轻工业	重工业
1949	100	100	100	100
1950	155.4	376.4	161.8	120.8
1951	257.2	937.0	264.4	217.5
1952	352.4	2401.8	348.8	372.4
1953	498.1	3372.3	496.3	519.3
1954	533.2	4121.5	500.9	709.7
1955	612.2	4459.8	587.1	749.5
1956	789.1	8395.2	728.9	1122.5
1957	852.3	9070.9	800.4	1135.9
1958	1487.1	14451.0	1296.4	2550.5
1959	1956.4	18755.9	1495.3	4547.5
1960	2227.7	21451.0	1488.4	6392.4
1961	1181.4	11529.6	1011.2	2132.5
1962	986.2	9559.1	874.0	1610.3
1963	998.7	10135.6	839.6	1888.6
1964	1199.1	12296.3	984.8	2400.0
1965	1473.4	14619.4	1126.1	3424.6
1966	1780.2	17025.6	1362.3	4128.5
1967	1614.4	14815.9	1248.9	3667.2
1968	1453.0	12903.9	1177.8	2995.6
1969	1800.4	16900.0	1315.2	4529.5
1970	2600.6	25894.7	1705.3	7544.6
1971	2783.3	27802.8	1772.2	8481.9
1972	3236.5	32726.1	2106.9	9595.6
1973	3441.3	34287.3	2279.4	9974.1
1974	2707.5	25857.0	1997.8	6656.3
1975	3429.7	32730.7	2291.5	9825.1
1976	3106.6	28018.7	2158.2	8418.3
1977	3988.8	36382.0	2583.7	11900.6
1978	5006.7	44180.5	3280.2	15302.0
1979	5757.7	51499.1	3860.0	17181.1
1980	6353.2	55597.1	4477.1	17585.4
1981	6555.0	55894.1	4934.7	16308.7
1982	6832.3	56502.9	5108.7	17208.0
1983	7268.0	59921.5	5328.3	18944.2
1984	8311.6	67231.5	5992.2	22273.4
1985	9929.8	75158.8	6970.8	27741.5

10－2 续表1　　（以1949年为100）

年　份	工业总产值	#国有工业	轻工业	重工业
1986	11232.2	86606.8	7522.0	33566.0
1987	13604.2	102420.0	9093.6	40756.5
1988	16353.6	119500.0	10466.6	51789.0
1989	17939.4	123387.3	11764.7	56626.4
1990	18514.8	126305.5	12159.6	58332.8
1991	21419.6	138444.2	13948.7	68227.5
1992	25510.7	161540.1	15301.7	89446.2
1993	29643.5	167061.0	17673.5	104562.7
1994	34860.7	175125.0	21720.7	117057.9
1995	40473.3	181107.4	26043.1	130636.7
1996	47191.9	192334.7	28334.9	164732.8
1997	55261.7	202162.5	31990.1	199985.6
1998	63550.9	215210.6	35029.2	240582.7
1999	70859.3	237359.0	38462.1	271858.5
2000	79362.4	271506.4	43191.8	303937.8
2001	87774.8	214490.1	46474.4	344057.6
2002	99712.2	234008.7	46613.8	428351.1
2003	120950.9	302339.2	48618.2	541007.4
2004	151430.5	367946.9	63461.3	655863.3
2005	192771.0	484954.0	80215.1	847375.4
2006	251951.7	614921.7	101632.5	1129551.4
2007	328819.1	813425.8	126840.5	1510749.0
2008	433712.4	1002954.0	160326.4	2870788.7
2009	514643.1	1169945.8	181168.8	3519299.9
2010	618774.0	1515874.4	214431.6	4343423.3
2011	803787.4	1929708.1	279618.8	5629076.6
2012	931589.6	2186359.3	322680.1	6540987.0
2013	1007686.2	2202992.9	318674.6	7469816.0
2014	1177526.0	2203281.8	326728.8	8153279.0
2015	1259839.6	2201714.9	372523.7	9675430.6
2016	1376313.3	2181138.9	413667.9	10482829.0
2017	1399295.3	2643975.4		

10－2 续表 2

（以上年为 100）

年　份	工业总产值	#国有工业	轻工业	重工业
1950	155.4	376.4	161.8	120.8
1951	165.4	248.9	163.4	180.1
1952	137.0	256.3	131.9	171.2
1953	141.3	140.4	141.7	139.5
1954	107.0	122.2	101.3	136.7
1955	114.8	108.2	117.2	105.6
1956	129.0	188.2	124.2	149.8
1957	107.9	108.0	109.8	101.2
1958	174.5	159.3	162.0	224.5
1959	131.6	129.8	115.3	178.3
1960	113.9	114.4	99.5	140.6
1961	53.0	53.7	67.9	33.4
1962	83.5	82.9	86.4	75.5
1963	101.3	106.0	96.1	117.3
1964	120.1	121.3	117.3	127.1
1965	122.9	118.9	114.4	142.7
1966	120.8	116.5	121.0	120.6
1967	90.7	87.0	91.7	88.8
1968	90.0	87.1	94.3	81.7
1969	123.9	131.0	111.7	151.2
1970	144.4	153.2	129.7	168.8
1971	107.0	107.4	103.9	110.0
1972	116.3	117.7	118.9	113.1
1973	106.3	104.8	108.2	103.9
1974	78.7	75.4	87.6	66.7
1975	126.7	126.6	114.7	147.6
1976	90.6	85.6	94.2	85.7
1977	128.4	129.8	119.7	141.4
1978	125.5	121.6	124.7	126.5
1979	115.0	116.6	117.4	112.0
1980	110.3	108.0	110.2	102.6
1981	103.2	100.5	110.2	92.1
1982	104.2	101.1	103.5	105.5
1983	106.4	106.1	104.3	110.1
1984	114.4	112.2	112.5	117.6
1985	119.5	111.8	116.3	124.6
1986	113.1	115.2	107.9	121.0
1987	121.1	118.3	120.9	121.4
1988	120.2	116.7	115.1	127.1
1989	109.7	103.1	111.1	107.9
1990	103.2	102.4	103.4	103.0

10－2 续表3　　（以上年为100）

年　份	工业总产值	#国有工业	轻工业	重工业
1991	115.7	109.6	114.7	117.0
1992	119.1	116.7	109.7	131.1
1993	116.2	103.4	115.5	116.9
1994	117.6	104.8	122.9	112.0
1995	116.1	112.8	119.9	111.6
1996	116.6	106.2	108.8	126.1
1997	117.1	105.1	112.9	121.4
1998	115.0	111.0	109.5	120.3
1999	111.5	110.3	109.8	113.0
2000	112.0	112.8	112.3	111.8
2001	110.6	79.0	107.6	113.2
2002	113.6	109.1	100.3	124.5
2003	121.3	129.2	104.3	126.3
2004	125.2	121.7	130.5	121.2
2005	127.3	131.8	126.4	129.2
2006	130.7	126.8	126.7	133.3
2007	130.5	132.3	124.8	133.7
2008	131.9	123.3	126.4	137.4
2009	118.7	116.7	113.0	122.6
2010	131.9	128.5	131.9	131.9
2011	129.9	127.3	130.4	129.6
2012	115.9	113.3	115.4	116.2
2013	108.2	100.8	98.8	114.2
2014	116.9	100.0	102.5	109.1
2015	107.0	99.9	114.0	118.7
2016	109.2	99.1	111.0	108.3
2017	101.7	121.2		

10-3 规模以上工业主要产品产量

产品	单位	2022年	2021年	2022年为2021年的%
饲料	万吨	239.20	229.21	104.4
精制食用植物油	万吨	24.44	23.13	105.7
酱油	万吨	19.38	20.44	94.8
大米	万吨	12.69	14.72	86.2
乳制品	万吨	36.29	35.25	103.0
饮料	万吨	497.73	463.68	107.3
精制茶	万吨	2.18	2.38	91.6
服装	万件	2174.60	2368.35	91.8
涂料	万吨	56.20	53.31	105.4
化学药品原药	万吨	5.01	4.29	116.7
化学试剂	万吨	16.74	24.88	67.3
焰火制品	亿元	337.68	300.90	112.2
家具	万件	160.99	160.60	100.2
水泥	万吨	587.37	673.45	87.2
商品混凝土	万立方米	2629.16	2745.61	95.8
铝材	万吨	25.92	15.86	163.4
起重机	万吨	76.27	147.23	51.8
压实机械	台	1472.00	3775.00	39.0
环境污染防治专用设备	万台	3.99	7.24	55.1
汽车	万辆	71.96	34.09	211.1
工业机器人	套	8938.00	6757.00	132.3
光电子器件	亿只	147.42	137.65	107.1
印制电路板	万平方米	79.78	88.50	90.1
电力电缆	亿米	5.17	5.76	89.7
自来水生产量	亿立方米	13.86	13.20	105.0
发电量	万千瓦小时	951985	1029231	92.5

10－4 1998－2017年规模以上工业企业主要经济指标

指　　标	1998年	1999年	2000年	2001年	2002年	2003年	2004年	2005年	2006年
企业单位数(个)	602	672	657	744	895	1096	1464	1691	1920
#亏损企业	273	241	223	230	258	226	263	217	165
工业总产值(当年价格)	2656096	3098178	3301641	3700281	4441769	5643301	7699353	9733713	12717585
工业销售产值(当年价格)	2560872	3007318	3229826	3636080	4391451	5578889	7594852	9551244	12673496
工业增加值(当年价格)	990023	1071758	1178774	1325474	1603271	2031020	2718925	3523338	4411148
流动资产合计	1889708	2097902	2456692	2742156	3077790	3772809	4574168	5102554	6357110
存货	713805	726300	849283	917658	1073247	1291700	1607995	1838326	2267629
#产成品	238900	259808	313282	314616	387805	443290	478979	507981	718122
固定资产合计	1905649	2113116	2364939	2416425	2673026	2775924	3283857	3955661	4259095
固定资产原价合计	2337912	2590306	2909204	3153749	3496219	3817462	4300092	5051470	5542976
固定资产净值平均余额	1582335	1756358	1888985	2076331	2298696	2411178	2748064	3167717	3820512
资产总计	4277157	4722014	5406433	5891896	6629858	7582870	9251983	10675036	12728342
流动负债合计	1954242	2101611	2306733	2551023	2729096	3220482	3871544	4505124	4881277
负债合计	2666746	2859586	3148273	3328496	3637202	4148846	5014353	5802134	6722111
主营业务收入	2531715	2916883	3212467	3538980	4296915	5679012	7490187	9351579	12350206
主营业务成本	1714194	1963016	2171292	2399290	2944484	3842496	5428851	6753573	8770195
主营业务税金及附加	322040	348163	370445	356460	356106	402640	580931	648061	714015
营业利润	363206	455412	506053	579018	759425	1115558	558645	688131	1172544
利润总额	99866	176898	211786	240180	332138	470195	569891	640280	950519
亏损企业亏损额	94747	79032	55843	60056	66425	60483	80676	62222	48274
应交增值税	173616	192623	207553	237311	248126	285078	347826	482333	572429

注:1. 从1998年起工业企业主要经济指标为规模以上工业企业(即年主营业务收入500万元以上独立核算工业企业)主要经济指标。
2. 2008年数据按第二次经济普查数据修正。
3. 从2011年起,规模以上工业企业统计标准由年主营业务收入500万元以上变更为2000万元及以上。

单位:万元

2007 年	2008 年	2009 年	2010 年	2011 年	2012 年	2013 年	2014 年	2015 年	2016 年	2017 年
2047	2575	2527	2617	2219	2282	2407	2593	2708	2793	2886
133	139	172	83	107	133	133	162	215	162	221
17326728	28153645	33728555	45716906	59756609	70583246	82891332	95447615	105459223	115582830	117562858
17105805	27807656	33256951	45390816	59014457	69289554	81506860	91924403	101995173	116536722	111368232
5845815	11296207	12360165	15722264	21092400	23098396	26532834	30420534	32282141	32530272	35332603
7761100	12471386	14094846	21065939	24386980	31078962	34637238	41059381	44827621	48302600	53668587
2564681	4130906	4820399	5985926	6907187	8391415	9349379	11166999	12561060	13521522	14516957
1010958	1154176	1377478	1833303	1894490	2589496	2360520	3473773	3851748	4090793	4372825
5181152	9879593	12853030	13662049	14022082	16886035		23249698	24152862	25806732	25404048
6435469	12819906	14421067	15780005	18563250	21314194		31458658	34316223	38403910	42442237
4112795	7985703	10379476	11360425	13364154						
15679718	27347526	30867064	40568029	47623577	58250722	62596081	74286273	80761003	89110901	99104880
5891835	8910948	9765456	13402078	17902397	21572983		25564713	28907233	31729208	36023466
8464062	14926586	16705263	21315603	25903355	32693115	33628362	40306440	42917138	48558797	50384464
17518483	27181162	32754428	45087877	58597585	68645424	77588408	90240638	99478355	108795018	111472203
12115525	19484114	23391354	33142414	42733271	51359043	59274178	69004779	76844816	85833548	87343048
899198	2452071	2617761	3388886	4043661	4748995	5385138	5950556	6377474	6304222	6422320
1756969	3356097	4234120	5160913	5882254	5977448	5615275	6321657	6432841	5896892	7193825
1704861	2924227	3341951	4962418	5632994	6084527	5896607	6549215	6754329	6355174	7515701
161573	124990	101164	28593	157392	197853	190173	258971	476813	527415	147362
792824	1657657	1504850	2296193	2558087	2697660	3029488	3719432	3944615	3685395	3693179

10－5 规模以上工业企业主要经济指标(2022年)

指 标	企业单位数(个)	#亏损企业	流动资产合计	#应收账款
总 计	**3113**	**586**	**73016140**	**26630273**
按登记注册类型分组				
内资企业	2973	543	63610045	23229995
国有企业	13	3	6765618	301354
集体企业	6		9052	3003
联营企业	1		8245	3608
国有联营企业	1		8245	3608
有限责任公司	400	98	18776781	9060924
国有独资公司	31	11	1231109	434248
其他有限责任公司	369	87	17545672	8626676
股份有限公司	60	9	14955309	5896803
私营企业	2491	433	22860071	7784024
私营独资企业	106	4	435101	132101
私营合伙企业	72	2	102932	42341
私营有限责任公司	2166	392	16134245	6036507
私营股份有限公司	147	35	6187793	1573075
其他企业	1		231234	178567
港、澳、台商投资企业	65	17	5971060	2156523
合资经营企业(港或澳、台资)	30	10	2733194	905968
合作经营企业(港或澳、台资)	3		111675	80245
港、澳、台商独资经营企业	26	6	824891	208376
港、澳、台商投资股份有限公司	6	1	2301300	961934
外商投资企业	75	26	3435035	1243755
中外合资经营企业	34	16	1787066	633111
中外合作经营企业	2	1	8672	301
外资企业	38	9	1341384	591096
外商投资股份有限公司	1		297914	19247

单位:万元

存货	#产成品	资产总计	固定资产原价	累计折旧	固定资产净额	负债合计	流动负债合计	应付账款	所有者权益合计
14073040	**4469178**	**131784691**	**48744153**	**18764484**	**28523940**	**70782341**	**54628969**	**20967326**	**61002324**
12653387	3721374	105698298	32018468	12347560	19248057	58178242	47424020	18309028	47520030
3420866	52632	12556758	9048796	4823896	4224425	3787588	2624102	777502	8769171
2810	1790	16405	8509	2799	3075	9835	4002	2404	6570
1285	673	11373	3489	1201	2288	11057	11057	2558	316
1285	673	11373	3489	1201	2288	11057	11057	2558	316
2868269	1124197	31914962	10599513	3372155	7064061	21251976	18214021	8111181	10662980
109338	40689	2524745	703562	231658	453492	1723366	1419676	372849	801377
2758931	1083507	29390217	9895952	3140497	6610569	19528610	16794345	7738333	9861603
1612079	628005	24609164	2667795	911853	1732155	13189244	10477831	3995910	11419920
4696933	1913892	36326317	9661944	3229470	6199818	19801982	15966445	5328449	16524316
120451	67473	1138109	472265	68978	385129	719334	333367	104567	418775
31703	23560	257721	120060	34364	75426	120267	95082	39842	137454
3379715	1334942	24834395	7084017	2480991	4416411	14836020	11963164	3956643	9998357
1165064	487917	10096092	1985602	645139	1322852	4126361	3574832	1227398	5969730
49169		259431	28098	6017	22081	124750	124750	90795	134682
676906	352048	19240230	12881974	5081324	7758335	8903102	4525523	1684061	10337128
287370	120864	10529259	10555796	4017094	6503996	5905083	2352798	771842	4624176
4060	1852	164298	56966	5274	51523	113819	108278	97766	50479
116708	57029	1160769	418522	217216	201306	498910	422710	172173	661859
268768	172303	7385904	1850690	841740	1001511	2385290	1641737	642280	5000614
742746	395755	6846163	3843711	1335600	1517548	3700997	2679425	974237	3145166
418765	204450	4101660	2490123	627055	885955	2545800	1602996	407654	1555860
2179	442	18858	10367	2249	8118	9484	8988	959	9374
255903	124964	2335815	1302202	691096	597657	1082971	1006644	545965	1252844
65899	65899	389830	41019	15201	25818	62743	60797	19660	327088

10－5 续表1

指　　标	企业单位数（个）	#亏损企业	流动资产合计	#应收账款
按经济组织类型分组				
独资企业	189	22	9376046	1235930
国有企业	13	3	6765618	301354
集体企业	6		9052	3003
私营独资企业	106	4	435101	132101
港澳台商独资经营企业	26	6	824891	208376
外资企业	38	9	1341384	591096
合作合伙企业	80	3	466492	306775
股份合作企业	1		3734	1713
国有联营企业	1		8245	3608
私营合伙企业	72	2	102932	42341
合作经营企业（港或澳、台资）	3		111675	80245
中外合作经营企业	2	1	8672	301
其他企业（内资）	1		231234	178567
股份有限公司	214	45	23742316	8451059
股份有限公司（内资）	60	9	14955309	5896803
私营股份有限公司	147	35	6187793	1573075
港澳台商投资股份有限公司	6	1	2301300	961934
外商投资股份有限公司	1		297914	19247
有限责任公司	2630	516	39431286	16636510
国有独资公司	31	11	1231109	434248
私营有限责任公司	2166	392	16134245	6036507
合资经营企业（港或澳、台资）	30	10	2733194	905968
中外合资经营企业	34	16	1787066	633111
其他有限责任公司	369	87	17545672	8626676
在总计中：国有控股企业	169	38	25544027	7661237
在总计中：大型企业	54	13	41463088	16006654
中型企业	240	33	12145317	3927779
小型企业	2476	463	17933167	6164223
微型企业	343	77	1474567	531618
在总计中：亏损企业	586	586	12689108	4958160

单位:万元

存货	#产成品	资产总计	固定资产原价	累计折旧	固定资产净额	负债合计	流动负债合计	应付账款	所有者权益合计
3916738	303887	17207856	11250295	5803984	5411593	6098636	4390825	1602610	11109219
3420866	52632	12556758	9048796	4823896	4224425	3787588	2624102	777502	8769171
2810	1790	16405	8509	2799	3075	9835	4002	2404	6570
120451	67473	1138109	472265	68978	385129	719334	333367	104567	418775
116708	57029	1160769	418522	217216	201306	498910	422710	172173	661859
255903	124964	2335815	1302202	691096	597657	1082971	1006644	545965	1252844
90373	26713	715569	219304	49273	159590	381189	349967	232149	334380
1977	186	3888	323	169	154	1812	1812	230	2075
1285	673	11373	3489	1201	2288	11057	11057	2558	316
31703	23560	257721	120060	34364	75426	120267	95082	39842	137454
4060	1852	164298	56966	5274	51523	113819	108278	97766	50479
2179	442	18858	10367	2249	8118	9484	8988	959	9374
49169		259431	28098	6017	22081	124750	124750	90795	134682
3111810	1354125	42480990	6545106	2413933	4082335	19763638	15755197	5885248	22717351
1612079	628005	24609164	2667795	911853	1732155	13189244	10477831	3995910	11419920
1165064	487917	10096092	1985602	645139	1322852	4126361	3574832	1227398	5969730
268768	172303	7385904	1850690	841740	1001511	2385290	1641737	642280	5000614
65899	65899	389830	41019	15201	25818	62743	60797	19660	327088
6954119	2784453	71380275	30729449	10497294	18870423	44538879	34132980	13247320	26841374
109338	40689	2524745	703562	231658	453492	1723366	1419676	372849	801377
3379715	1334942	24834395	7084017	2480991	4416411	14836020	11963164	3956643	9998357
287370	120864	10529259	10555796	4017094	6503996	5905083	2352798	771842	4624176
418765	204450	4101660	2490123	627055	885955	2545800	1602996	407654	1555860
2758931	1083507	29390217	9895952	3140497	6610569	19528610	16794345	7738333	9861603
5701449	962755	50415595	24231046	10435398	13695884	27678384	19148956	6241100	22737208
8072269	1910893	74293642	24785519	9477923	15188238	39040105	29966938	12692837	35253537
2558884	1106014	19741163	6068405	2190828	3823577	10152448	8684473	2942181	9588713
3201325	1371580	30858895	9984188	3779155	6045767	16845643	13752091	4659356	14013230
240562	80691	6890991	7906042	3316578	3466359	4744144	2225467	672953	2146844
2125647	921876	26139459	11550213	3354264	7068507	16371742	11535105	3980564	9767711

10－5 续表 2

指　　标	企业单位数（个）	#亏损企业	流动资产合计	#应收账款
按行业大类分组				
采矿业	27	4	73545	15857
黑色金属矿采选业	2		8318	957
有色金属矿采选业	5		21130	2333
非金属矿采选业	20	4	44097	12567
制造业	3015	569	70709147	26081303
农副食品加工业	163	30	919278	178265
食品制造业	112	29	1028831	140819
酒、饮料和精制茶制造业	45	8	361123	59557
烟草制品业	2		6491151	172847
纺织业	21	4	667292	320825
纺织服装、服饰业	14	2	90584	14258
皮革、毛皮、羽毛及其制品和制鞋业	6	1	32111	13796
木材加工和木、竹、藤、棕、草制品业	39	4	48050	15583
家具制造业	35	4	89391	26538
造纸和纸制品业	76	10	245506	97348
印刷和记录媒介复制业	75	7	389963	99560
文教、工美、体育和娱乐用品制造业	14	2	60290	5847
石油、煤炭及其他燃料加工业	11		28943	10443
化学原料和化学制品制造业	452	27	2715294	757902
医药制造业	109	20	1794193	350252
橡胶和塑料制品业	92	17	583862	188236
非金属矿物制品业	314	56	3354269	1785843
黑色金属冶炼和压延加工业	7	4	91336	8252
有色金属冶炼和压延加工业	45	6	1828985	634423
金属制品业	190	35	1552610	517974
通用设备制造业	295	57	12697104	5005941
专用设备制造业	271	74	9687720	3617055
汽车制造业	153	56	7551463	4920091
铁路、船舶、航空航天和其他运输设备制造业	30	12	1807423	874263
电气机械和器材制造业	171	28	4552470	1831699
计算机、通信和其他电子设备制造业	157	46	10537584	3844990
仪器仪表制造业	91	26	1284652	482099
其他制造业	9	1	42501	13204
废弃资源综合利用业	16	3	175168	93392
电力、热力、燃气及水生产和供应业	71	13	2233448	533113
电力、热力生产和供应业	28	5	1322489	371298
燃气生产和供应业	17	3	295146	16985
水的生产和供应业	26	5	615813	144830

单位:万元

存货	#产成品	资产总计	固定资产原价	累计折旧	固定资产净额	负债合计	流动负债合计	应付账款	所有者权益合计
9979	6124	138427	72700	33410	33437	99725	72297	18796	38703
815	752	13585	15352	11124	4228	4709	3130		8877
5017	2095	45103	28316	10884	14974	29041	28627	9394	16062
4148	3278	79739	29033	11403	14235	65975	40540	9402	13763
13991881	4437018	114663341	30073266	11042828	17610983	59637940	49254673	19941012	55025376
261514	102931	1663595	678909	217634	435195	836912	744586	178448	826682
248859	117541	1957824	937332	367391	554206	822514	741685	186743	1135310
79642	36581	684716	373332	164559	208673	337234	274429	67729	347481
3389216	48874	8284387	2400885	1569562	830872	931776	931767	183861	7352611
134871	107351	1045158	324743	106339	217134	708015	683633	326885	337143
34045	24925	132649	36445	19910	16219	61011	57438	20114	71638
13698	4797	44451	9542	4082	5391	25485	24773	16389	18966
13803	8410	110330	59800	14240	41984	44643	30461	8901	65687
16092	11463	149016	43088	14934	27212	93068	70060	19991	55948
60977	26548	466886	218768	75188	135394	267265	221300	77403	199620
87251	27070	685835	441699	237438	196100	335506	278278	98373	350328
30843	22172	103357	31016	9399	21191	62309	39875	5186	41048
5119	2814	46307	13481	6827	4828	18769	15972	4066	27538
623728	355999	5011380	1541791	423150	1069224	2406767	1855004	592640	2604611
351350	161935	4004915	1098628	379489	680202	1246302	1072909	250379	2758614
124346	49569	1037976	593860	290612	300429	443149	354502	102899	594827
525670	136522	5237986	1221981	461816	694624	3363880	2808009	1088550	1874103
4499	1610	134049	14422	5457	8965	15858	14897	4745	118191
524341	127629	2541083	675834	201808	452815	1621452	1355950	259414	919630
301779	146027	2269920	785514	408544	356792	1157632	1022492	311561	1112287
1423682	770972	18959255	1693459	659927	1024434	11905994	10001596	3844331	7053256
1453873	484711	14297172	2345539	761399	1548378	8396736	6204021	2313926	5900434
1160779	378625	11649759	4508765	1521860	1999475	10008153	8989985	4433137	1641605
477393	93564	3102503	851571	257156	591660	1137491	952172	427723	1965013
875086	427946	6547939	1377896	445326	858167	4141298	3764794	1880195	2406639
1535588	663783	22144206	7321475	2254036	5024678	8283576	5939850	2909981	13860628
191884	62898	1793320	259779	81667	176124	723223	645173	251395	1070096
14659	11068	78987	29169	11181	17977	45444	44353	10478	33543
27294	22687	478379	184544	71897	112641	196480	114711	65571	281899
71180	26035	16982923	18598187	7688246	10879521	11044677	5301999	1007518	5938245
34906	1717	12733547	15645100	6793672	8826136	8072079	3373106	775116	4661468
20147	16535	780551	535205	125963	409243	575517	534230	38274	205034
16127	7784	3468825	2417882	768611	1644142	2397081	1394663	194128	1071743

10－5 续表3

指　　标	所有者权益合计			
	#实收资本	国家资本	集体资本	法人资本
总　　计	**21953209**	**2680044**	**205102**	**12738727**
按登记注册类型分组				
内资企业	16657496	2017696	168212	10330181
国有企业	1470809	457876		1011933
集体企业	612		42	570
联营企业	316	161		
国有联营企业	316	161		
有限责任公司	6484981	944506	45880	5298170
国有独资公司	366671	126609		240062
其他有限责任公司	6118310	817897	45880	5058108
股份有限公司	2774186	611241	23861	988351
私营企业	5889631	3912	98429	2995738
私营独资企业	264271			221086
私营合伙企业	47189			18667
私营有限责任公司	3936031	3040	70827	2001431
私营股份有限公司	1642139	872	27602	754553
其他企业	35000			35000
港、澳、台商投资企业	4184562	657930	17340	2017928
合资经营企业(港或澳、台资)	3193427	645922	17340	1854296
合作经营企业(港或澳、台资)	37942			36442
港、澳、台商独资经营企业	291340	9386		
港、澳、台商投资股份有限公司	661854	2622		127190
外商投资企业	1111150	4418	19550	390618
中外合资经营企业	503282	4418	19550	234882
中外合作经营企业	600			600
外资企业	590405			155136
外商投资股份有限公司	16863			

单位:万元

			营业收入	营业成本	销售费用	管理费用	财务费用		
个人资本	港澳台资本	外商资本						利息费用	利息收入
4089555	**1518865**	**720916**	**94283844**	**72040700**	**3172393**	**3249825**	**349275**	**755271**	**324004**
3892690	200393	48326	83526061	63291900	2770767	2763211	222091	502149	285444
1000			13752718	5449491	86990	539005	-33297	40055	68364
			22649	17752	817	1657	90		
155			7653	5930	349	546	324	325	1
155			7653	5930	349	546	324	325	1
185970	695	9760	28882626	25463141	548513	615926	105832	152271	33971
			981591	862288	14433	37438	13142	18038	1397
185970	695	9760	27901036	24600854	534080	578488	92690	134233	32575
949036	198709	2989	7194842	5809382	395610	239847	-51141	120794	125772
2754987	988	35577	32630569	25546143	1738059	1364631	200300	188671	57344
43185			1316193	1059009	36331	46447	11484	7190	393
28522			984475	819929	23821	27461	4767	878	18
1829234	988	30511	25230269	20503093	945233	1015482	169281	137016	42010
854046		5066	5099632	3164112	732673	275241	14767	43587	14924
			1030060	996772	15	852	-49		-8
178506	1278273	34585	5748952	4428405	225029	258103	107316	233961	26275
8912	666955	1	2620184	2045312	63431	129485	146494	189075	7666
		1500	106582	91152	1027	1718	-1650		68
300	268509	13145	909645	678586	77133	33406	-2052	4547	4126
169294	342809	19939	2112541	1613355	83438	93494	-35476	40339	14415
18359	40200	638005	5008832	4320395	176598	228511	19868	19162	12285
6124		238308	2388529	2235030	72064	131241	23434	16910	3832
			23033	17243	1630	2072	100		
12235	40200	382834	2390476	1917480	101438	78310	-3359	1785	6568
		16863	206793	150643	1466	16889	-307	467	1885

10－5 续表 4

指　　标	所有者权益合计			
	#实收资本	国家资本	集体资本	法人资本
按经济组织类型分组				
独资企业	2617437	467262	42	1388726
国有企业	1470809	457876		1011933
集体企业	612		42	570
私营独资企业	264271			221086
港澳台商独资经营企业	291340	9386		
外资企业	590405			155136
合作合伙企业	123009	161		91129
股份合作企业	1962			420
国有联营企业	316	161		
私营合伙企业	47189			18667
合作经营企业(港或澳、台资)	37942			36442
中外合作经营企业	600			600
其他企业(内资)	35000			35000
股份有限公司	5095042	614735	51463	1870093
股份有限公司(内资)	2774186	611241	23861	988351
私营股份有限公司	1642139	872	27602	754553
港澳台商投资股份有限公司	661854	2622		127190
外商投资股份有限公司	16863			
有限责任公司	14117721	1597886	153597	9388779
国有独资公司	366671	126609		240062
私营有限责任公司	3936031	3040	70827	2001431
合资经营企业(港或澳、台资)	3193427	645922	17340	1854296
中外合资经营企业	503282	4418	19550	234882
其他有限责任公司	6118310	817897	45880	5058108
在总计中:国有控股企业	7081707	2547368	23639	3100870
在总计中:大型企业	10501134	1377680		6213984
中型企业	3545243	340270	51189	2254155
小型企业	6650604	934912	143186	3148997
微型企业	1256228	27183	10727	1121591
在总计中:亏损企业	7385987	369672	45644	5681059

单位:万元

个人资本	港澳台资本	外商资本	营业收入	营业成本	销售费用	管理费用	财务费用	利息费用	利息收入
56720	308709	395979	18391682	9122317	302709	698824	-27134	53577	79450
1000			13752718	5449491	86990	539005	-33297	40055	68364
			22649	17752	817	1657	90		
43185			1316193	1059009	36331	46447	11484	7190	393
300	268509	13145	909645	678586	77133	33406	-2052	4547	4126
12235	40200	382834	2390476	1917480	101438	78310	-3359	1785	6568
30219		1500	2156746	1934316	27256	33396	3526	1236	79
1542			4943	3289	414	748	33	32	
155			7653	5930	349	546	324	325	1
28522			984475	819929	23821	27461	4767	878	18
		1500	106582	91152	1027	1718	-1650		68
			23033	17243	1630	2072	100		
			1030060	996772	15	852	-49		-8
1972375	541518	44857	14613808	10737491	1213187	625471	-72157	205187	156996
949036	198709	2989	7194842	5809382	395610	239847	-51141	120794	125772
854046		5066	5099632	3164112	732673	275241	14767	43587	14924
169294	342809	19939	2112541	1613355	83438	93494	-35476	40339	14415
		16863	206793	150643	1466	16889	-307	467	1885
2030241	668639	278580	59121608	50246577	1629241	1892134	445040	495272	87479
			981591	862288	14433	37438	13142	18038	1397
1829234	988	30511	25230269	20503093	945233	1015482	169281	137016	42010
8912	666955	1	2620184	2045312	63431	129485	146494	189075	7666
6124		238308	2388529	2235030	72064	131241	23434	16910	3832
185970	695	9760	27901036	24600854	534080	578488	92690	134233	32575
729632	579859	100339	27970412	17416588	472799	935260	178822	413851	191566
1330252	1192404	386814	49242171	35270566	1573182	1352354	-13373	420059	257229
565518	152726	181385	14210137	11352654	559674	496582	59491	93548	32292
2103764	167028	152717	26813119	21649247	1012604	1262346	236371	197285	33960
90021	6708		4018417	3768233	26934	138544	66786	44379	524
811391	260370	217850	11761254	10742721	625348	607670	110482	177908	59395

10－5 续表 5

指　　标	所有者权益合计			
	#实收资本	国家资本	集体资本	法人资本
按行业大类分组				
采矿业	27258			16260
黑色金属矿采选业	1320			520
有色金属矿采选业	15808			11000
非金属矿采选业	10130			4740
制造业	18922654	1760448	167562	11117735
农副食品加工业	383943	37630	24223	147716
食品制造业	494101	17500	3430	152013
酒、饮料和精制茶制造业	127315	23186	2300	39737
烟草制品业	446000	446000		
纺织业	191999			46212
纺织服装、服饰业	36895	5983	500	11043
皮革、毛皮、羽毛及其制品和制鞋业	12287	459	546	9366
木材加工和木、竹、藤、棕、草制品业	21220			2570
家具制造业	29688			6113
造纸和纸制品业	84998	2642		13502
印刷和记录媒介复制业	149874	5000	858	84271
文教、工美、体育和娱乐用品制造业	11994			485
石油、煤炭及其他燃料加工业	7556			101
化学原料和化学制品制造业	999397	46187	37692	604938
医药制造业	825346	16736	19152	479218
橡胶和塑料制品业	351433		500	78794
非金属矿物制品业	961331	186154	13362	263350
黑色金属冶炼和压延加工业	67715			64115
有色金属冶炼和压延加工业	271447	121584	2240	127903
金属制品业	416511	4382	1601	257270
通用设备制造业	1710580	194307	8590	579707
专用设备制造业	1516852	91001	6961	977273
汽车制造业	883985	21601	2700	482501
铁路、船舶、航空航天和其他运输设备制造业	789255	33068		588656
电气机械和器材制造业	1052211	173577	15120	539572
计算机、通信和其他电子设备制造业	6697779	331259	26066	5344034
仪器仪表制造业	287988	2193	1720	158487
其他制造业	9762			2095
废弃资源综合利用业	83193			56696
电力、热力、燃气及水生产和供应业	3003298	919596	37540	1604731
电力、热力生产和供应业	2369248	795723	20000	1161833
燃气生产和供应业	52820	9350		24545
水的生产和供应业	581229	114524	17540	418353

单位:万元

个人资本	港澳台资本	外商资本	营业收入	营业成本	销售费用	管理费用	财务费用	利息费用	利息收入
10997			251271	206744	7302	14308	784	352	8
800			23355	17281	95	2131	5		
4808			78176	65896	1184	4661	329	53	7
5389			149740	123567	6023	7516	450	300	1
4048480	1117263	711166	88162297	66776531	3113822	3076340	50565	458386	318261
155612	2215	16546	2342868	2025212	90524	82110	15245	12208	3623
201670	73093	46394	1748357	1338092	151220	105185	6755	7308	2808
18763	21365	21964	935019	753731	59487	24203	4169	2541	1090
			10579126	2383256	85770	476885	-78923	193	66541
145787			615162	457760	109768	34965	2964	4633	699
16550		2818	132529	101996	9085	16242	93	344	176
878	524	515	117929	101556	3072	3824	60	347	5
18650			270341	222261	9963	12827	1607	598	6
23575			256545	210951	9711	12075	1766	994	29
50556	8538	9760	736126	609505	30709	27357	3735	3120	311
38275	20559	911	744620	596049	21632	48472	3251	3508	897
9769	1740		92863	65190	5808	5403	1988	789	4
7455			52420	39708	2619	2298	650	362	
285777	255	24550	7439491	6037920	199905	243191	37228	26130	6180
306089	3000	1150	1792344	849151	501553	120673	-3104	13046	6120
73338	20675	178128	979554	798392	32819	35354	5707	3927	1558
485281	13184		3588255	2996965	134557	158621	47668	36211	1986
3600			51630	46049	1083	3752	31	31	138
19719			3900137	3429663	14993	47643	20253	14544	3542
147439	5819		2054827	1651619	62091	88120	16116	16320	656
689336	210145	28497	6844010	5700686	307972	221615	-40829	95622	103679
403692	11861	26065	7436879	5568217	595968	290235	-6337	63089	51815
73696	31771	271717	14823048	13388851	248034	406095	17639	23694	8993
161488	1625	4418	1254771	840485	56187	56033	4572	9200	4653
279669	39914	4358	7171183	6284975	130718	155937	30320	33843	5973
278852	647411	70157	11100337	9554563	181323	325199	-50617	78130	45110
125068		520	830921	545407	52465	54221	5809	5269	1330
7667			59782	47413	3185	3507	1596	981	7
20230	3570	2698	211225	130908	1603	14300	1158	1407	331
30077	401602	9750	5870276	5057425	51269	159177	297925	296533	5736
9830	381862		4331038	3752875	3742	95223	243150	240558	4488
6775	2400	9750	889186	872349	22052	20912	3839	4094	270
13472	17340		650051	432201	25475	43042	50936	51881	978

10－5 续表6

指　　标	税金及附加	营业利润	投资收益	其他收益	营业外收入
总　　计	**6962506**	**5770226**	**511344**	**535584**	**210316**
按登记注册类型分组					
内资企业	6859338	5306932	393896	463739	176669
国有企业	6277418	1336163	23820	18124	17677
集体企业	362	1645			1
联营企业	57	－143	－114		148
国有联营企业	57	－143	－114		148
有限责任公司	122565	1204808	11710	148729	29158
国有独资公司	5533	30096	3217	4388	1860
其他有限责任公司	117032	1174712	8493	144341	27298
股份有限公司	41585	550693	182345	112979	12807
私营企业	414675	2182802	176135	182768	116852
私营独资企业	64992	89056	－172	28278	294
私营合伙企业	34797	62842	－501		193
私营有限责任公司	273621	1422896	120237	87004	102789
私营股份有限公司	41264	608008	56571	67487	13577
其他企业	2636	30957		1138	
港、澳、台商投资企业	52558	424465	20854	47364	10624
合资经营企业（港或澳、台资）	27335	69748	2146	23071	7112
合作经营企业（港或澳、台资）	185	15077		588	5
港、澳、台商独资经营企业	8571	101127	10459	10027	1826
港、澳、台商投资股份有限公司	16467	238513	8249	13677	1682
外商投资企业	50610	38830	96594	24482	23023
中外合资经营企业	35974	－194186	74108	17261	6357
中外合作经营企业	697	350			17
外资企业	12392	204734	21494	5022	16579
外商投资股份有限公司	1547	27932	993	2199	70

单位:万元

营业外支出	利润总额	所得税费用	亏损企业亏损额	本年应付职工薪酬	本年应交增值税	平均用工人数（人）	总资产贡献率（%）	资 产负债率（%）	流动资产周转率（次/年）
157100	**5823443**	**751129**	**1110431**	**8105272**	**2881311**	**642563**	**12.46**	**53.71**	**1.29**
108534	5375067	663366	662510	6450252	2607083	502209	14.52	55.04	1.31
31551	1322289	384980	6501	954468	1121679	19978	69.77	30.16	2.03
6	1640	14		4003	1194	1144	19.49	59.95	2.50
4	1			910	120	123	4.42	97.22	0.93
4	1			910	120	123	4.42	97.22	0.93
24128	1209838	130287	314945	1627114	441614	134921	6.04	66.59	1.54
8219	23737	3534	12567	70016	25347	5253	2.88	68.26	0.80
15909	1186101	126753	302377	1557099	416267	129668	6.31	66.45	1.59
8580	554921	12309	21396	672033	158938	39883	3.56	53.59	0.48
44266	2255388	127832	319669	3167109	862212	303287	10.24	54.51	1.43
228	89121	502	1902	162330	15400	20035	15.53	63.20	3.03
129	62907	3166	56	91469	44931	10965	55.69	46.67	9.56
33075	1492610	69703	224924	2267594	610988	228741	10.12	59.74	1.56
10835	610750	54462	92788	645717	190893	43546	8.78	40.87	0.82
	30957	7945		24033	21287	2784	21.15	48.09	4.45
9771	425318	57628	153192	1132801	193010	107392	4.70	46.27	0.96
5273	71586	1483	88507	525814	68983	41949	3.39	56.08	0.96
8	15073	160		13686	3121	2426	11.19	69.28	0.95
1290	101664	21890	1468	89481	30825	7327	12.54	42.98	1.10
3200	236995	34095	63216	503820	90080	55690	5.20	32.30	0.92
38794	23059	30134	294729	522219	81218	32962	2.54	54.06	1.46
24270	-212099	2407	286189	267166	32696	15391	-3.08	62.07	1.34
45	321	168	351	4021	945	395	10.41	50.29	2.66
11746	209567	25256	8189	239346	37467	16599	11.18	46.36	1.78
2733	25269	2303		11687	10110	577	9.59	16.09	0.69

10－5 续表7

指　　标	税金及附加	营业利润	投资收益	其他收益	营业外收入
按经济组织类型分组					
独资企业	6363736	1732725	55601	61451	36377
国有企业	6277418	1336163	23820	18124	17677
集体企业	362	1645			1
私营独资企业	64992	89056	－172	28278	294
港澳台商独资经营企业	8571	101127	10459	10027	1826
外资企业	12392	204734	21494	5022	16579
合作合伙企业	38411	109089	－615	1727	388
股份合作企业	39	7			26
国有联营企业	57	－143	－114		148
私营合伙企业	34797	62842	－501		193
合作经营企业(港或澳、台资)	185	15077		588	5
中外合作经营企业	697	350			17
其他企业(内资)	2636	30957		1138	
股份有限公司	100864	1425146	248157	196342	28136
股份有限公司(内资)	41585	550693	182345	112979	12807
私营股份有限公司	41264	608008	56571	67487	13577
港澳台商投资股份有限公司	16467	238513	8249	13677	1682
外商投资股份有限公司	1547	27932	993	2199	70
有限责任公司	459495	2503266	208201	276065	145415
国有独资公司	5533	30096	3217	4388	1860
私营有限责任公司	273621	1422896	120237	87004	102789
合资经营企业(港或澳、台资)	27335	69748	2146	23071	7112
中外合资经营企业	35974	－194186	74108	17261	6357
其他有限责任公司	117032	1174712	8493	144341	27298
在总计中:国有控股企业	6381420	2001844	140231	176469	40386
在总计中:大型企业	6474442	3246601	296061	301104	42538
中型企业	120527	1095647	111085	101872	33337
小型企业	346621	1502091	101662	115335	120004
微型企业	20916	－74113	2536	17274	14437
在总计中:亏损企业	101693	－1105253	134775	168116	44304

单位:万元

营业外支出	利润总额	所得税费用	亏损企业亏损额	本年应付职工薪酬	本年应交增值税	平均用工人数（人）	总资产贡献率（%）	资产负债率（%）	流动资产周转率（次/年）
44821	1724281	432642	18060	1449629	1206565	65083	54.32	35.44	1.96
31551	1322289	384980	6501	954468	1121679	19978	69.77	30.16	2.03
6	1640	14		4003	1194	1144	19.49	59.95	2.50
228	89121	502	1902	162330	15400	20035	15.53	63.20	3.03
1290	101664	21890	1468	89481	30825	7327	12.54	42.98	1.10
11746	209567	25256	8189	239346	37467	16599	11.18	46.36	1.78
186	109292	11438	407	134699	70444	16782	30.66	53.27	4.62
	33			582	41	89	3.70	46.62	1.32
4	1			910	120	123	4.42	97.22	0.93
129	62907	3166	56	91469	44931	10965	55.69	46.67	9.56
8	15073	160		13686	3121	2426	11.19	69.28	0.95
45	321	168	351	4021	945	395	10.41	50.29	2.66
	30957	7945		24033	21287	2784	21.15	48.09	4.45
25347	1427935	103169	177400	1833256	450021	139696	5.14	46.52	0.62
8580	554921	12309	21396	672033	158938	39883	3.56	53.59	0.48
10835	610750	54462	92788	645717	190893	43546	8.78	40.87	0.82
3200	236995	34095	63216	503820	90080	55690	5.20	32.30	0.92
2733	25269	2303		11687	10110	577	9.59	16.09	0.69
86745	2561936	203881	914565	4687688	1154281	421002	6.54	62.40	1.50
8219	23737	3534	12567	70016	25347	5253	2.88	68.26	0.80
33075	1492610	69703	224924	2267594	610988	228741	10.12	59.74	1.56
5273	71586	1483	88507	525814	68983	41949	3.39	56.08	0.96
24270	-212099	2407	286189	267166	32696	15391	-3.08	62.07	1.34
15909	1186101	126753	302377	1557099	416267	129668	6.31	66.45	1.59
71266	1970965	443203	263417	2006775	1426996	77284	20.22	54.90	1.09
72068	3217072	478345	411790	4008141	1746773	268058	15.96	52.55	1.19
24880	1104105	134799	214368	1339195	354958	111788	8.48	51.43	1.17
45772	1576323	132279	341135	2471683	714960	241879	9.19	54.59	1.50
14380	-74056	5705	143138	286254	64620	20838	0.81	68.85	2.73
49484	-1110431	-89139	1110431	1627218	70788	127020	-2.91	62.63	0.93

10－5 续表8

指　　标	税金及附加	营业利润	投资收益	其他收益	营业外收入
按行业大类分组					
采矿业	4839	12708		99	241
黑色金属矿采选业	657	1888			70
有色金属矿采选业	1207	3498		99	89
非金属矿采选业	2975	7322			82
制造业	6923777	5471067	499812	493576	193493
农副食品加工业	12118	80605	23821	6445	8258
食品制造业	12615	102330	10385	8121	11502
酒、饮料和精制茶制造业	8502	82452	1472	6214	2297
烟草制品业	6268328	1337000	21882	1826	2910
纺织业	3189	－439	2478	244	2299
纺织服装、服饰业	1483	2414	305	1114	843
皮革、毛皮、羽毛及其制品和制鞋业	923	7134			48
木材加工和木、竹、藤、棕、草制品业	4202	16717		15	134
家具制造业	2964	13507	2	100	636
造纸和纸制品业	10697	33610	－2971	109	2072
印刷和记录媒介复制业	8394	43204	1486	1143	4884
文教、工美、体育和娱乐用品制造业	899	8319	838	163	426
石油、煤炭及其他燃料加工业	710	4885	482	129	160
化学原料和化学制品制造业	232476	562421	55716	23708	9841
医药制造业	20118	229730	26395	18613	6112
橡胶和塑料制品业	7048	66127	49	535	4451
非金属矿物制品业	29452	71875	－1568	3567	9115
黑色金属冶炼和压延加工业	356	－770	211	41	117
有色金属冶炼和压延加工业	23813	270173	－3722	14199	6779
金属制品业	11389	119921	4812	2132	7221
通用设备制造业	34855	331930	38139	84153	24231
专用设备制造业	41991	461964	150440	64871	27065
汽车制造业	75026	241125	8727	48959	22268
铁路、船舶、航空航天和其他运输设备制造业	10672	194600	22581	16213	3179
电气机械和器材制造业	33149	357480	37388	31596	8487
计算机、通信和其他电子设备制造业	58493	630849	53418	136291	19757
仪器仪表制造业	7840	124651	26447	16721	6645
其他制造业	322	1479		93	1126
废弃资源综合利用业	1755	75777	20601	6262	631
电力、热力、燃气及水生产和供应业	33890	286450	11532	41909	16583
电力、热力生产和供应业	24363	225026	7243	21603	14545
燃气生产和供应业	1313	－36138	1529	1549	168
水的生产和供应业	8214	97563	2759	18757	1870

单位:万元

营业外支出	利润总额	所得税费用	亏损企业亏损额	本年应付职工薪酬	本年应交增值税	平均用工人数（人）	总资产贡献率（%）	资产负债率（%）	流动资产周转率（次/年）
382	12567	1150	305	19117	6908	2425	17.82	72.04	3.42
	1958			6082	1933	697	33.47	34.66	2.81
93	3494	438		5879	2014	578	15.00	64.39	3.70
289	7115	713	305	7156	2961	1150	16.74	82.74	3.40
138721	5525840	705385	1049513	7572556	2726710	618607	13.64	52.01	1.25
3697	85166	6915	30772	158951	37636	17837	8.84	50.31	2.55
8982	104850	19572	25147	177068	53946	18345	9.13	42.01	1.70
731	84018	14479	5500	74526	23254	7457	17.28	49.25	2.59
17923	1321987	384152		683311	1076546	8539	104.62	11.25	1.63
1253	608	-1855	24210	70000	20243	9371	2.74	67.74	0.92
127	3130	737	1339	26142	6766	3007	8.84	45.99	1.46
6	7176	1042	65	13245	1595	1893	22.59	57.33	3.67
76	16775	569	244	16813	6660	2773	25.59	40.46	5.63
1680	12463	1374	734	27156	11419	3515	18.68	62.45	2.87
618	35063	629	3812	59348	19578	7387	14.66	57.24	3.00
671	47417	3013	1634	87677	18628	8937	11.37	48.92	1.91
216	8529	834	31	16242	863	1828	10.72	60.29	1.54
19	5026	112		4535	1436	509	16.27	40.53	1.81
4950	567312	32658	13467	734237	233286	82024	21.14	48.03	2.74
2713	233129	17956	14514	229496	104947	20336	9.27	31.12	1.00
3525	67052	10718	7055	89129	23289	8636	9.76	42.69	1.68
9676	71315	9896	95123	223009	102951	22673	4.58	64.22	1.07
23	-676	-1	1737	2839	557	282	0.20	11.83	0.57
2885	274067	23337	7389	115063	71806	8191	15.12	63.81	2.13
1465	125678	10572	9792	175867	37965	17672	8.43	51.00	1.32
8815	347345	14188	30586	571945	135173	46059	3.23	62.80	0.54
18329	470700	-2502	171524	1054637	151843	57187	5.09	58.73	0.77
33598	229795	44568	305298	906803	219060	85739	4.70	85.91	1.96
1037	196741	15154	16046	186390	45040	8078	8.43	36.66	0.69
4151	361817	25060	48859	298564	131569	27261	8.56	63.25	1.58
8975	641631	55841	210999	1393265	150055	129746	4.19	37.41	1.05
1735	129560	8904	14199	146462	33372	10926	9.82	40.33	0.65
36	2568	87	684	6010	2049	721	7.49	57.53	1.41
809	75598	7375	8754	23828	5182	1678	17.55	41.07	1.21
17997	285036	44593	60614	513599	147694	21531	4.49	65.03	2.63
15091	224480	28742	1003	400816	123272	14374	4.81	63.39	3.27
395	-36365	2130	48826	31946	8216	2271	-2.91	73.73	3.01
2511	96921	13722	10785	80838	16206	4886	4.99	69.10	1.06

10－6 规模以上国有及国有控股工业企业主要经济指标(2022年)

指　　标	企业单位数(个)	#亏损企业	流动资产合计	#应收账款
总　　计	**169**	**38**	**25544027**	**7661237**
按登记注册类型分组				
内资企业	163	36	24656580	7421182
国有企业	13	3	6765618	301354
联营企业	1		8245	3608
国有联营企业	1		8245	3608
有限责任公司	129	31	4881660	1606565
国有独资公司	31	11	1231109	434248
其他有限责任公司	98	20	3650551	1172317
股份有限公司	20	2	13001057	5509656
港、澳、台商投资企业	5	1	702365	233892
合资经营企业(港或澳、台资)	4	1	702016	233806
外商投资企业	1	1	185082	6164
中外合资经营企业	1	1	185082	6164
按经济组织类型分组				
独资企业	13	3	6765618	301354
国有企业	13	3	6765618	301354
合作合伙企业	2		8594	3693
国有联营企业	1		8245	3608
股份有限公司	20	2	13001057	5509656
股份有限公司(内资)	20	2	13001057	5509656
有限责任公司	134	33	5768758	1846534
国有独资公司	31	11	1231109	434248
合资经营企业(港或澳、台资)	4	1	702016	233806
中外合资经营企业	1	1	185082	6164
其他有限责任公司	98	20	3650551	1172317
在总计中:国有控股企业	169	38	25544027	7661237
在总计中:大型企业	9	3	18878807	5468240
中型企业	26	4	2578373	888506
小型企业	118	28	3355439	1028895
微型企业	16	3	731409	275597
在总计中:亏损企业	38	38	2078071	879510

单位:万元

存货	#产成品	资产总计	固定资产原价	累计折旧	固定资产净额	负债合计	流动负债合计	应付账款	所有者权益合计
5701449	**962755**	**50415595**	**24231046**	**10435398**	**13695884**	**27678384**	**19148956**	**6241100**	**22737208**
5552944	895910	43459080	16008401	7331890	8587578	22841682	17537290	5924336	20617396
3420866	52632	12556758	9048796	4823896	4224425	3787588	2624102	777502	8769171
1285	673	11373	3489	1201	2288	11057	11057	2558	316
1285	673	11373	3489	1201	2288	11057	11057	2558	316
839074	313123	10153557	4921187	1795816	3059024	6794972	5258001	1440275	3358582
109338	40689	2524745	703562	231658	453492	1723366	1419676	372849	801377
729736	272434	7628812	4217626	1564158	2605532	5071606	3838324	1067427	2557205
1291718	529482	20737392	2034928	710978	1301840	12248066	9644131	3704002	8489326
34529	7640	6344274	7775860	2902808	4868627	4340794	1208545	198436	2003480
34528	7640	6343883	7775690	2902808	4868627	4335252	1208545	198436	2008631
113976	59205	612241	446785	200700	239680	495908	403121	118328	116332
113976	59205	612241	446785	200700	239680	495908	403121	118328	116332
3420866	52632	12556758	9048796	4823896	4224425	3787588	2624102	777502	8769171
3420866	52632	12556758	9048796	4823896	4224425	3787588	2624102	777502	8769171
1287	673	11764	3659	1201	2288	16599	11057	2558	-4835
1285	673	11373	3489	1201	2288	11057	11057	2558	316
1291718	529482	20737392	2034928	710978	1301840	12248066	9644131	3704002	8489326
1291718	529482	20737392	2034928	710978	1301840	12248066	9644131	3704002	8489326
987578	379968	17109680	13143663	4899324	8167331	11626133	6869667	1757039	5483546
109338	40689	2524745	703562	231658	453492	1723366	1419676	372849	801377
34528	7640	6343883	7775690	2902808	4868627	4335252	1208545	198436	2008631
113976	59205	612241	446785	200700	239680	495908	403121	118328	116332
729736	272434	7628812	4217626	1564158	2605532	5071606	3838324	1067427	2557205
5701449	962755	50415595	24231046	10435398	13695884	27678384	19148956	6241100	22737208
4553616	491943	34243470	13064690	5394790	7663189	17669058	12029254	3867776	16574412
727871	336146	4412442	1892791	740854	1140510	2796284	2393070	1005181	1616159
355865	106911	6621887	2738706	1066536	1633501	3703074	2883060	822495	2918811
64097	27755	5137796	6534859	3233218	3258685	3509969	1843572	545648	1627827
372486	157129	4971300	2597129	856004	1677041	4170569	2747524	641347	800730

10－6 续表 1

指　　标	企业单位数（个）	#亏损企业	流动资产合计	#应收账款
按行业大类分组				
采矿业	1		1322	
有色金属矿采选业	1		1322	
制造业	137	31	24118761	7273944
农副食品加工业	6	2	40284	3281
食品制造业	5	3	28796	1469
酒、饮料和精制茶制造业	2		19948	3491
烟草制品业	2		6491151	172847
纺织业	1	1	1870	162
纺织服装、服饰业	5		28328	3190
造纸和纸制品业	1		19300	6668
印刷和记录媒介复制业	3	1	81764	26411
化学原料和化学制品制造业	3		105751	7087
医药制造业	7		53224	9305
橡胶和塑料制品业	1		2856	1677
非金属矿物制品业	20	5	809071	529463
有色金属冶炼和压延加工业	7		133947	18733
金属制品业	3	2	84566	11139
通用设备制造业	13	2	9041541	3779232
专用设备制造业	14	5	1998502	874204
汽车制造业	13	5	545235	192075
铁路、船舶、航空航天和其他运输设备制造业	8	3	1633996	807465
电气机械和器材制造业	6		601822	142994
计算机、通信和其他电子设备制造业	15	2	2384932	677988
仪器仪表制造业	2		11878	5067
电力、热力、燃气及水生产和供应业	31	7	1423944	387293
电力、热力生产和供应业	12	2	1069014	301666
燃气生产和供应业	5	1	40384	3150
水的生产和供应业	14	4	314545	82477

单位:万元

存货	#产成品	资产总计	固定资产原价	累计折旧	固定资产净额	负债合计	流动负债合计	应付账款	所有者权益合计
270	126	18017	16370	4270	9808	6538	6508	114	11479
270	126	18017	16370	4270	9808	6538	6508	114	11479
5668960	960956	35938541	6468470	2970627	3405667	18115903	14669992	5421246	17822636
22468	11191	95486	48044	14291	33724	62527	57612	7862	32959
4637	1610	69416	44813	13233	31580	53952	46532	8898	15464
7830	4193	51403	18582	4650	13932	17697	17490	2523	33706
3389216	48874	8284387	2400885	1569562	830872	931776	931767	183861	7352611
688	284	17733	19836	6601	13236	10041	7571	91	7692
7164	4448	44027	15162	8612	6235	15439	15261	5443	28588
6852	1668	21374	4843	2934	1908	12971	12971	5911	8403
12091	3899	117061	75572	53824	21747	43241	42207	19397	73820
4945	2554	279860	14008	6640	7368	100373	94821	4402	179487
10686	4681	133906	58068	25890	28921	49330	45302	9090	84576
651		3094	505	266	239	943	943	333	2152
52634	40752	1105543	321652	135866	142408	831337	681913	303975	274206
52847	9358	300455	169414	58990	109509	215178	141342	34993	85277
35564	13280	135952	30107	18191	11910	32578	32196	3340	103374
594933	357666	13906912	663874	284894	376618	9115314	7513012	2838588	4791598
381416	101924	2965962	438393	103580	306630	2295637	1412282	618950	670325
171113	82523	1140857	623572	273161	337373	922610	803254	278754	218247
434572	79211	2834529	794030	237425	556554	983005	821340	379350	1851523
198358	117588	824812	208524	43675	164738	711519	692220	244240	113294
277143	75069	3592645	517617	107610	409927	1701261	1291723	469820	1891384
3153	183	13127	972	732	240	9175	8235	1427	3953
32219	1674	14459037	17746205	7460502	10280409	9555944	4472457	819740	4903093
28454	1299	11770020	15406866	6721285	8685415	7588865	3193020	702222	4181155
2100	157	101978	64833	13022	51811	63045	56292	7123	38933
1664	218	2587040	2274507	726195	1543184	1904034	1223145	110396	683006

10－6 续表2

指　　标	所有者权益合计			
	#实收资本	国家资本	集体资本	法人资本
总　　计	**7081707**	**2547368**	**23639**	**3100870**
按登记注册类型分组				
内资企业	5845994	1903043	23639	2987982
国有企业	1470809	457876		1011933
联营企业	316	161		
国有联营企业	316	161		
有限责任公司	2239803	918342	23639	1276442
国有独资公司	366671	126609		240062
其他有限责任公司	1873131	791733	23639	1036380
股份有限公司	2135067	526664		699607
港、澳、台商投资企业	1041013	644325		15538
合资经营企业(港或澳、台资)	1041013	644325		15538
外商投资企业	194700			97350
中外合资经营企业	194700			97350
按经济组织类型分组				
独资企业	1470809	457876		1011933
国有企业	1470809	457876		1011933
合作合伙企业	316	161		
国有联营企业	316	161		
股份有限公司	2135067	526664		699607
股份有限公司(内资)	2135067	526664		699607
有限责任公司	3475516	1562667	23639	1389330
国有独资公司	366671	126609		240062
合资经营企业(港或澳、台资)	1041013	644325		15538
中外合资经营企业	194700			97350
其他有限责任公司	1873131	791733	23639	1036380
在总计中:国有控股企业	7081707	2547368	23639	3100870
在总计中:大型企业	3395691	1365672		683988
中型企业	1102977	333181	16259	712519
小型企业	1563652	827155	7380	706337
微型企业	1019387	21361		998026
在总计中:亏损企业	757091	281558	6400	284815

单位:万元

个人资本	港澳台资	外商资本	营业收入	营业成本	销售费用	管理费用	财务费用	利息费用	利息收入
729632	**579859**	**100339**	**27970412**	**17416588**	**472799**	**935260**	**178822**	**413851**	**191566**
729632	198709	2989	26694049	16495611	462255	872691	-1144	236316	189640
1000			13752718	5449491	86990	539005	-33297	40055	68364
155			7653	5930	349	546	324	325	1
155			7653	5930	349	546	324	325	1
21380			6831632	5926878	127915	179134	75927	79727	6160
			981591	862288	14433	37438	13142	18038	1397
21380			5850041	5064590	113483	141697	62785	61688	4763
707097	198709	2989	6102046	5113313	247001	154006	-44098	116209	115115
	381150		863409	506219	9635	30306	170144	171314	915
	381150		862970	505880	9635	30103	170145	171314	915
		97350	412954	414758	909	32264	9821	6221	1011
		97350	412954	414758	909	32264	9821	6221	1011
1000			13752718	5449491	86990	539005	-33297	40055	68364
1000			13752718	5449491	86990	539005	-33297	40055	68364
155			8091	6269	349	748	323	325	1
155			7653	5930	349	546	324	325	1
707097	198709	2989	6102046	5113313	247001	154006	-44098	116209	115115
707097	198709	2989	6102046	5113313	247001	154006	-44098	116209	115115
21380	381150	97350	8107556	6847516	138459	241501	255894	257261	8086
			981591	862288	14433	37438	13142	18038	1397
	381150		862970	505880	9635	30103	170145	171314	915
		97350	412954	414758	909	32264	9821	6221	1011
21380			5850041	5064590	113483	141697	62785	61688	4763
729632	579859	100339	27970412	17416588	472799	935260	178822	413851	191566
672121	575571	98339	17191451	7719217	335041	658888	73961	302478	178624
39268	1750		3399616	2933654	63245	79871	24382	26783	2805
18242	2538	2000	4271260	3763867	71981	143420	30412	43775	9707
			3108085	2999851	2531	53082	50067	40814	429
85979		98339	1799999	1576987	77514	98757	59466	67686	5351

10－6 续表 3

指　　标	所有者权益合计			
	#实收资本	国家资本	集体资本	法人资本
按行业大类分组				
采矿业	12500			10000
有色金属矿采选业	12500			10000
制造业	4365156	1627772	23639	1687527
农副食品加工业	35667	27116		3333
食品制造业	22500	17500		5000
酒、饮料和精制茶制造业	16782	13500		3282
烟草制品业	446000	446000		
纺织业	2000			2000
纺织服装、服饰业	15939	5983		9956
造纸和纸制品业	5180	2642		
印刷和记录媒介复制业	30667	5000		25667
化学原料和化学制品制造业	56029	46179		9850
医药制造业	38359	16706	16259	5239
橡胶和塑料制品业				
非金属矿物制品业	184548	173004	980	5000
有色金属冶炼和压延加工业	131859	121584		10275
金属制品业	58073	3832		51945
通用设备制造业	969156	193876	6400	118008
专用设备制造业	256293	89036		56717
汽车制造业	302289	21301		181888
铁路、船舶、航空航天和其他运输设备制造业	736815	28386		560633
电气机械和器材制造业	158089	94163		63926
计算机、通信和其他电子设备制造业	897562	320756		574807
仪器仪表制造业	1348	1208		
电力、热力、燃气及水生产和供应业	2704052	919596		1403344
电力、热力生产和供应业	2250085	795723		1077500
燃气生产和供应业	19600	9350		6000
水的生产和供应业	434367	114524		319843

单位:万元

			营业收入	营业成本	销售费用	管理费用	财务费用		
个人资本	港澳台资	外商资本						利息费用	利息收入
2500			6034	4176		669	-2		2
2500			6034	4176		669	-2		2
722882	202997	100339	23237131	13295437	445100	817138	-88223	147886	187557
5217			196866	184487	2464	2819	1145	1268	123
			59356	52397	4989	1994	1452	1652	-80
			24691	18158	2442	2169	334	598	206
			10579126	2383256	85770	476885	-78923	193	66541
			4825	5000	56	1611	186	186	1
			38642	23650	1245	11266	-189	4	173
	2538		28284	24315	835	909	-57	7	64
			101954	79812	1533	9186	-443	124	145
			166546	155752	1785	4900	-1680	59	763
155			65106	35696	13987	6363	337	652	306
			4640	3672	428	222	-7		
5564			660578	583700	11734	18180	5398	4007	134
			1033387	961891	1363	9938	4938	4670	202
2296			40446	35192	1363	1971	-315	181	315
452163	198709		3366861	2972266	157265	85772	-58501	78129	102530
109551		989	1080845	846853	61013	37998	20303	29633	4532
	1750	97350	956956	904315	22850	51718	11188	8283	1312
147796			1109195	731017	49116	42305	1320	7509	4624
			661062	571973	7582	19176	7679	7852	763
		2000	3048733	2716628	16312	30189	-2520	2783	4898
140			9031	5409	972	1568	133	97	4
4250	376862		4727248	4116975	27698	117454	267047	265965	4007
	376862		4107747	3632350	3628	85802	227037	224939	3345
4250			198465	187148	5087	3036	235	298	68
			421035	297476	18984	28616	39774	40728	594

10－6 续表4

指　　标	税金及附加	营业利润	投资收益	其他收益	营业外收入
总　　计	**6381420**	**2001844**	**140231**	**176469**	**40386**
按登记注册类型分组					
内资企业	6346973	2006466	140565	165409	37010
国有企业	6277418	1336163	23820	18124	17677
联营企业	57	－143	－114		148
国有联营企业	57	－143	－114		148
有限责任公司	39353	287924	11066	50578	9169
国有独资公司	5533	30096	3217	4388	1860
其他有限责任公司	33820	257828	7849	46190	7309
股份有限公司	30144	382522	105793	96707	10016
港、澳、台商投资企业	10290	112345	－2478	2215	3274
合资经营企业（港或澳、台资）	10241	111990	－2478	2107	3274
外商投资企业	24158	－116968	2144	8846	103
中外合资经营企业	24158	－116968	2144	8846	103
按经济组织类型分组					
独资企业	6277418	1336163	23820	18124	17677
国有企业	6277418	1336163	23820	18124	17677
合作合伙企业	106	212	－114	107	148
国有联营企业	57	－143	－114		148
股份有限公司	30144	382522	105793	96707	10016
股份有限公司（内资）	30144	382522	105793	96707	10016
有限责任公司	73752	282946	10732	61531	12546
国有独资公司	5533	30096	3217	4388	1860
合资经营企业（港或澳、台资）	10241	111990	－2478	2107	3274
中外合资经营企业	24158	－116968	2144	8846	103
其他有限责任公司	33820	257828	7849	46190	7309
在总计中：国有控股企业	6381420	2001844	140231	176469	40386
在总计中：大型企业	6329982	1652205	78941	114527	14182
中型企业	15216	184090	6825	22061	3710
小型企业	26761	206089	53287	24365	11522
微型企业	9462	－40540	1177	15517	10973
在总计中：亏损企业	35310	－239157	3286	46307	4860

单位:万元

营业外支出	利润总额	所得税费用	亏损企业亏损额	本年应付职工薪酬	本年应交增值税	平均用工人数（人）	总资产贡献率（%）	资产负债率（%）	流动资产周转率（次/年）
71266	**1970965**	**443203**	**263417**	**2006775**	**1426996**	**77284**	**20.22**	**54.90**	**1.09**
49983	1993493	417114	119099	1840491	1359415	71190	22.86	52.56	1.08
31551	1322289	384980	6501	954468	1121679	19978	69.77	30.16	2.03
4	1			910	120	123	4.42	97.22	0.93
4	1			910	120	123	4.42	97.22	0.93
13612	283481	27376	98274	404060	120025	26007	5.15	66.92	1.40
8219	23737	3534	12567	70016	25347	5253	2.88	68.26	0.80
5393	259745	23843	85706	334045	94678	20754	5.90	66.48	1.60
4817	387722	4758	14325	481053	117592	25082	3.14	59.06	0.47
3215	112404	16838	9385	120952	59078	3363	5.57	68.42	1.23
3215	112049	16838	9385	120952	59078	3334	5.56	68.34	1.23
18068	-134933	9252	134933	45331	8503	2731	-15.69	81.00	2.23
18068	-134933	9252	134933	45331	8503	2731	-15.69	81.00	2.23
31551	1322289	384980	6501	954468	1121679	19978	69.77	30.16	2.03
31551	1322289	384980	6501	954468	1121679	19978	69.77	30.16	2.03
4	356			910	120	152	7.71	141.10	0.94
4	1			910	120	123	4.42	97.22	0.93
4817	387722	4758	14325	481053	117592	25082	3.14	59.06	0.47
4817	387722	4758	14325	481053	117592	25082	3.14	59.06	0.47
34895	260597	53465	242592	570344	187606	32072	4.55	67.95	1.41
8219	23737	3534	12567	70016	25347	5253	2.88	68.26	0.80
3215	112049	16838	9385	120952	59078	3334	5.56	68.34	1.23
18068	-134933	9252	134933	45331	8503	2731	-15.69	81.00	2.23
5393	259745	23843	85706	334045	94678	20754	5.90	66.48	1.60
71266	1970965	443203	263417	2006775	1426996	77284	20.22	54.90	1.09
40558	1625829	410639	152545	1282390	1238572	37128	27.73	51.60	0.91
5285	182515	13536	18045	209327	61662	14022	6.49	63.37	1.32
12014	205597	17982	39013	262097	79920	15637	5.38	55.92	1.27
13408	-42976	1046	53814	252960	46843	10497	1.05	68.32	4.25
29121	-263417	-4869	263417	256307	30115	14354	-2.62	83.89	0.87

10－6 续表 5

指　　标	税金及附加	营业利润	投资收益	其他收益	营业外收入
按行业大类分组					
采矿业	236	1005		58	2
有色金属矿采选业	236	1005		58	2
制造业	6352761	1809342	137388	140842	25370
农副食品加工业	508	3135		1073	369
食品制造业	525	－1647		1194	47
酒、饮料和精制茶制造业	250	932		250	51
烟草制品业	6268328	1337000	21882	1826	2910
纺织业	153	－1731	450		218
纺织服装、服饰业	282	2779	302	1108	98
造纸和纸制品业	67	1039		50	26
印刷和记录媒介复制业	536	6835	2001	290	103
化学原料和化学制品制造业	428	31242	30847	284	578
医药制造业	768	4618	97	755	300
橡胶和塑料制品业	11	82			34
非金属矿物制品业	4549	28609	2256	814	1290
有色金属冶炼和压延加工业	9648	42518	191	950	4980
金属制品业	190	134	－20	623	95
通用设备制造业	14442	99134	33116	64970	8722
专用设备制造业	5476	－47686	867	18976	1037
汽车制造业	27005	－123084	2609	10076	2376
铁路、船舶、航空航天和其他运输设备制造业	9476	197473	22395	15782	617
电气机械和器材制造业	2183	25657	－7	5648	192
计算机、通信和其他电子设备制造业	7804	202103	20403	16159	1254
仪器仪表制造业	131	203		14	72
电力、热力、燃气及水生产和供应业	28424	191497	2843	35570	15014
电力、热力生产和供应业	21409	148072	1967	17613	14209
燃气生产和供应业	258	690		56	26
水的生产和供应业	6757	42734	876	17902	779

单位:万元

营业外支出	利润总额	所得税费用	亏损企业亏损额	本年应付职工薪酬	本年应交增值税	平均用工人数（人）	总资产贡献率（%）	资产负债率（%）	流动资产周转率（次/年）
59	948	100		918	467	100	9.16	36.29	4.56
59	948	100		918	467	100	9.16	36.29	4.56
54616	1780097	413211	250221	1555682	1300120	60256	26.66	50.41	0.96
69	3435		852	4349	12499	431	18.55	65.48	4.89
29	-1629	543	3629	6118	1371	684	2.77	77.72	2.06
86	897	219		3292	436	382	4.24	34.43	1.24
17923	1321987	384152		683311	1076546	8539	104.62	11.25	1.63
129	-1642		1642	2043	86	174	-6.86	56.62	2.58
21	2856	687		8490	1762	599	11.14	35.07	1.36
1	1065	47		1827	522	130	7.77	60.69	1.47
22	6916		60	16804	1645	1051	7.88	36.94	1.25
429	31391	96		7596	449	415	11.55	35.87	1.57
120	4797	91		10278	3541	979	7.29	36.84	1.22
10	106			412		25	3.77	30.47	1.62
7118	22781	1183	9512	32922	16906	2668	4.36	75.20	0.82
1153	46345	708		30725	9066	1477	23.21	71.62	7.71
22	207	-77	1150	7405	495	521	0.79	23.96	0.48
4055	103801	-4599	2552	201299	47412	15453	1.75	65.55	0.37
184	-46833	-11970	66416	147038	15984	6048	0.14	77.40	0.54
20899	-141607	11747	152556	92097	16596	6584	-7.86	80.87	1.76
799	197291	15179	5445	160419	41141	6009	9.01	34.68	0.68
919	24930	-1545		34918	13050	2247	5.82	86.26	1.10
630	202729	16749	6406	101377	40029	5625	7.05	47.35	1.28
	275	-1		2962	583	215	8.28	69.89	0.76
16591	189920	29892	13196	450174	126409	16928	4.22	66.09	3.32
14856	147426	21822	240	385872	115030	13589	4.32	64.48	3.84
38	679	698	2398	5287	1046	256	2.24	61.82	4.91
1698	41815	7372	10558	59016	10333	3083	3.85	73.60	1.34

10－7　规模以上大中型工业企业主要经济指标(2022年)

指　　标	企业单位数(个)	#亏损企业	流动资产合计	#应收账款
总　　计	**294**	**46**	**53608406**	**19934432**
按登记注册类型分组				
内资企业	249	36	45676647	16894788
国有企业	2	1	6478340	179370
有限责任公司	59	9	13909132	7416820
国有独资公司	5		538949	185812
其他有限责任公司	54	9	13370183	7231009
股份有限公司	21	1	13264276	5393177
私营企业	166	25	11793665	3726854
私营独资企业	8	2	246748	35260
私营合伙企业	2		1711	479
私营有限责任公司	120	19	7154868	2619159
私营股份有限公司	36	4	4390338	1071956
港、澳、台商投资企业	17	3	5267111	2027761
合资经营企业(港或澳、台资)	5	2	2284959	823496
合作经营企业(港或澳、台资)	1		106893	80149
港、澳、台商独资经营企业	5		573959	162182
港、澳、台商投资股份有限公司	6	1	2301300	961934
外商投资企业	28	7	2664648	1011883
中外合资经营企业	10	5	1505061	563899
外资企业	17	2	861673	428737
外商投资股份有限公司	1		297914	19247
按经济组织类型分组				
独资企业	32	5	8160720	805550
国有企业	2	1	6478340	179370
私营独资企业	8	2	246748	35260
港澳台商独资经营企业	5		573959	162182
外资企业	17	2	861673	428737
合作合伙企业	4		339838	259195
私营合伙企业	2		1711	479
合作经营企业(港或澳、台资)	1		106893	80149
股份有限公司	64	6	20253828	7446314
股份有限公司(内资)	21	1	13264276	5393177
私营股份有限公司	36	4	4390338	1071956
港澳台商投资股份有限公司	6	1	2301300	961934
有限责任公司	194	35	24854020	11423374
国有独资公司	5		538949	185812
私营有限责任公司	120	19	7154868	2619159
合资经营企业(港或澳、台资)	5	2	2284959	823496
中外合资经营企业	10	5	1505061	563899
其他有限责任公司	54	9	13370183	7231009

单位:万元

存货	#产成品	资产总计	固定资产原价	累计折旧	固定资产净额	负债合计	流动负债合计	应付账款	所有者权益合计
10631153	**3016907**	**94034805**	**30853924**	**11668751**	**19011814**	**49192554**	**38651410**	**15635018**	**44842249**
9463514	2352664	70692071	15984389	5677762	10178822	38239755	32293700	13270358	32452314
3391798	48874	8327922	2402359	1553127	849232	1033668	1026561	234241	7294254
2064301	789731	22688996	7512424	2248576	5181175	15382462	13967559	6750831	7306533
54983	7545	735885	105791	21420	78057	483128	467189	188113	252757
2009318	782187	21953111	7406633	2227156	5103119	14899334	13500370	6562718	7053776
1454526	579812	21423844	1985635	620742	1364190	11853735	9543238	3720439	9570109
2503721	934246	17991878	4055872	1249300	2762144	9845140	7631594	2474052	8146737
66167	30223	759919	313969	21388	292581	540671	210338	48318	219248
1100	685	14700	12797	2978	2262	7713	7204	1053	6987
1543842	531664	10084573	2249883	771812	1458007	6386026	4841887	1541541	3698546
892612	371674	7132686	1479223	453123	1009294	2910730	2572164	883141	4221955
566634	298946	18132400	12405763	4870043	7499659	8348222	4075526	1573733	9784179
233878	104998	9780324	10240125	3893065	6318439	5533935	2057826	714723	4246388
3677	1789	153681	50371	4055	46316	103377	103377	95721	50305
60311	19856	812492	264577	131183	133394	325620	272586	121010	486872
268768	172303	7385904	1850690	841740	1001511	2385290	1641737	642280	5000614
601005	365297	5210334	2463773	1120946	1333333	2604578	2282184	790927	2605756
323407	192585	3080092	1322468	520778	792230	1751622	1499740	374625	1328469
211699	106813	1740412	1100286	584967	515286	790213	721647	396643	950199
65899	65899	389830	41019	15201	25818	62743	60797	19660	327088
3729975	205766	11640745	4081191	2290665	1790494	2690171	2231131	800211	8950574
3391798	48874	8327922	2402359	1553127	849232	1033668	1026561	234241	7294254
66167	30223	759919	313969	21388	292581	540671	210338	48318	219248
60311	19856	812492	264577	131183	133394	325620	272586	121010	486872
211699	106813	1740412	1100286	584967	515286	790213	721647	396643	950199
53946	2474	427812	91266	13050	70658	235839	235330	187568	191973
1100	685	14700	12797	2978	2262	7713	7204	1053	6987
3677	1789	153681	50371	4055	46316	103377	103377	95721	50305
2681805	1189689	36332264	5356567	1930806	3400812	17212498	13817936	5265519	19119766
1454526	579812	21423844	1985635	620742	1364190	11853735	9543238	3720439	9570109
892612	371674	7132686	1479223	453123	1009294	2910730	2572164	883141	4221955
268768	172303	7385904	1850690	841740	1001511	2385290	1641737	642280	5000614
4165428	1618978	45633984	21324899	7434230	13749851	29054046	22367013	9381719	16579936
54983	7545	735885	105791	21420	78057	483128	467189	188113	252757
1543842	531664	10084573	2249883	771812	1458007	6386026	4841887	1541541	3698546
233878	104998	9780324	10240125	3893065	6318439	5533935	2057826	714723	4246388
323407	192585	3080092	1322468	520778	792230	1751622	1499740	374625	1328469
2009318	782187	21953111	7406633	2227156	5103119	14899334	13500370	6562718	7053776

10－7 续表 1

指　　标	企业单位数（个）	#亏损企业	流动资产合计	#应收账款
在总计中:国有控股企业	35	7	21457180	6356746
在总计中:大型企业	54	13	41463088	16006654
中型企业	240	33	12145317	3927779
在总计中:亏损企业	46	46	8325295	3620908
按行业大类分组				
采矿业	2		9469	897
黑色金属矿采选业	1		6027	
有色金属矿采选业	1		3441	897
制造业	285	44	52574896	19686580
农副食品加工业	16	3	242513	52901
食品制造业	9	1	526474	37278
酒、饮料和精制茶制造业	7		89541	12758
烟草制品业	1		6441877	171739
纺织业	5	2	588455	282630
纺织服装、服饰业	4	2	59841	7008
皮革、毛皮、羽毛及其制品和制鞋业	2		9572	5585
家具制造业	2		6039	4109
印刷和记录媒介复制业	6	1	163044	33997
文教、工美、体育和娱乐用品制造业	3	1	8642	531
化学原料和化学制品制造业	50	2	1561614	371925
医药制造业	18	1	1169027	168701
橡胶和塑料制品业	3		209249	61015
非金属矿物制品业	10	2	1175694	454569
有色金属冶炼和压延加工业	5		1441556	516722
金属制品业	9	1	669643	170525
通用设备制造业	23	3	11230695	4515340
专用设备制造业	28	6	7404676	2942365
汽车制造业	24	8	6465671	4451049
铁路、船舶、航空航天和其他运输设备制造业	2	0	1394244	716027
电气机械和器材制造业	18	2	3254821	1314445
计算机、通信和其他电子设备制造业	31	8	7707861	3097261
仪器仪表制造业	7	1	700187	265459
废弃资源综合利用业	2		53960	32641
电力、热力、燃气及水生产和供应业	7	2	1024041	246955
电力、热力生产和供应业	2		616171	191580
燃气生产和供应业	2	1	210880	3385
水的生产和供应业	3	1	196991	51990

单位:万元

存货	#产成品	资产总计	固定资产原价	累计折旧	固定资产净额	负债合计	流动负债合计	应付账款	所有者权益合计
5281487	828089	38655912	14957481	6135644	8803699	20465342	14422324	4872957	18190570
8072269	1910893	74293642	24785519	9477923	15188238	39040105	29966938	12692837	35253537
2558884	1106014	19741163	6068405	2190828	3823577	10152448	8684473	2942181	9588713
1281838	611754	17747502	7520219	2302743	5173104	10484590	7471800	2842189	7262912
746	545	15764	18077	13926	4151	7769	7592	2032	7995
		9712	12765	10193	2572	3130	3130		6582
746	545	6052	5312	3733	1579	4640	4462	2032	1413
10599447	2999661	85315976	20707247	7893445	12640487	43194640	36213358	15409302	42121334
71584	16932	494145	221297	73182	142878	245494	221600	53982	248651
147589	85973	1019190	527632	227290	300048	254706	234532	92097	764484
29459	16118	183419	138137	62463	75674	99213	87033	24971	84205
3389027	48874	8218011	2366804	1551203	815601	910358	910349	180971	7307653
112369	87791	909839	277537	90517	187019	627115	616501	309476	282724
28910	22003	68225	12101	8129	3972	25698	24050	13078	42527
2284	2164	18886	5563	2158	3336	4675	4675	785	14211
232	192	12598	3439	1391	2049	9023	8195	4006	3575
34095	7638	244579	147011	98380	48631	113744	106862	36862	130835
2898	750	30128	6670	802	5869	16358	8685	2872	13770
374453	204828	2565462	632162	143546	478332	1278229	922375	322979	1287232
212784	96296	2872071	635592	214884	404833	707413	601476	115335	2164658
53507	17536	449697	341133	169795	171338	126940	119447	26261	322757
253942	19834	1896831	216847	53039	157493	1155773	977682	265377	741058
419058	89485	1895820	397562	86782	303222	1179149	1031193	233663	716671
132813	60165	976074	476452	277768	191464	428769	386875	107945	547305
1065374	655555	16850262	1077305	404351	669683	10639707	8875894	3509564	6210555
1053637	348173	11152511	1759936	555571	1199602	6374454	4603825	1726895	4778057
866936	266563	9396083	2787334	1154827	1621463	8219033	7967144	3989250	1177050
399661	70712	2327447	663324	198094	465179	794735	662543	299667	1532712
667982	350049	4599732	1011491	326564	616246	3112560	2839845	1494387	1487171
1184865	506043	18071419	6811377	2112647	4667027	6558436	4712864	2475688	11512983
95701	25913	846312	100108	36169	62989	273816	263176	116594	572496
289	76	217238	90436	43895	46541	39241	26538	6599	177998
30959	16701	8703066	10128600	3761380	6367177	5990145	2430461	223685	2712921
8999	34	6468678	8255185	3199064	5056121	4405267	1210393	172259	2063411
10260	10260	576705	412522	101147	311375	459462	430572	21359	117243
11700	6407	1657683	1460893	461168	999681	1125417	789496	30067	532266

10－7 续表 2

指　　标	所有者权益合计			
	#实收资本	国家资本	集体资本	法人资本
总　　计	**14046377**	**1717950**	**51189**	**8468139**
按登记注册类型分组				
内资企业	9321171	1064258	31640	6307712
国有企业	430000	430000		
有限责任公司	4552910	388153	16259	4108842
国有独资公司	206459	40000		166459
其他有限责任公司	4346451	348153	16259	3942383
股份有限公司	2031835	245343	2602	675764
私营企业	2271426	763	12779	1488105
私营独资企业	202521			200000
私营合伙企业	6263			3556
私营有限责任公司	995686	763	4779	773409
私营股份有限公司	1066956		8000	511140
港、澳、台商投资企业	3887084	653692		1903089
合资经营企业(港或澳、台资)	2975144	641683		1739457
合作经营企业(港或澳、台资)	36442			36442
港、澳、台商独资经营企业	213645	9386		
港、澳、台商投资股份有限公司	661854	2622		127190
外商投资企业	838121		19550	257338
中外合资经营企业	395044		19550	184700
外资企业	426214			72638
外商投资股份有限公司	16863			
按经济组织类型分组				
独资企业	1272380	439386		272638
国有企业	430000	430000		
私营独资企业	202521			200000
港澳台商独资经营企业	213645	9386		
外资企业	426214			72638
合作合伙企业	77705			74998
私营合伙企业	6263			3556
合作经营企业(港或澳、台资)	36442			36442
股份有限公司	3777509	247965	10602	1314094
股份有限公司(内资)	2031835	245343	2602	675764
私营股份有限公司	1066956		8000	511140
港澳台商投资股份有限公司	661854	2622		127190
有限责任公司	8918784	1030599	40588	6806409
国有独资公司	206459	40000		166459
私营有限责任公司	995686	763	4779	773409
合资经营企业(港或澳、台资)	2975144	641683		1739457
中外合资经营企业	395044		19550	184700
其他有限责任公司	4346451	348153	16259	3942383

单位：万元

			营业收入	营业成本	销售费用	管理费用	财务费用		
个人资本	港澳台资本	外商资本						利息费用	利息收入
1895770	**1345130**	**568199**	**63452307**	**46623220**	**2132856**	**1848936**	**46118**	**513607**	**289521**
1714241	199233	4088	54130626	39080283	1776630	1482639	-70799	265564	254379
			10687408	2497175	83983	479856	-78507	-656	67816
39656			23006400	20535057	376875	391315	37766	85050	23710
			500806	442344	6043	15263	3685	3779	934
39656			22505594	20092713	370831	376052	34081	81271	22775
908428	198709	989	5677655	4465471	371780	188025	-53762	111769	118942
766157	524	3098	13729103	10585808	943977	422591	23753	69401	43920
2521			166586	137776	3806	9373	6195	5901	215
2707			41249	37617	697	566	215	12	
214378	524	1833	9826183	8276107	297273	216167	24357	42287	31188
546551		1266	3695085	2134308	642201	196486	-7014	21202	12517
169294	1136017	24993	5100486	3904737	202162	220011	105455	231034	25312
	594004		2369596	1854628	52025	106517	145167	187313	6901
			96105	82564	23	1212	-1651		68
	199205	5054	522244	354189	66675	18788	-2585	3382	3928
169294	342809	19939	2112541	1613355	83438	93494	-35476	40339	14415
12235	9879	539119	4221195	3638201	154064	146287	11461	17009	9830
		190794	2185851	2057096	64857	70710	14367	15266	3055
12235	9879	331462	1828551	1430462	87741	58688	-2599	1276	4890
		16863	206793	150643	1466	16889	-307	467	1885
14756	209084	336516	13204790	4419602	242205	566704	-77496	9903	76848
			10687408	2497175	83983	479856	-78507	-656	67816
2521			166586	137776	3806	9373	6195	5901	215
	199205	5054	522244	354189	66675	18788	-2585	3382	3928
12235	9879	331462	1828551	1430462	87741	58688	-2599	1276	4890
2707			1167414	1116953	736	2630	-1484	12	60
2707			41249	37617	697	566	215	12	
			96105	82564	23	1212	-1651		68
1624273	541518	39057	11692075	8363777	1098885	494893	-96559	173777	147758
908428	198709	989	5677655	4465471	371780	188025	-53762	111769	118942
546551		1266	3695085	2134308	642201	196486	-7014	21202	12517
169294	342809	19939	2112541	1613355	83438	93494	-35476	40339	14415
254035	594528	192626	37388029	32722888	791030	784709	221657	329916	64855
			500806	442344	6043	15263	3685	3779	934
214378	524	1833	9826183	8276107	297273	216167	24357	42287	31188
	594004		2369596	1854628	52025	106517	145167	187313	6901
		190794	2185851	2057096	64857	70710	14367	15266	3055
39656			22505594	20092713	370831	376052	34081	81271	22775

10－7 续表3

指　　标	所有者权益合计			
	#实收资本	国家资本	集体资本	法人资本
在总计中:国有控股企业	4498668	1698853	16259	1396507
在总计中:大型企业	10501134	1377680		6213984
中型企业	3545243	340270	51189	2254155
在总计中:亏损企业	5490907	110353	1175	4606561
按行业大类分组				
采矿业	1008			
黑色金属矿采选业	800			
有色金属矿采选业	208			
制造业	12574978	902237	51189	8203438
农副食品加工业	102858	19333	1175	26436
食品制造业	227794			17469
酒、饮料和精制茶制造业	32552	9386		8920
烟草制品业	430000	430000		
纺织业	174110			36942
纺织服装、服饰业	20860			9042
皮革、毛皮、羽毛及其制品和制鞋业	8142	459	546	5580
家具制造业	1010			800
印刷和记录媒介复制业	40761			40239
文教、工美、体育和娱乐用品制造业	4679			
化学原料和化学制品制造业	531820		19710	438672
医药制造业	543117		16259	309304
橡胶和塑料制品业	201650			23522
非金属矿物制品业	185556	65988		64045
有色金属冶炼和压延加工业	68505		2240	62998
金属制品业	154847			142267
通用设备制造业	1247635	183692	2046	314351
专用设备制造业	974954	55381		688783
汽车制造业	523978			268673
铁路、船舶、航空航天和其他运输设备制造业	556250			408454
电气机械和器材制造业	540005	95287		321300
计算机、通信和其他电子设备制造业	5823225	42713	9213	4877878
仪器仪表制造业	121723			93658
废弃资源综合利用业	58950			44107
电力、热力、燃气及水生产和供应业	1470390	815712		264701
电力、热力生产和供应业	1111403	734541		
燃气生产和供应业	15000			6750
水的生产和供应业	343988	81172		257951

单位:万元

			营业收入	营业成本	销售费用	管理费用	财务费用		
个人资本	港澳台资	外商资本						利息费用	利息收入
711390	577321	98339	20591067	10652871	398287	738759	98343	329261	181429
1330252	1192404	386814	49242171	35270566	1573182	1352354	-13373	420059	257229
565518	152726	181385	14210137	11352654	559674	496582	59491	93548	32292
418359	208173	146286	8090288	7446154	437073	290328	28758	113892	50816
1008			28001	19774	305	3201	25	27	4
800			19837	14485		1791	2		
208			8164	5289	305	1410	24	27	4
1889897	968268	559949	61554742	45139706	2101987	1789622	-158706	308016	288293
55483		431	707271	597484	29784	28221	3178	3075	783
123860	69602	16863	946780	711373	91619	54615	-1187	1085	2381
5206		9039	326641	242010	48121	7179	-124	182	587
			10563981	2374440	84283	473540	-77663	185	67810
137168			528029	397754	94799	28953	1811	3801	645
9000		2818	63270	49660	7115	4253	-146	39	68
518	524	515	56344	47178	1127	1362	307	311	5
210			73617	67844	968	1433	244		
522			217631	168257	3942	15939	-411	81	774
4679			18623	14522	725	627	851	7	
53733	154	19550	2721125	2284875	60637	75163	11787	14748	3563
217554			1025725	372592	399873	64015	-8441	6725	4653
		178128	408825	327548	14764	8823	167	76	519
43320	12204		962188	806526	23716	32340	20389	22028	1564
3267			2154110	1806648	4472	23690	8266	4296	3139
12580			810115	621935	26398	25918	1691	4802	216
521571	198709	27267	5172933	4393667	231222	115056	-60161	83146	102924
227217		3573	5692448	4317977	487428	161122	-24716	50121	47457
22399	1750	231156	13166803	11898501	223383	285530	1526	15505	7926
147796			1005343	661519	38747	30296	1463	6404	3345
85504	37914		5499435	4903545	86289	87361	18201	23259	3785
178099	647411	67912	8945618	7787498	118064	239551	-55544	66931	34642
28065			392900	256400	24481	16881	-408	539	1261
12145		2698	94987	29955	30	7754	214	671	247
4865	376862	8250	1869565	1463741	30564	56113	204799	205564	1224
	376862		981173	650811	256	26145	175157	176193	563
		8250	573740	583438	10484	13480	3467	3616	149
4865			314652	229492	19824	16489	26174	25754	513

10－7 续表4

指　　标	税金及附加	营业利润	投资收益	其他收益	营业外收入
总　　计	**6594969**	**4342248**	**407147**	**402976**	**75875**
按登记注册类型分组					
内资企业	6507322	3861223	291712	340595	48505
国有企业	6268670	1329410	21882	2217	3011
有限责任公司	83602	962620	7416	112180	9114
国有独资公司	2116	20826	3397	1345	222
其他有限责任公司	81486	941794	4018	110835	8892
股份有限公司	33627	442580	125562	104863	10859
私营企业	118787	1095656	136853	120198	25522
私营独资企业	9571	5799	－12	28194	35
私营合伙企业	356	1558			
私营有限责任公司	79044	586830	89674	44660	19954
私营股份有限公司	29816	501468	47191	47344	5534
港、澳、台商投资企业	45526	394579	20308	41442	7698
合资经营企业(港或澳、台资)	22955	75099	1607	21182	5401
合作经营企业(港或澳、台资)	122	14024		241	1
港、澳、台商独资经营企业	5982	66943	10453	6341	614
港、澳、台商投资股份有限公司	16467	238513	8249	13677	1682
外商投资企业	42121	86447	95126	20939	19671
中外合资经营企业	30686	－115028	72946	14688	5008
外资企业	9888	173543	21188	4052	14593
外商投资股份有限公司	1547	27932	993	2199	70
按经济组织类型分组					
独资企业	6294111	1575696	53511	40804	18252
国有企业	6268670	1329410	21882	2217	3011
私营独资企业	9571	5799	－12	28194	35
港澳台商独资经营企业	5982	66943	10453	6341	614
外资企业	9888	173543	21188	4052	14593
合作合伙企业	3115	46539		1380	1
私营合伙企业	356	1558			
合作经营企业(港或澳、台资)	122	14024		241	1
股份有限公司	81457	1210493	181994	168083	18144
股份有限公司(内资)	33627	442580	125562	104863	10859
私营股份有限公司	29816	501468	47191	47344	5534
港澳台商投资股份有限公司	16467	238513	8249	13677	1682
有限责任公司	216287	1509521	171642	192710	39477
国有独资公司	2116	20826	3397	1345	222
私营有限责任公司	79044	586830	89674	44660	19954
合资经营企业(港或澳、台资)	22955	75099	1607	21182	5401
中外合资经营企业	30686	－115028	72946	14688	5008
其他有限责任公司	81486	941794	4018	110835	8892

单位:万元

营业外支出	利润总额	所得税费用	亏损企业亏损额	本年应付职工薪酬	本年应交增值税	平均用工人数（人）	总资产贡献率（%）	资 产负债率（%）	流动资产周转率（次/年）
96947	**4321176**	**613144**	**626158**	**5347336**	**2101731**	**379846**	**14.39**	**52.31**	**1.18**
50849	3858880	541078	304173	3837789	1857139	253017	17.67	54.09	1.19
17866	1314555	384152	5367	687735	1075625	8994	103.97	12.41	1.65
7888	963846	95747	162531	1175797	316384	100603	6.39	67.80	1.65
1027	20021	1055		34743	9180	2608	4.77	65.65	0.93
6862	943825	94693	162531	1141054	307204	97995	6.44	67.87	1.68
7474	445965	4781	10798	583463	124508	34574	3.34	55.33	0.43
17620	1103558	48454	125477	1366763	319334	106062	8.95	54.72	1.16
136	5698	-1021	992	42093	-25961	4358	-0.63	71.15	0.68
	1558	329		8706	2001	639	26.71	52.47	24.11
10255	596529	3941	53615	814386	189668	69813	9.00	63.32	1.37
7229	499772	45204	70869	501577	153626	31252	9.88	40.81	0.84
9034	393243	45541	121813	1057470	176836	101400	4.67	46.04	0.97
4988	75513	-1738	58597	481086	62904	38769	3.57	56.58	1.04
	14025			13048	3053	2342	11.19	67.27	0.90
847	66710	13184		59517	20799	4599	11.92	40.08	0.91
3200	236995	34095	63216	503820	90080	55690	5.20	32.30	0.92
37065	69054	26525	200172	452076	67756	25429	3.76	49.99	1.58
23348	-133369	2261	197489	242927	27976	11405	-1.93	56.87	1.45
10983	177153	21961	2684	197463	29670	13447	12.53	45.40	2.12
2733	25269	2303		11687	10110	577	9.59	16.09	0.69
29832	1564116	418276	9043	986808	1100134	31398	77.04	23.11	1.62
17866	1314555	384152	5367	687735	1075625	8994	103.97	12.41	1.65
136	5698	-1021	992	42093	-25961	4358	-0.63	71.15	0.68
847	66710	13184		59517	20799	4599	11.92	40.08	0.91
10983	177153	21961	2684	197463	29670	13447	12.53	45.40	2.12
	46540	8274		45787	26341	5765	17.77	55.13	3.44
	1558	329		8706	2001	639	26.71	52.47	24.11
	14025			13048	3053	2342	11.19	67.27	0.90
20636	1208002	86383	144883	1600546	378325	122093	5.07	47.38	0.58
7474	445965	4781	10798	583463	124508	34574	3.34	55.33	0.43
7229	499772	45204	70869	501577	153626	31252	9.88	40.81	0.84
3200	236995	34095	63216	503820	90080	55690	5.20	32.30	0.92
46480	1502519	100211	472231	2714195	596932	220590	5.80	63.67	1.50
1027	20021	1055		34743	9180	2608	4.77	65.65	0.93
10255	596529	3941	53615	814386	189668	69813	9.00	63.32	1.37
4988	75513	-1738	58597	481086	62904	38769	3.57	56.58	1.04
23348	-133369	2261	197489	242927	27976	11405	-1.93	56.87	1.45
6862	943825	94693	162531	1141054	307204	97995	6.44	67.87	1.68

10－7 续表5

指　　标	税金及附加	营业利润	投资收益	其他收益	营业外收入
在总计中：国有控股企业	6345198	1836295	85767	136588	17892
在总计中：大型企业	6474442	3246601	296061	301104	42538
中型企业	120527	1095647	111085	101872	33337
在总计中：亏损企业	72670	－612323	138043	129633	16999
按行业大类分组					
采矿业	847	2207			146
黑色金属矿采选业	564	1697			70
有色金属矿采选业	282	509			77
制造业	6576906	4234339	405246	382624	72916
农副食品加工业	3250	55673	23764	2618	2272
食品制造业	7546	70319	6354	5648	6380
酒、饮料和精制茶制造业	2268	24290	59	2330	496
烟草制品业	6268139	1334858	21882	1800	2906
纺织业	2430	－2445	2019	244	1693
纺织服装、服饰业	354	178		112	580
皮革、毛皮、羽毛及其制品和制鞋业	703	5668			48
家具制造业	416	2453			72
印刷和记录媒介复制业	1419	18745	2001	451	580
文教、工美、体育和娱乐用品制造业	26	1403	788		36
化学原料和化学制品制造业	50569	153492	6604	19130	2764
医药制造业	12472	153214	27310	14796	1547
橡胶和塑料制品业	3306	42206	35	143	1366
非金属矿物制品业	4694	－18607	－2622	1599	849
有色金属冶炼和压延加工业	9119	210742	－6435	3760	367
金属制品业	5291	68744	3852	566	3449
通用设备制造业	23657	271102	34266	72256	13404
专用设备制造业	30450	406718	149282	59077	11686
汽车制造业	64342	302765	7564	39230	13514
铁路、船舶、航空航天和其他运输设备制造业	8243	197924	24199	12892	543
电气机械和器材制造业	24387	263481	36508	23300	1756
计算机、通信和其他电子设备制造业	48907	509289	31456	106329	6191
仪器仪表制造业	3787	89114	15760	13349	400
废弃资源综合利用业	1133	73013	20600	2995	20
电力、热力、燃气及水生产和供应业	17217	105703	1901	20351	2812
电力、热力生产和供应业	10997	115010	－806	2384	2468
燃气生产和供应业	757	－40450	1087	1246	53
水的生产和供应业	5463	31142	1620	16722	292

单位:万元

营业外支出	利润总额	所得税费用	亏损企业亏损额	本年应付职工薪酬	本年应交增值税	平均用工人数(人)	总资产贡献率(%)	资产负债率(%)	流动资产周转率(次/年)
45844	1808344	424176	170590	1491717	1300233	51150	25.31	52.94	0.96
72068	3217072	478345	411790	4008141	1746773	268058	15.96	52.55	1.19
24880	1104105	134799	214368	1339195	354958	111788	8.48	51.43	1.17
30835	-626158	-80512	626158	1171672	-4503	82628	-2.50	59.08	0.97
32	2321	101		8653	2312	998	34.93	49.28	2.96
	1767			5622	1565	635	40.11	32.22	3.29
32	554	101		3031	748	363	26.62	76.66	2.37
95266	4211990	591980	573854	5153311	2022606	371969	15.38	50.63	1.17
793	57152	3194	1162	60325	22730	6742	17.45	49.68	2.92
4878	71820	14112	7797	92981	37312	7986	11.55	24.99	1.80
128	24658	4751		34324	11604	3187	21.11	54.09	3.65
17842	1319922	384152		678403	1075625	8207	105.43	11.08	1.64
448	-1200	-1988	22285	57574	17811	7822	2.51	68.93	0.90
111	647	50	1339	15551	1171	2170	3.24	37.67	1.06
4	5711	957		10827	1083	1630	41.34	24.75	5.89
55	2469	614		7562	4680	765	60.05	71.63	12.19
90	19235	1252	399	34473	6856	2320	11.28	46.51	1.33
30	1409		26	5354	213	716	5.50	54.30	2.15
627	155629	6923	85	267953	76307	25584	11.59	49.82	1.74
1600	153161	12058	2603	138288	75350	11594	8.62	24.63	0.88
3088	40484	7085		30298	12504	2269	12.54	28.23	1.95
422	-18179	3993	69523	63294	15616	4562	1.27	60.93	0.82
1494	209615	20723		62771	41517	4625	13.95	62.20	1.49
426	71767	5226	403	69708	11264	5791	9.54	43.93	1.21
5741	278764	9185	5856	343261	82717	25263	2.78	63.14	0.46
14169	404235	-7962	47558	807949	96549	37287	5.21	57.16	0.77
31549	284730	36430	196675	785249	191575	71066	5.92	87.47	2.04
159	198308	15147		142144	36305	4959	10.71	34.15	0.72
2503	262733	14828	40676	187178	93669	16333	8.78	67.67	1.69
7863	507617	45615	172566	1180148	87519	115576	3.93	36.29	1.16
727	88787	7969	4903	65477	18634	4723	13.20	32.35	0.56
520	72513	7668		12219	3996	792	36.05	18.06	1.76
1649	106866	21063	52304	185372	76812	6879	4.67	68.83	1.83
803	116675	15995		116754	61736	2878	5.65	68.10	1.59
205	-40602	570	45489	20510	6279	1346	-5.19	79.67	2.72
641	30793	4498	6814	48109	8798	2655	4.27	67.89	1.60

10－8 规模以上工业企业主要能源按行业分组消费量(2022年)

行 业	能源消费量（吨标准煤）	原煤（吨）	1.无烟煤（吨）	2.炼焦烟煤（吨）	3.一般烟煤（吨）	4.褐煤（吨）
总 计	**5726788**	**2736296**	**144923**	**36302**		**2555071**
采矿业	12524					
黑色金属矿采选业	2572					
有色金属矿采选业	3265					
非金属矿采选业	6688					
制造业	2808172	379359	20773	36302		322284
农副食品加工业	97890	432	432			
食品制造业	105446					
酒、饮料和精制茶制造业	30690	179				179
烟草制品业	15484					
纺织业	8886					
纺织服装、服饰业	2560					
皮革、毛皮、羽毛及其制品和制鞋业	1616					
木材加工和木、竹、藤、棕、草制品业	2192					
家具制造业	3089					
造纸和纸制品业	69261	10248				10248
印刷和记录媒介复制业	31333					
文教、工美、体育和娱乐用品制造业	1464					
石油加工、炼焦和核燃料加工业	1268					
化学原料和化学制品制造业	140558	9524	148			9376
医药制造业	75365					
化学纤维制造业						
橡胶和塑料制品业	63731	10	10			
非金属矿物制品业	565497	342471	6307	36302		299862
黑色金属冶炼和压延加工业	3853					
有色金属冶炼和压延加工业	240165					
金属制品业	111229					
通用设备制造业	85350					
专用设备制造业	88275	13876	13876			
汽车制造业	213790					
铁路、船舶、航空航天和其他运输设备制造业	12932					
电气机械和器材制造业	133731	2619				2619
计算机、通信和其他电子设备制造业	665888					
仪器仪表制造业	6704					
其他制造业	17130					
废弃资源综合利用业	12795					
电力、热力、燃气及水生产和供应业	2906092	2356936	124150			2232786
电力、热力生产和供应业	2678609	2356936	124150			2232786
燃气生产和供应业	134747					
水的生产和供应业	92735					

其他洗煤（吨）	煤制品（吨）	焦炭（吨）	转炉煤气（万立方米）	天然气（万立方米）	液化天然气（吨）	氢气（万立方米）	原油（吨）	汽油（吨）	煤油（吨）
		151		**45962**	**4258**	**127**		**10112**	**37**
				1				38	
								33	
				1				5	
		151		31232	4132	127		9917	34
				2526				664	
				2848	45			160	
				93	62			317	
				766					
				77	3			35	
				107				21	
				9					
				14				74	
				231				134	
				350				335	
				33				1	
				44				3	
				1644				1074	1
				2005				230	
				992				352	
				2054	2763			506	33
				2698	966			122	
				3330	59	14		598	
		151		1093	232			759	
				1023				866	
				6205	1			2270	
				242	1			45	
				1038				255	
				1352				576	
				104				143	
				350					
				4				375	
				14728	125			157	3
				3719	2			29	3
				10472	123			105	
				537				23	

10－8 续表

行　　业	柴油（吨）	燃料油（吨）	液化石油气（吨）	润滑油（吨）	石蜡（吨）	溶剂油（吨）
总　　计	**33071**	**5632**	**234**	**11560**	**233**	**3446**
采矿业	2754					
黑色金属矿采选业	59					
有色金属矿采选业	58					
非金属矿采选业	2637					
制造业	29510	5632	234	11484	233	3446
农副食品加工业	364			3		
食品制造业	788			5		
酒、饮料和精制茶制造业	99					
烟草制品业	10					
纺织业	36					
纺织服装、服饰业	34					
皮革、毛皮、羽毛及其制品和制鞋业						
木材加工和木、竹、藤、棕、草制品业	102					
家具制造业	44					
造纸和纸制品业	157			5		
印刷和记录媒介复制业	354					
文教、工美、体育和娱乐用品制造业	1					
石油加工、炼焦和核燃料加工业	39					
化学原料和化学制品制造业	641		2			3441
医药制造业	187					
化学纤维制造业						
橡胶和塑料制品业	337			187		
非金属矿物制品业	9891	5228		52	233	
黑色金属冶炼和压延加工业	6					
有色金属冶炼和压延加工业	459		1	43		
金属制品业	769		34			
通用设备制造业	5623		188	9071		
专用设备制造业	3226			1653		
汽车制造业	1048		8	418		4
铁路、船舶、航空航天和其他运输设备制造业	174			5		
电气机械和器材制造业	248		2	13		
计算机、通信和其他电子设备制造业	780			22		
仪器仪表制造业	6					
其他制造业	1			4		
废弃资源综合利用业	4089	403		2		
电力、热力、燃气及水生产和供应业	806			76		
电力、热力生产和供应业	680			76		
燃气生产和供应业	127					
水的生产和供应业						

石油焦（吨）	石油沥青（吨）	其他石油制品（吨）	热力（百万千焦）	电力（万千瓦时）	煤矸石（用于燃料）（吨）	城市生活垃圾（用于燃料）	生物燃料（吨标准煤）	余热余压（百万千焦）	其他燃料（吨标准煤）
441	**60431**	**1984**	**8292527**	**1606528**	**139253**	**3170994**	**55153**	**592378**	**8457**
				6871					
				1983					
				2572					
				2316					
441	60431	1984	8166564	1266049	139253		24119	592378	8457
			564759	24041			11320		2803
			894084	28320			356		296
			172532	15965			2423		780
				5231					
			1874	6270					
				860					
				1315					
				1567					
				2236					
			935154	18233			392		3995
			177308	15962					
				896					
				503					
			518952	66124			6073	950	
			456313	25593			349		451
			95373	37433					
441	60431	1436	10032	84776	139253		1268	591428	48
				3128					
			3138778	77041					
			6218	52531					
		28	16096	38362			93		
		459		42872			5		
		61		102590					
				7669					
			793374	71877			1839		84
			385252	515753					
			465	4153					
				10146					
				4602					
			125963	333608		3170994	31034		
			125963	262317		3170994	31034		
				1677					
				69615					

10－9 规模以上工业企业能源购进、消费及库存(2022年)

指标	计量单位	年初库存量	购进实物量	工业生产消费量	#用于原材料	#运输工作消费	年末库存量
原煤	吨	394322	2609826	2736296	25		268868
无烟煤	吨	8922	145918	144923			10723
炼焦烟煤	吨	12189	38472	36302			14359
一般烟煤	吨	373211	2425436	2555071	25		243785
褐煤	吨						
其他洗煤	吨						
煤制品	吨						
焦炭	吨	12	156	151			17
转炉煤气	万立方米						
天然气	万立方米	1040	178612	45962	250	139	1190
液化天然气	吨	71	4320	4258		6	33
氢气	万立方米	2	125	127	109		2
原油	吨						
汽油	吨	76	10885	10112		6005	174
煤油	吨	1	48	37		14	
柴油	吨	1332	34555	33071		15945	1189
燃料油	吨	2175	4039	5632			582
液化石油气	吨		235	234			
润滑油	吨	346	11599	11560	8950		368
石蜡	吨		234	233	233		1
溶剂油	吨	217	3354	3446			125
石油焦	吨		441	441	441		
石油沥青	吨	8105	59769	60431	54695		7381
其他石油制品	吨	75	2060	1984			109
热力	百万千焦		8594780	8292527			
电力	万千瓦时		1717558	1606528		21241	
煤矸石(用于燃料)	吨	8627	130901	139253			274
城市生活垃圾(用于燃料)	吨		1902688	3170994			
生物燃料	吨标准煤	139	31217	55153		345	98
余热余压	百万千焦		89166	592378			
其他燃料	吨标准煤	10	8497	8457	40	5	
能源合计	吨标准煤			5726788	90105		

10－10　规模以上工业企业能源加工转换与回收利用表(2022 年)

指　　标	计量单位	工业生产消费量	加工转换			能源加工转换产出	回收利用
			加工转换投入合计	火力发电	供热		
原煤	吨	2669209	2356936	2004247	352690		
无烟煤	吨	124150	124150	17189	106961		
炼焦烟煤	吨	36302					
一般烟煤	吨	2508757	2232786	1987058	245729		
褐煤	吨						
煤制品	吨						
焦炭	吨						
转炉煤气	万立方米						
天然气	万立方米	3301	3301		3301		
液化天然气	吨						
原油	吨						
汽油	吨						
煤油	吨						
柴油	吨	723	636	636			
燃料油	吨						
液化石油气	吨						
润滑油	吨	105	70	70			
石蜡	吨						
溶剂油	吨						
石油焦	吨						
石油沥青	吨						
其他石油制品	吨						
热力	百万千焦	125963				6729848	
电力	万千瓦时	82854				662385	
城市生活垃圾(用于燃料)	吨	3170994	3170994	3170994			
生物燃料	吨标准煤	31011	31011	23916	7095		
余热余压	百万千焦	591428	591428	591428			2030913
其他燃料	吨标准煤						
能源合计	吨标准煤	2711827	2366401	2086737	279664	1043559	69254

10－11　主要耗能规模以上工业企业单位产品能源消耗情况

指　　标	计量单位	2021年	2022年
吨水泥熟料综合能耗	千克标准煤/吨	112	109
吨水泥熟料综合电耗	千瓦时/吨	54	52
吨水泥熟料烧成标准煤耗	千克标准煤/吨	106	104
吨水泥综合能耗	千克标准煤/吨	62	63
吨水泥综合电耗	千瓦时/吨	60	60
吨水泥标准煤耗	千克标准煤/吨	56	57
吨铝加工材消耗能源量	千克标准煤/吨		
吨铝加工材消耗电量	千瓦时/吨		
电厂火力发电标准煤耗	克标准煤/千瓦时	289	286
电厂火力供电标准煤耗	克标准煤/千瓦时	304	302
发电厂用电率	%	5	5

10－12 规模以上工业企业用水情况(2022年)

单位:万立方米

指　　标	全市	芙蓉区	天心区	岳麓区	开福区
取水量合计	143421.65	70.11	76485.34	370.56	269.37
1. 地表淡水	131750.19	0.00	76440.52	311.95	51.05
2. 地下淡水	389.02	1.11	14.15	14.48	8.77
3. 自来水	11104.19	68.99	30.64	42.48	209.54
4. 其他水	19.50			0.00	0.02
5. 外排水量	107572.57	4176.32	81.01	874.85	15411.39
6. 重复用水量	6449.78	5.26	3765.99	2.43	25.88
7. 直流冷却水量(河湖水)	29927.43		189.89		
8. 污水处理企业污水处理量	104046.61	4139.08	3.89	1542.95	15331.13
用新水量	16163.66	70.09	98.52	370.56	269.37

10－12 **续表**

单位:万立方米

指　　标	雨花区	望城区	长沙县	浏阳市	宁乡市
取水量合计	22668.79	11454.92	9742.64	11176.24	10068.37
1. 地表淡水	22113.23	9886.98	7138.27	7635.62	8136.89
2. 地下淡水		99.35	19.19	207.21	21.42
3. 自来水	554.82	1451.20	2545.08	3240.20	1896.84
4. 其他水		0.04	5.71	12.18	1.55
5. 外排水量	40920.09	17337.40	19802.03	2999.08	2860.37
6. 重复用水量	1.33	715.12	344.89	507.88	904.49
7. 直流冷却水量(河湖水)		29733.53	3.96	0.05	
8. 污水处理企业污水处理量	40451.26	16172.64	17983.37	299.62	5644.20
用新水量	557.14	2396.57	3111.02	4352.44	3822.63

11 运输和邮电

长沙统计年鉴

11－1 2000－2022年全社会客、货运输量

年份	货物运输量（万吨）	#铁路（万吨）	公路（万吨）	水运（万吨）	民航吞吐量（万吨）	民航发送量（万吨）	货物周转量（万吨公里）	#公路（万吨公里）	水运（万吨公里）
2000	5910	206	4972	729	1.9	0.9	1404785	308200	1094511
2001	7550	188	6668	691	2.0	1.0	1396492	322125	1072216
2002	8766	162	7929	671	2.5	1.4	799550	434100	58837
2003	10632	189	9572	867	3.5	2.1	910771	445990	69841
2004	11066	196	9831	1035	4.3	2.6	1011770	446428	124605
2005	10991	218	9834	934	5.2	3.1	1003793	447386	99596
2006	12478	233	10905	1334	6.3	3.5	1094995	480520	142569
2007	16184	244	13994	1939	6.9	3.6	1296332	517363	277565
2008	17158	164	14651	2336	7.1	3.7	1323224	535795	287962
2009	21074	158	18084	2669	8.7	4.5	1769962	1036295	210498
2010	22947	167	19270	3369	10.8	6.0	2192493	1285375	369090
2011	25651	172	21788	3529	11.5	6.0	2571162	1609109	408774
2012	26145	157	23139	2668	11.1	5.6	3016629	2061286	425713
2013	28048	149	24627	3080	11.8	5.9	3340723	2352483	485042
2014	30449	133	27098	3014	12.5	6.2	3597375	2642698	498947
2015	33932	138	30412	3159	12.2	6.0	3861850	2898610	546979
2016	36767	113	34047	2388	13.0	6.3	3876534	3274392	186206
2017	41739	114	38808	2603	13.9	6.8	4487906	3833118	203338
2018	43792	123	41265	2330	15.6	8.0	4874183	4233826	171022
2019	49017	128	46497	2122	17.6	9.0	5674719	5000574	176890
2020					19.2	10.7			
2021					20.9	11.0			
2022			50412	1967	15.6	8.0		3426239	157814

注:1. 铁路旅客发送量从2018年报起,采用广铁集团报送省统计局数据,2018年、2017年、2016年、2015年、2014年实际数为5392.31万、4769.52万、4102.51万、3633.37万、3053.42万人。

2. 2020年,水运沿海部分的货运周转量数据省局不再分市州;疫情期间高速公路免费通行,无法获取客货运数据;全省铁路相关数据未分市州。

3. 2022年水运数据中含湖南远洋运输有限公司数据。

11－1续表

年　份	旅客运输量（万人）	#铁路（万人）	公路（万人）	水运（万人）	民航吞吐量（万人）	民航发送量（万人）	旅客周转量（万人公里）	#公路（万人公里）	水运（万人公里）
2000	9052	981	7825	43	203	101	348315	275029	3580
2001	8578	1070	7242	44	222	111	398125	322154	3094
2002	10032	984	8743	45	260	130	739488	393873	4103
2003	10609	942	9351	17	299	149	835591	457038	2362
2004	11580	1187	10003	9	380	191	978328	496035	1459
2005	10895	1218	9228	7	442	221	995729	469947	1211
2006	11863	1243	10022	3	595	281	1073632	506305	467
2007	11919	1305	9934		680	341	1190289	540261	
2008	13488	1442	11334		713	355	1249445	596745	
2009	31304	1479	28868	16	942	471	1747800	1060178	116
2010	33983	1642	31257	18	1066	535	1945489	1130385	141
2011	35525	1816	33102	15	1183	592	2454122	1206736	125
2012	36440	1954	33847	1	1278	638	2544691	1236101	9
2013	37922	2088	35143		1390	691	2767006	1304296	
2014	13610	3053	9765		1588	792	2210039	611156	
2015	13078	3633	8606		1684	839	2436877	517820	
2016	12655	4103	7578		1949	974	2736009	495170	
2017	12435	4770	6558		2218	1108	2792997	429333	
2018	12488	5392	5889	10	2527	1196	3003678	412031	122
2019	12705	6049	5351	21	2691	1285	3062983	381250	246
2020					1922	926			
2021					1998	953			
2022			1545	30	1251	601		159382	574

11－2 陆 运 工 具 情 况

单位:辆

年 份	汽车	载客汽车	载货汽车	其他汽车	摩托车	普通	轻便	拖拉机	大型	小型	挂车
2005	190684	149154	38759	2771	221983	216528	5455	8759	20	8739	607
# 私人	126289	104718	20309	1262	215481	210112	5369	8759	20	8739	155
2006	233388	188563	41492	3333	221008	216475	4533	10351	439	9912	648
# 私人	163162	138760	23002	1400	215401	210932	4469	10351	439	9912	140
2007	298280	239870	45384	13026	218738	214406	4332	12112	725	11387	751
# 私人	221801	184369	26878	10554	213957	209680	4277	12112	725	11387	154
2008	375305	308420	50298	16587	219100	215010	4090	12763	4700	8063	842
# 私人	290783	245501	31898	13384	215313	211275	4038	12757	4699	8058	181
2009	520622	441276	62932	16414	253653	251639	2014	15098	5641	9210	2324
# 私人	403195	347324	43213	12658	249451	247474	1977	15098	5641	9210	313
2010	672275	572881	82361	17033	312693	310253	2440	18172	6464	11422	2873
# 私人	546834	473654	59529	13651	308761	306358	2403	18172	6464	11422	560
2011	826223	712671	96161	17391	340740	339181	1559	20002	6814	12832	3521
# 私人	689957	604727	71360	13870	337480	335933	1547	20002	6814	12832	750
2012	1001039	876321	107715	17003	375796	373989	1807	22949	7819	14493	4049
# 私人	856813	761391	82028	13394	372928	371126	1802	22949	7819	14493	942
2013	1189387	1058547	114695	16145	365006	363081	1925	25954	8980	15900	4391
# 私人	1055542	953004	89766	12772	363903	361983	1920	25954	8980	15900	1160
2014	1444002	1296480	129278	18244	377168	375074	2094	28188	9693	17239	5043
# 私人	1285080	1172006	99836	13238	374169	372080	2089	28188	9693	17239	1328
2015	1688299	1540228	129994	18077	376321	374307	2014	29585	10748	17511	5768
# 私人	1522538	1408674	101230	12634	373522	371509	2013	29585	10748	17511	1558
2016	1942362	1795437	131152	15773	275607	273899	1708	30694	11375	17983	6981
# 私人	1762027	1651429	100344	10254	272751	271043	1708	30694	11375	17983	8853
2017	2177513	2039624	122812	15077	339770	337936	1834	29824	10987	17730	8968
# 私人	1978243	1880184	88705	9354	336076	334242	1834	29824	10987	17730	2209
2018	2428064	2279041	133329	15694	338436	336612	1824	31749	12760	18169	9791
# 私人	2190072	2086715	94273	9084	333921	332097	1824	31749	12760	18169	2473
2019	2648012	2487280	143553	17179	343820	342003	1817	29120			12791
# 私人	2384485	2275818	99478	9189	338089	336272	1817	29120			2790
2020	2833006	2656811	157197	18998	362038	351781	10257	23574			15348
# 私人	2549808	2438836	101970	9002	355466	345234	10232				3463
2021	3010353	2819168	172085		360404	329643	30761	23260			16375
# 私人	2712313	2599769	105304		357593	326932	30661				3722
2022	3225160	3028712	176874		386856	338984	47872	33976			15913
# 私人	2899042	2790140	101897		380776	333089	47687				3490

注:1. 2021 年年报中拖拉机(农机部门数据)未分大型、小型。

2. 2020 年开展了电动摩托车的上牌整治活动,新注册轻便摩托车数量大幅增长;由于省交警总队表式调整,拖拉机无相关分组。

3. 2020 年 3 月开始“机动车统计报表”中三轮汽车、低速货车划至载货汽车中。

11－3 电信业务基本情况

指标	单位	2011年	2012年	2013年	2014年	2015年	2016年
一、电信业务总量及收入							
电信业务总量	万元	990885	1073997	1141689	1643333	2088712	3201210
电信业务收入	万元	864138	942093	1027921	994611	995652	1084510
二、电信设备和服务能力							
光缆线路长度	公里	137803	161811	173035	190015	222696	261353
# 长途光缆线路长度	公里	2285	2366	3031	3320	4244	4140
移动电话基站	个	11835	15785	19408	30154	33374	42667
互联网宽带接入端口	万个	176.88	239.23	202.57	254.34	268.4	582.93
三、电信主要业务							
固定电话通话时长	亿分钟	48.55	38.12	35.09	32.79	27.9	24.04
移动电话通话时长	亿分钟	428.85	457.67	486.07	471.95	484.5	470.9
移动短信业务量	亿条	96.2	97.89	86.79	70.05	67.6	59.06
移动电话年末用户	万户	898.48	984.45	1086.5	1118.2	1122.77	1047.7
# 3G 移动电话用户	万户	98.52	216.7	380.96	494.59	416.9	93.9
4G 移动电话用户	万户				103.75	353.8	784.4
固定本地电话年末用户	万户	214.43	211.65	206.57	194.74	181.94	170.69
# 普通电话用户	万户	169.98	170.83	163.54	176.58	171.64	160.24
公用电话用户	万户	30.33	30.23	21.76	18.16	10.3	10.45
互联网宽带用户	万户	115.6	134.25	142.98	152.83	180.27	226.92

注:2019 年制度修订,公用电话用户指标取消。

11－3 续表

指标	单位	2017年	2018年	2019年	2020年	2021年	2022年
一、电信业务总量及收入							
电信业务总量	万元	2468859	6438951	10029578	12717582	1525300	1436756
电信业务收入	万元	1141809	1184780	1126082	1167662	1328900	1451361
二、电信设备和服务能力							
光缆线路长度	公里	281728	315335	305862	303365	343393	387555
# 长途光缆线路长度	公里	4575	4549	4671	4605	4702	5086
移动电话基站	个	45400	50600	63304	75236	75200	79696
互联网宽带接入端口	万个	635.44	751.21	657.5	648.85	675.06	779.97
三、电信主要业务							
固定电话通话时长	亿分钟	22.91	17.77	17.96	22.27		15.81
移动电话通话时长	亿分钟	454.1	426.1	411.18	364.71	350.27	358.52
移动短信业务量	亿条	27.78	35.13	32.55	104.91	109.19	133.42
移动电话年末用户	万户	1202.96	1250.86	1308.27	1320.95	1368.98	1420.59
# 3G 移动电话用户	万户	92.59	99.67	55.57	30.64	6.33	
4G 移动电话用户	万户	943.97	1027.49	1059.06	1053.39	955.43	787.40
固定本地电话年末用户	万户	152.97	156.38	155.86	150.07	144.54	138.79
# 普通电话用户	万户	144.96	145.95	155.86	84.59	82.96	
公用电话用户	万户	8.01	1				
互联网宽带用户	万户	279.25	328.17	379.51	434.51	488.83	531.43

注:1. 2021 年电信业务总量使用 2020 年不变价格。
2. 2020 年电信业务总量使用 2015 年不变价格。
3. 2022 年电信业务总量使用上年不变价。
4. 2022 年制度修订,3G 移动电话用户、普通电话用户指标取消。

11－4 邮政业务基本情况

指　标	单位	2013 年	2014 年	2015 年	2016 年	2017 年	2018 年	2019 年	2020 年	2021 年	2022 年
一、邮政行业业务总量及收入											
邮政行业业务总量	万元	211548	305265	422810	579942	828553	1128893	1552100	2118700	1308400	1470600
邮政行业业务收入	万元	184008	221701	269113	368747	481560	580336	747700	948100	1132400	1254300
二、邮政行业通信网络											
营业网点	处	863	1556	1540	1899	2068	2074	2943	3410	4347	4124
# 快递营业网点	处	634	1370	1310	1669	1837	1842	1748	1952	1777	1499
信筒信箱	个	309	309	306	306	301	244	275	275	273	273
邮路总长度	公里	1907	1931	2047	2339	2554	2121	3798	3326	1859	8011
农村投递路线长度	公里	14706	14557	14706	14872	19773	17526	14656	14656	14297	14297
城市投递路线长度	公里	11870	11864	11870	14513	16633	24998	19074	19046	20183	20162
三、邮政普遍服务											
函件	万件	2120	1793	1569	1221	1209	1351	1317	1220	1480	908
订销报纸累计数	万份	15224	12207	12028	11701	12667	12928	11391	11032	15623	14178
订销杂志累计数	万份	1809	847	821	746	657	654	615	627	787	708
四、快递服务											
快递业务量	万件	8682	13470	18676	26028	33134	44408	64123	93034	118868	138933
# 国内同城快递	万件	1742	2163	4127	5770	8372	11872	13497	15164	15952	15820
国内异地快递	万件	6775	10913	14062	19648	23640	31034	49488	77448	101820	122228
国际及港澳台快递	万件	165	394	487	610	1122	1502	1147	422	1096	886
快递业务收入	万元	129107	165977	198518	282125	364503	442471	584240	755787	900898	994042
# 同城	万元	12231	14446	34700	37429	62772	84645	74398	86051	98187	86702
异地	万元	95004	111194	110111	158756	189115	242598	328011	444068	523016	588878
国际及港澳台	万元	11660	16405	19995	25533	37184	41719	46008	28789	35708	49374

注:2022 年、2021 年邮政行业业务总量使用 2020 年不变价格,2020 年邮政行业业务总量使用 2015 年不变价格。

11-5 民用车辆拥有量(2022年)

单位:辆

指标	总计	营运	非营运	总计中:#进口	#个人	#新注册
合计	**3627929**	**160134**	**3434486**	**243486**	**3283308**	**366545**
一、汽车	3225160	144692	3047159	238046	2899042	293982
1. 载客汽车	3028712	38641	2956762	237318	2790140	273465
大型	17310	15158	1983	96	43	996
中型	3616	405	2014	204	261	51
小型	3000182	23063	2945176	235337	2782840	272418
微型	7604	15	7589	1681	6996	
在载客汽车中:轿车						
2. 载货汽车	176874	104474	72400	623	101897	19795
重型	44052	41733	2319	269	18626	1825
中型	3820	2715	1105	0	1856	253
轻型	127698	59384	68314	354	80143	17709
微型	33	1	32		17	8
在载货汽车中:普通载货						
3. 其他汽车						
# 三轮汽车	30	6	24		30	
低速货车	1241	635	606		1225	
三、摩托车	386856	3	386853	5430	380776	71956
1. 普通	338984	3	338981	5430	333089	54973
2. 轻便	47872	0	47872		47687	16983
四、拖拉机						
五、挂车	15913	15439	474	10	3490	607
六、其他类型车						

12 国内外贸易、对外经济和旅游

长沙统计年鉴

12－1　历年社会消费品零售总额

单位:万元

年　份	全　市	市　区	县　区
1978	77191	45539	31652
1979	95027	56574	38453
1980	112891	66721	46170
1981	123518	73330	50188
1982	133437	77260	56177
1983	150016	88953	61063
1984	184280	113789	70491
1985	243928	159701	84227
1986	284219	187672	96547
1987	335287	222449	112838
1988	441905	299143	142762
1989	482953	331689	151264
1990	513871	363110	150761
1991	564467	404684	159783
1992	649946	469391	180555
1993	835459	592123	243336
1994	1159079	858308	300771
1995	1655077	1256370	398707
1996	1924013	1478084	445929
1997	2229804	1730180	499624
1998	2507440	1969477	537963
1999	2854019	2267977	586042
2000	3321613	2669100	652513
2001	3823830	3105442	718388
2002	4379470	3602472	776998
2003	5057128	3940616	1116512
2004	5943647	4633177	1310470
2005	6912442	5199309	1713133
2006	8079595	6060923	2018672
2007	9715761	7287745	2428016
2008	11813109	8801598	3011511
2009	13573325	10034272	3539053
2010	16220858	11799069	4421789
2011	19505532	14638919	4866613
2012	22231254	16573985	5657269
2013	25284617	18712375	6572242
2014	28314880	20683590	7631290
2015	31502425	22605983	8896441
2016	34819847	24583066	10236781
2017	38222477	26627789	11594688
2018	41692424	28814181	12878244
2019	45894043	31686226	14207817
2020	44697628	31024597	13673031
2021	51115732	35367337	15748395
2022	52355636	36190364	16165272

注:根据第四次全国经济普查结果对 1993－2019 年社会消费品零售总额进行了调整。由于 2003 年以前未进行区域统计,故未对 2003 年以前市区、县区分组数据进行调整。1993－2002 年全市数据与市区、县区分组数据之和存在差异。

12－2 分行业社会消费品零售总额

单位:万元

年份	全市	批发零售业	住宿餐饮业	其他
1993	835459	622920	46608	165931
1994	1159079	868057	79121	211901
1995	1655077	1278041	100585	276451
1996	1924013	1464289	121422	338302
1997	2229804	1721170	159386	349248
1998	2507440	1887088	237897	382455
1999	2854019	2103875	323298	426846
2000	3321613	2444695	382903	494015
2001	3823830	3308505	478511	36813
2002	4379470	3771819	568728	38923
2003	5057128	4324156	688413	44559
2004	5943647	5065323	826946	51378
2005	6912442	5827325	1020732	64385
2006	8079595	6813635	1193443	72517
2007	9715761	8187983	1446195	81583
2008	11813109	9956699	1763593	92817
2009	13573325	11504156	1965279	103890
2010	16220858	14411005	1809853	
2011	19505532	17359190	2146342	
2012	22231254	19813380	2417874	
2013	25284617	22763498	2521119	
2014	28314880	25626829	2688051	
2015	31502425	28563406	2939019	
2016	34819847	31605585	3214262	
2017	38222477	34717779	3504698	
2018	41692424	37568788	4123636	
2019	45894043	41491804	4402239	
2020	44697628	40594288	4103340	
2021	51115732	46320236	4795496	
2022	52355636	47534718	4820918	

注:根据第四次全国经济普查结果对1993－2019年社会消费品零售总额进行了调整。因方法制度改革,从2010年开始取消行业分组中的“其他”。

12－3 限额以上批发和零售业法人企业经营情况(2022 年)

单位:万元

指标	购进总额	销售总额	#通过公共网络实现的销售额	批发	零售	#通过公共网络实现的零售额	年末库存总额
总计	**69454334**	**67168714**	**8450728**	**48799369**	**18090912**	**3620225**	**4383253**
一、批发业	53816560	48240573	5003905	46913691	1050310	228878	2870357
1. 按登记注册类型分组							
内资企业	52539411	46531394	4950722	45251932	1002890	187072	2767958
国有企业	1937078	2352415	1478174	2348368	4047	56	87539
有限责任公司	20641473	21375109	1920180	21029821	310775	23719	1093216
股份有限公司	9699341	1198442	6252	1190349	8094	6252	409695
私营企业	20261519	21605428	1546116	20683393	679975	157044	1177508
港、澳、台商投资企业	574179	789790	53183	743320	46470	41806	62890
外商投资企业	702970	919389		918440	949		39510
2. 按国民经济行业分组							
农、林、牧、渔产品批发	758056	801319	7421	793898	7421	7421	21400
食品、饮料及烟草制品批发	4340799	5195147	1606709	4997783	143874	54180	225154
纺织、服装及家庭用品批发	2015449	2252266	89822	2045618	159574	26554	184855
文化、体育用品及器材批发	1377022	1502597	15625	1440224	37486	8769	125482
医药及医疗器材批发	9320238	9827767	527131	9608534	175372	95532	932198
矿产品、建材及化工产品批发	32410839	24665410	2208938	24267268	363256	158	1144912
机械设备、五金产品及电子产品批发	2825328	3036210	140684	2839956	123881	8636	171538
贸易经纪与代理	71739	76338		75015	1322		523
其他批发业	697092	883521	407576	845395	38125	27628	64295
二、零售业	15637773	18928140	3446822	1885678	17040602	3391347	1512896
1. 按登记注册类型分组							
内资企业	13580660	14883144	2516860	1638173	13243111	2481604	1300958
国有企业	48614	83575	83575		83575	83575	1388
集体企业	10033	10561		2553	8007		401
有限责任公司	4738793	4995364	459048	538139	4455634	456641	564334
股份有限公司	528511	1023316	3431	118372	904944	3431	43151
私营企业	8254710	8770328	1970806	979109	7790951	1937957	691684
港、澳、台商投资企业	1316139	1498328	560519	101461	1396867	540300	136349
外商投资企业	740974	2546669	369443	146045	2400624	369443	75589
2. 按国民经济行业分组							
综合零售	1904455	2246388	268058	136869	2108269	251504	151070
食品、饮料及烟草制品专门零售	785788	888017	30875	280307	607245	30343	45684
纺织、服装及日用品专门零售	449270	533698	152339	24155	509543	152324	69479
文化、体育用品及器材专门零售	904318	887967	225534	11334	876633	225534	162196
医药及医疗器材专门零售	814263	1059884	132732	122074	937810	131083	114755
汽车、摩托车、零配件和燃料及其他动力销售	7922996	10097028	73637	1177232	8919796	73637	858428
家用电器及电子产品专门零售	393694	408541	32632	20768	387773	31731	25493
五金、家具及室内装饰材料专门零售	139939	158567	267	5900	152639	267	14589
货摊、无店铺及其他零售业	2323050	2648051	2530748	107039	2540896	2494924	71201

12－4 限额以上住宿和餐饮业法人企业经营情况(2022年)

单位:万元

指标	营业额	客房收入	餐费收入	商品销售额	其他营业收入
总计	**1398357**	**196503**	**1104916**	**42340**	**54597**
一、住宿业	329687	178705	107104	6950	36928
1. 按登记注册类型分组					
内资企业	316424	170219	103020	6740	36445
国有企业	21115	7470	8801	244	4601
集体企业	7797	2159	4464	951	224
有限责任公司	113753	53429	38004	3364	18956
私营企业	173759	107162	51751	2181	12665
港、澳、台商投资企业	13264	8486	4085	210	483
2. 按国民经济行业分组					
旅游饭店	203973	92864	79111	3798	28201
一般旅馆	114195	80627	24014	1178	8375
民宿服务	4365	1798	2406	68	94
露营地服务	1944	58		1886	
其他住宿业	5210	3359	1574	20	258
二、餐饮业	1068669	17798	997812	35390	17669
1. 按登记注册类型分组					
内资企业	748012	17798	688859	33004	8351
国有企业	2140		2140		
有限责任公司	220357	5450	200998	10267	3643
股份有限公司	1587	119	1215	150	102
私营企业	523928	12228	484505	22588	4606
港、澳、台商投资企业	72940		69043	1234	2663
外商投资企业	247717		239910	1152	6656
2. 按国民经济行业分组					
正餐服务	638902	17011	588547	24917	8427
快餐服务	337139		327735	1566	7837
饮料及冷饮服务	69497		62695	5439	1363
餐饮配送及外卖送餐服务	16519		13140	3360	19
其他餐饮业	6613	787	5694	109	23

12－5 批发和零售业连锁经营情况

指　　标	单　位	合　计	直营店	加盟店
门店总数	个	9517	5153	4364
从业人数	人	58687	46008	12679
商品购进总额	万元	6632804	6287117	345687
# 统一配送商品购进额	万元	5552124	5240872	311252
商品销售额	万元	8112053	7556795	555258
零售营业面积	万平方米	3750114	3426984	323130

12－6 住宿和餐饮业连锁经营情况

指　　标	单　位	合　计	直营店	加盟店
门店总数	个	2181	1561	620
从业人数	人	36422	25525	10897
商品购进总额	万元	258833	247405	11428
# 统一配送商品购进额	万元	238670	235139	3531
营业额	万元	798781	615224	183556
餐费收入和商品销售额	万元	791018	607461	183557
餐位数	个	221270	96722	124548
餐饮营业面积	万平方米	681001	336242	344759

12－7 限额以上批发企业主要财务状况(2022年)

指标	法人企业数（个）	#执行《2006年企业会计准则》企业数	流动资产合计	#存货	固定资产原价
总计	**1307**	**632**	**17975141**	**2709258**	**1203566**
1. 按登记注册类型分组					
内资企业	1288	619	17492786	2595999	1162740
国有企业	7	7	641207	91258	160231
有限责任公司	182	140	8318538	1045100	301518
股份有限公司	14	13	904588	199482	155755
私营企业	1085	459	7628453	1260159	545236
港、澳、台商投资企业	9	6	255740	77302	33727
外商投资企业	10	7	226614	35957	7099
2. 按国民经济行业分组					
农、林、牧、渔产品批发	29	14	388422	124316	80161
食品、饮料及烟草制品批发	148	78	1425503	230760	285800
纺织、服装及家庭用品批发	109	44	965885	163864	86413
文化、体育用品及器材批发	119	57	513279	115597	69219
医药及医疗器材批发	196	111	5399537	921803	289745
矿产品、建材及化工产品批发	479	232	7911205	891502	289198
机械设备、五金产品及电子产品批发	203	88	1015280	195072	91865
贸易经纪与代理	3	1	8923	465	748
其他批发业	21	7	347108	65880	10417

单位:万元

累计折旧	#本年折旧	资产总计	流动负债合计	负债合计	所有者权益合计	#实收资本
493481	**68713**	**23258099**	**15389170**	**16586468**	**7222301**	**3208983**
477721	66264	22665713	14891655	15968649	7247734	3122949
113593	4897	844602	385327	386247	458356	37563
106755	14199	10731523	7447612	7855808	2872907	1606855
78356	6741	2265068	630803	952015	1892983	376725
179018	40427	8824519	6427913	6774579	2023489	1101806
12424	2023	304542	249687	251155	53387	18705
3335	426	287844	247829	366664	-78820	67329
42692	3230	931661	270153	541031	390630	145739
160041	15095	2349832	1037474	1234080	1110217	365850
25036	4405	1100479	828725	870444	228307	72756
23229	3589	596489	326961	360174	232153	90776
97901	18827	6133300	4420937	4658957	1469568	770464
104301	16804	10403604	7236670	7550341	3425360	1583659
36457	5847	1364175	973376	1074070	284879	164481
101	41	9612	8394	8394	1218	1200
3723	874	368948	286481	288977	79971	14057

12－7 续表

指　　标	营业收入	#主营业务收入	营业成本	税金及附加	销售费用
总　　计	**43556074**	**43114106**	**40472690**	**250851**	**1555076**
1. 按登记注册类型分组					
内资企业	42026056	41586450	39269145	245527	1209873
国有企业	2116656	2104105	1672244	178469	23632
有限责任公司	19135109	19035545	18406939	26057	344330
股份有限公司	1281237	1273344	1202641	2922	63485
私营企业	19493053	19173457	17987320	38078	778425
港、澳、台商投资企业	711421	709639	540715	2452	171728
外商投资企业	818597	818017	662831	2872	173475
2. 按国民经济行业分组					
农、林、牧、渔产品批发	960367	947145	912945	854	14223
食品、饮料及烟草制品批发	4721504	4638874	3927019	184543	340892
纺织、服装及家庭用品批发	2044876	1990856	1763458	5631	186686
文化、体育用品及器材批发	1388486	1361192	1251392	6490	49520
医药及医疗器材批发	8857765	8753489	7967544	20801	417023
矿产品、建材及化工产品批发	21962053	21887435	21410239	26092	249320
机械设备、五金产品及电子产品批发	2760973	2678747	2539186	4212	196825
贸易经纪与代理	68230	68230	67048	86	461
其他批发业	791822	788140	633861	2143	100126

单位:万元

管理费用	财务费用	#利息费用	营业利润	利润总额	应付职工薪酬	应交增值税
679070	**152956**	**173821**	**530505**	**561048**	**752174**	**372280**
651051	151555	173067	596842	626159	698648	336502
74061	-2453	5103	164866	163570	49277	54763
156516	88663	109870	163797	171577	207077	98383
41361	10029	17038	19113	23234	73436	10411
379113	55315	41056	249066	267778	368858	172945
17935	-572	714	-33812	-34166	38229	17867
10084	1973	41	-32525	-30945	15297	17912
17445	11973	10320	1039	5848	25919	819
177491	1027	6869	115691	123431	179701	92844
33407	4680	2603	61011	65844	44074	30044
35421	1633	2966	40591	41748	41726	16152
193858	63743	63135	191795	195566	229284	121500
145568	62543	81476	138581	146492	137017	77536
64539	6773	5961	-51422	-50802	75904	18570
366	344	306	237	234	596	198
10974	241	184	32984	32687	17954	14619

12－8　限额以上零售企业主要财务状况(2022年)

指　　标	法人企业数(个)	#执行《2006年企业会计准则》企业数	流动资产合计	#存货	固定资产原价
总　　计	**922**	**521**	**6592186**	**1510645**	**2065440**
1. 按登记注册类型分组					
内资企业	886	489	5179096	1255635	1527606
国有企业	1	1	60448	1388	14716
集体企业	2	1	13055	272	11349
有限责任公司	158	117	2087518	528063	439565
股份有限公司	5	5	614160	60440	525939
私营企业	720	365	2403915	665472	536037
港、澳、台商投资企业	19	17	833525	128628	179668
外商投资企业	17	15	579565	126382	358166
2. 按国民经济行业分组					
综合零售	87	60	1114487	174262	866518
食品、饮料及烟草制品专门零售	69	34	202574	44985	29662
纺织、服装及日用品专门零售	34	16	143999	65679	19017
文化、体育用品及器材专门零售	42	26	857885	144895	126599
医药及医疗器材专门零售	32	18	948897	114169	94207
汽车、摩托车、零配件和燃料及其他动力销售	412	249	2380605	835614	854804
家用电器及电子产品专门零售	81	43	161099	33533	20735
五金、家具及室内装饰材料专门零售	55	18	71020	15807	7808
货摊、无店铺及其他零售业	110	57	711621	81701	46090

单位:万元

累计折旧	#本年折旧	资产总计	流动负债合计	负债合计	所有者权益合计	#实收资本
915619	**110213**	**11425415**	**5855031**	**7122370**	**4171848**	**1913187**
687228	80538	8398016	4634863	5390952	2870432	1347138
12354	464	94601	30568	31726	62876	40100
986	233	24239	10781	10877	13362	1224
177863	26050	2866253	1855688	2127887	740246	517123
267433	19346	2091513	545104	739518	1221618	196876
228592	34445	3321411	2192722	2480944	832331	591815
53108	10975	1789665	793005	1120872	668794	143590
175283	18701	1237733	427163	610546	632623	422458
409308	33064	3054080	1158370	1698300	1359201	632632
11101	1923	252030	171140	192381	59178	30559
10443	2280	168441	130134	141324	27117	16909
71143	6265	1043627	657814	675647	367981	170918
26388	5652	1954674	858803	1192589	762085	136081
351533	55799	3805738	2275341	2538408	1142513	494923
9712	1424	200355	151312	160785	39133	43819
4008	992	116578	66682	109190	6700	17585
21984	2816	829892	385436	413747	407941	369760

12－8 续表

指　　标	营业收入	#主营业务收入	营业成本	税金及附加	销售费用
总　　计	**16969436**	**16482283**	**14761319**	**78338**	**1344886**
1. 按登记注册类型分组					
内资企业	13399536	13005481	11664503	66932	1011679
国有企业	75088	71680	50929	330	17491
集体企业	9408	8298	7721	102	965
有限责任公司	4577812	4494234	3904785	15068	369864
股份有限公司	728682	688156	589933	6924	53030
私营企业	8008547	7743114	7111134	44508	570330
港、澳、台商投资企业	1424520	1394164	1129014	6140	198128
外商投资企业	2145379	2082638	1967802	5266	135080
2. 按国民经济行业分组					
综合零售	1780321	1642918	1357679	38461	265423
食品、饮料及烟草制品专门零售	811490	807964	702165	2325	48598
纺织、服装及日用品专门零售	502713	486630	351644	1607	111198
文化、体育用品及器材专门零售	875452	866768	593856	3489	103345
医药及医疗器材专门零售	1021941	1002791	754214	2949	173578
汽车、摩托车、零配件和燃料及其他动力销售	9132112	8883308	8540996	23066	336983
家用电器及电子产品专门零售	370317	353805	328364	750	27322
五金、家具及室内装饰材料专门零售	145687	143558	119895	665	11706
货摊、无店铺及其他零售业	2329404	2294541	2012506	5026	266735

单位:万元

管理费用	财务费用	#利息费用	营业利润	利润总额	应付职工薪酬	应交增值税
571975	**81075**	**61447**	**263254**	**289405**	**786253**	**198720**
444329	64922	57541	244026	275194	605861	157806
5002	-791	45	4213	4366	12595	2537
721	-63	2	-30	259	832	355
171362	11766	10339	121720	121337	267374	57753
54555	13947	25331	60953	58662	37580	12789
212689	40062	21824	57171	90571	287481	84372
78865	8603	1364	20648	21916	120958	20059
48781	7550	2541	-1421	-7706	59433	20856
137110	34226	32939	30211	56934	151485	26652
15037	1777	1299	40403	41178	27254	11243
32852	1071	1023	4578	5251	37621	9336
79738	-2887	1659	101497	94209	109932	3138
67556	8814	1184	23296	23032	125963	23995
155915	31093	20108	77466	82019	225356	88202
16403	2269	521	-7175	-7033	15870	5351
13745	457	357	-1197	-1143	10475	1954
53618	4254	2357	-5825	-5043	82297	28850

12－9 限额以上住宿企业主要财务状况(2022 年)

指　　标	法人企业数（个）	#执行《2006年企业会计准则》企业数	流动资产合计	#存货	固定资产原价
总　　计	**201**	**95**	**498195**	**7274**	**772894**
1. 按登记注册类型分组					
内资企业	200	94	493601	7144	770635
国有企业	5	4	26018	928	64761
集体企业	1	1	13010	176	9460
有限责任公司	43	28	194871	1757	405351
私营企业	151	61	259703	4283	291062
港、澳、台商投资企业	1	1	4594	130	2260
2. 按国民经济行业分组					
旅游饭店	66	46	405368	4735	618072
一般旅馆	118	45	79232	2303	140828
民宿服务	9	2	3390	73	5405
露营地服务	1	1	7908	5	4352
其他住宿业	7	1	2296	158	4238

单位:万元

累计折旧	#本年折旧	资产总计	流动负债合计	负债合计	所有者权益合计	#实收资本
476604	**27020**	**1066178**	**582824**	**874304**	**184310**	**299152**
474965	26583	1060963	580338	871818	181581	296696
41004	1613	75252	44471	72621	2632	22882
8957	282	14468	4539	4539	9929	3500
263052	12776	472628	230645	318137	148233	166900
161953	11912	498615	300683	476521	20787	103414
1638	437	5215	2486	2486	2729	2457
394376	18192	805923	391059	628201	177725	227254
76923	7845	225182	180252	222840	1033	66796
1323	539	10404	7706	8188	2216	3495
2309	231	10533		4275		
1673	213	14136	3808	10801	3335	1607

12－9 续表

指　　标	营业收入	#主营业务收入	营业成本	税金及附加	销售费用
总　　计	**310909**	**298575**	**152213**	**6226**	**62687**
1. 按登记注册类型分组					
内资企业	298409	286075	143246	6202	62053
国有企业	19909	18971	10156	143	2859
集体企业	7352	7352	3859	123	925
有限责任公司	104353	101828	48394	3955	23839
私营企业	166795	157925	80837	1981	34430
港、澳、台商投资企业	12500	12500	8967	24	633
2. 按国民经济行业分组					
旅游饭店	190923	186927	89855	4881	38797
一般旅馆	109477	102836	54587	1293	23598
民宿服务	4115	4050	3824	45	147
露营地服务	1408		755	3	80
其他住宿业	4986	4762	3193	4	65

单位:万元

管理费用	财务费用	#利息费用	营业利润	利润总额	应付职工薪酬	应交增值税
126610	**11752**	**10074**	**-44715**	**-41082**	**100092**	**6460**
123755	11728	10074	-44711	-41184	95510	6420
12908	724	1093	-6835	-6417	9651	154
3383	17		-955	-609	1802	138
42788	2649	2681	-13900	-13091	37975	2926
64676	8338	6300	-23022	-21068	46083	3202
2855	24		-4	102	4582	41
80721	7862	7179	-27687	-24716	69196	4723
43344	3543	2635	-16410	-15803	28718	1589
383	83	80	-363	-341	819	60
301	38	30	107	112		14
1861	227	150	-363	-333	1360	75

12－10　限额以上餐饮企业主要财务状况(2022年)

指　　标	法人企业数（个）	#执行《2006年企业会计准则》企业数	流动资产合计	#存货	固定资产原价
总　　计	**505**	**212**	**457745**	**22401**	**348184**
1.按登记注册类型分组					
内资企业	497	207	441216	19584	258854
国有企业	1	1	1089	37	9
有限责任公司	146	91	210269	3212	76525
股份有限公司	3	1	3043	58	3357
私营企业	347	114	226815	16277	178963
港、澳、台商投资企业	3	2	3554	895	29405
外商投资企业	5	3	12975	1922	59925
2.按国民经济行业分组					
正餐服务	391	124	407927	18824	244366
快餐服务	12	4	20733	3058	99268
饮料及冷饮服务	92	80	20904	336	1767
餐饮配送及外卖送餐服务	6	3	6988	17	1455
其他餐饮业	4	1	1193	166	1328

单位:万元

累计折旧	#本年折旧	资产总计	流动负债合计	负债合计	所有者权益合计	#实收资本
194857	**21117**	**876457**	**501907**	**710130**	**164838**	**123375**
154990	18090	700382	417286	570600	128294	109295
8	1	1090	1167	1167	-77	
51128	6199	274267	171686	256770	17203	30385
1492	327	15892	7287	7408	8483	2379
102363	11564	409133	237147	305255	102684	76531
12905	481	69843	37716	64742	5100	10360
26963	2545	106232	46905	74788	31444	3720
145746	15648	649460	401920	541050	107363	101239
46602	4873	183952	79119	135712	48240	20357
1052	242	32786	14515	25707	6638	325
814	220	8378	5303	6612	1766	1064
644	133	1881	1050	1050	831	390

12－10 续表

指　　标	营业收入	#主营业务收入	营业成本	税金及附加	销售费用
总　　计	**1018787**	**1003561**	**603205**	**2198**	**273345**
1. 按登记注册类型分组					
内资企业	716529	705142	444774	1727	180156
国有企业	2018	2018	2081		410
有限责任公司	207668	203148	117295	516	79834
股份有限公司	2226	1957	1467	10	1234
私营企业	504617	498020	323931	1201	98678
港、澳、台商投资企业	68805	68805	22500	63	42905
外商投资企业	233453	229613	135931	407	50284
2. 按国民经济行业分组					
正餐服务	613185	602724	373134	1631	157479
快餐服务	318293	314454	177083	471	94391
饮料及冷饮服务	64857	63931	36177	56	20016
餐饮配送及外卖送餐服务	16031	16031	12359	29	757
其他餐饮业	6422	6422	4453	11	702

单位:万元

管理费用	财务费用	#利息费用	营业利润	利润总额	应付职工薪酬	应交增值税
114991	**13643**	**6115**	**19135**	**22826**	**239238**	**9582**
89195	10083	6008	-4398	688	161981	6290
410		-2	-883	-52	928	1
18925	4030	1957	-6103	-5060	45311	1869
768	75	3	-1385	-1314	569	-40
69091	5978	4051	3973	7114	115173	4460
4065	1670		-1419	-1455	27445	3284
21731	1890	107	24952	23593	49812	9
83669	9518	6069	-7116	-1108	141114	5413
25212	3634	31	20159	18034	82202	3401
3258	449		5277	5060	10941	622
2048	28	15	227	231	3957	21
802	15		589	609	1024	125

12－11 亿元以上商品交易市场基本情况(2022年)

指　　标	市场数量(个)	总摊位数(个)	年末出租摊位数(个)	营业面积(m^2)	成交额(万元)
总　　计	**41**	**57612**	**51001**	**5669658**	**44749328**
一、按市场类别分组					
1. 综合市场	11	29596	26760	3007232	22874634
工业消费品综合市场	4	10695	10331	1492307	7921775
农产品综合市场	3	5529	5529	552934	13401351
其他综合市场	4	13372	10900	961991	1551508
2. 专业市场	30	28016	24241	2662426	21874694
生产资料市场	8	8084	7129	399720	12730603
木材市场	1	160	160	18600	10170
建材市场	4	1666	1661	173570	119708
金属材料市场	1	2150	2150	180000	12500000
机械设备市场	1	4160	2510	4200	82725
其他生产资料市场	1	668	648	23350	18000
农产品市场	2	6311	6307	952742	4874932
蔬菜市场	1	291	287	12350	17039
干鲜果品市场	1	6020	6020	940392	4857893
纺织、服装、鞋帽市场	3	3611	2681	77000	105001
服装市场	3	3611	2681	77000	105001
日用品及文化用品市场	2	728	538	31465	485037
图书、报刊市场	1	420	402	12585	162804
其他日用品及文化用品市场	1	308	136	18880	322233
黄金、珠宝、玉器等首饰市场	1	50	23	18500	118517
电器、通讯器材、电子设备市场	5	1308	1227	64026	794566
照相、摄像器材市场	2	370	347	23599	49125
计算机及辅助设备市场	3	938	880	40427	745441
家具、五金及装饰材料市场	5	4936	4505	738304	1103044
家具市场	1	238	208	34000	15000
装饰材料市场	2	3318	3073	413685	789355
五金材料市场	2	1380	1224	290619	298689
汽车、摩托车及零配件市场	4	2268	1831	380669	1662994
汽车市场	1	472	196	320000	1579728
摩托车市场	1	125	125	2800	25127
机动车零配件市场	2	1671	1510	57869	58139

12－12 亿元以上商品交易市场摊位分类情况(2022年)

指　　标	年末出租摊位数(个)	成交额(万元)
总　　计	**51001**	**44749328**
1. 粮油、食品类	13417	19685704
2. 饮料类	507	283895
3. 烟酒类	1442	1533289
4. 服装、鞋帽、针纺织品类	3342	577942
5. 化妆品类	109	54548
6. 金银珠宝类	29	119507
7. 日用品类	1838	906420
8. 五金、电料类	3853	1858462
9. 体育、娱乐用品类	269	119990
10. 书报杂志类	321	112360
11. 电子出版物及音像制品类	251	51226
12. 家用电器和音像器材类	1104	292764
13. 中西药品类	321	832881
14. 文化办公用品类	1451	1317815
15. 家具类	588	89434
16. 通讯器材类	272	162350
17. 木材及制品类	1086	267259
18. 石油及制品类	135	6674
19. 化工材料及制品类	565	294685
20. 金属材料类	2196	12503268
21. 建筑及装潢材料类	6526	1253501
22. 机电产品及设备类	2664	216988
23. 汽车类	5930	1813128
24. 种子饲料类	6	401
25. 棉麻类	8	266
26. 其他类	2771	394571

12－13　利用外商直接投资

单位:万美元

项　　目	实际利用外资	
	2022 年	2021 年
合　　计	**309934**	**200734**
一、按行业分		
1. 农、林、牧、渔业	18	1359
2. 制造业	14966	16394
3. 电力、燃气及水的生产和供应业	86	778
4. 建筑业	6771	876
5. 交通运输、仓储和邮政业	7357	71171
6. 信息传输、计算机服务和软件业	149719	9850
7. 批发和零售业	963	6441
8. 金融业	3510	1256
9. 房地产业	21084	40007
10. 租赁和商务服务业	12512	13118
11. 科学研究、技术服务和地质勘查业	92235	39474
12. 水利、环境和公共设施管理业	713	
13. 文化、体育和娱乐业		10
二、按企业类型分		
中外合资企业	104171	19093
外资企业	205261	181641
合伙企业	502	
三、按主要国别(地区)分		
中国香港	214457	186339
中国台湾	70	60
美国	306	129
新加坡	6606	
日本		1216
韩国	31	1
澳大利亚	26	60
加拿大	502	5
英国		1468
德国	77314	2980

12－14　对外贸易进出口总值

单位:亿元

项　　目	2017 年	2018 年	2019 年	2020 年	2021 年	2022 年
进出口总额	**938.0**	**1283.3**	**2002.4**	**2352.5**	**2780.3**	**3313.9**
1. 出口	587.9	823.2	1397.3	1548.4	1977.5	2462.5
2. 进口	350.1	460.2	605.1	804.1	802.8	851.4

12－15 主要进出口商品总值

单位:亿元

指标	2017年		2018年		2019年	
	出口	进口	出口	进口	出口	进口
一、机电产品	322.2	223.3	414.9	289.3	698.6	339.0
# 金属制品	28.7	5.3	54.7	4.0	85.4	6.3
机械设备	76.2	70.6	89.0	76.5	127.1	60.3
电器及电子产品	164.1	77.6	187.8	107.6	323.7	166.8
运输工具	33.0	44.2	34.2	51.3	37.6	56.3
仪器仪表	8.7	22.0	21.6	42.5	55.2	40.3
二、高新技术产品	145.9	93.6	167.1	146.7	293.9	199.1
# 生物技术	0.1		0.1		0.2	
生命科学技术	8.3	3.0	10.0	3.0	17.7	2.8
光电技术	0.7	6.3	1.4	13.1	3.5	7.6
计算机与通信技术	113.1	9.6	128.5	18.3	198.2	16.4
电子技术	19.2	47.9	21.0	74.1	59.9	139.8
计算机集成制造技术	3.5	24.4	4.9	24.3	9.9	15.8
航空航天技术	0.2	1.6	0.2	2.3	0.3	2.5
三、农产品	31.0	30.9	32.0	48.1	32.1	89.9

12－15 **续表**

单位:亿元

指标	2020年		2021年		2022年	
	出口	进口	出口	进口	出口	进口
一、机电产品	773.5	453.8	898.1	330.3	1096.2	343.8
# 金属制品	84.7	3.5				
机械设备	130.2	100.9				
电器及电子产品	365.2	253.8				
运输工具	38.3	55.0				
仪器仪表	76.2	38.3				
二、高新技术产品	300.3	324.8	301.1	249.1	348.3	291.8
# 生物技术	0.2		0.2	0.1	0.2	0.1
生命科学技术	20.8	2.5	18.2	2.5	22.1	3
光电技术	3.0	8.0	7.4	11.3	16.4	8.2
计算机与通信技术	182.5	51.2	225.3	51.3	239.6	41.2
电子技术	76.5	223.9	37.1	105.0	46.8	214.7
计算机集成制造技术	12.9	26.3	9.3	76.5	18.5	22.3
航空航天技术	1.6	1.5	1.1	1.6	0.9	1.7
三、农产品	31.9	108.6	39.2	97.4	54.1	95.1

12－16　进出口商品主要产销国别(地区)总值

单位:万元

国别(地区)	2022年		2022年比2021年±%	
	出口	进口	出口	进口
合　　计	**19169291**	**6025823**	**22.8**	**-3.0**
中国香港	2235504	4675	-5.4	-66.0
印　　度	787856	61101	43.3	-41.2
印度尼西亚	779835	601030	113.0	38.2
日　　本	508589	451216	16.8	-40.5
马来西亚	1109596	506561	108.2	119.9
巴基斯坦	141229	2557	7.5	130.6
菲律宾	716669	76707	36.7	132.5
沙特阿拉伯	513924	6570	49.8	-24.5
新加坡	968800	72503	332.4	25.6
韩　　国	1033039	717595	26.1	-6.3
泰　　国	720337	433804	21.6	-33.6
阿联酋	408475	40204	2.9	89.3
越　　南	1047177	171737	1.1	7.3
中国台湾	265862	966611	1.7	16.0
比利时	204439	11647	-32.8	-61.9
英　　国	402264	24138	-12.9	-20.2
德　　国	533459	267407	20.7	-27.9
法　　国	150714	31040	-6.4	55.1
意大利	205902	40413	14.9	-10.1
荷　　兰	405187	302190	7.7	-7.5
西班牙	165430	16505	2.9	-20.3
俄罗斯联邦	711626	119429	48.7	18.9
巴　　西	330126	68015	38.8	104.7
墨西哥	397803	43320	60.0	21.1
加拿大	381966	93174	4.1	4.5
美　　国	3403274	267974	2.6	-1.0
澳大利亚	640209	627703	111.5	-17.6

12－17　旅游业基本情况

项　　目	单　位	2017 年	2018 年	2019 年	2020 年	2021 年	2022 年
一、接待旅游者总人数	万人次	14218.8	14973.5	16832.6	15194.3	11479.3	11994.4
接待国内游客	万人次	14089.6	14843.1	16699.6	15190.7	11475.5	11987.9
接待入境游客	人次	1292000	1303686	1329766	36297	37911	64741
外国人	人次	713834	703576	664640	18053	24755	42498
港澳台胞	人次	578166	600110	665126	18244	13156	22243
二、旅游业总收入(人民币)	亿元	1659.9	1808	2029	1661.3	1290.2	1316.9
国内旅游收入(人民币)	亿元	1625	1767	1983.4	1660.6	1289.5	1315.6
旅游创汇(美元)	万美元	51661	61988	65932	1097.5	993.5	1839.6
三、接待入境旅游者人天数	万人天	248.8	323.6	329.1	7.96	6.7	12.6
# 外国人	万人天	142.5	178.4	174.7	4.18	5.1	8.8
四、旅行社总数	个	329	330	420	472	520	546
出境组团社	个	59	68	68	69	69	68
非出境组团社	个	270	262	352	403	451	478
五、星级饭店总数	个	56	46	45	43	41	39
五星级	个	9	9	10	10	10	11
四星级	个	21	20	20	20	20	17
三星级	个	21	17	15	13	11	11
二星级	个	5					
星级饭店客房总数	间	11755	11003	11001	10686	10521	10511

注:2017 年开始旅游数据统计口径发生变化。2017 年按照原口径:接待旅游者总人数 13802.3 万人次,接待国内游客 13673.1 万人次;旅游业总收入(人民币)1770.1 亿元,国内旅游收入(人民币)1713.6 亿元,旅游创汇(美元)84519.2 美元;接待入境旅游者 421.7 万人天,其中外国人 255.5 万人天。

12－18　接待入境游客按国别(地区)分

单位:人次

项目	2017 年	2018 年	2019 年	2020 年	2021 年	2022 年
接待入境游客总数	1292000	1303686	1329766	36297	37911	64741
港澳台胞	578166	600110	665126	18244	13156	22243
港澳同胞	328494	372667	445711	11968	7398	14938
台　　胞	249672	227443	219415	6276	5758	7305
外国人	713834	703576	664640	18053	24755	42498
# 美　　国	28939	42476	30298	1150	2949	3707
日　　本	45499	61362	45100	1958	3886	4730
韩　　国	71455	120508	180633	3430	5032	4371
加 拿 大	16458	16944	12966	568	1017	1253
西 班 牙	2941	5069	5996	217	129	80
马来西亚	39488	38177	36899	918	335	1447
新 加 坡	21393	20152	26084	618	578	6855
德　　国	12529	17166	20309	566	866	3384
法　　国	12475	15969	17265	463	235	301
瑞　　典	2783	3712	4352	113	48	42
英　　国	14570	22253	20323	545	346	679
澳大利亚	12523	14875	11510	427	420	669
俄 罗 斯	14039	17184	14991	524	121	74

13 服务业

长沙统计年鉴

13－1 规模以上服务业企业财务状况(2022年)

指　　标	单位数（个）	资产总计	负债合计	所有者权益合计	#实收资本
总　　计	**1888**	**181079887**	**107436298**	**73643589**	**21839457**
交通运输、仓储和邮政业	196	84170565	55744518	28426047	7297878
铁路运输业	6	4668017	2978945	1689072	2498014
道路运输业	117	73981018	48843669	25137349	3416740
水上运输业	8	221452	91414	130038	64945
航空运输业	4	3391511	2598283	793228	999112
管道运输业	2	209653	133846	75808	89840
多式联运和运输代理业	26	370568	277354	93214	47369
装卸搬运和仓储业	19	946201	473459	472742	173893
邮政业	14	382145	347548	34597	7966
信息传输、软件和信息技术服务业	310	9553330	5195327	4358003	2717968
电信、广播电视和卫星传输服务	20	4205936	1821441	2384495	1017063
互联网和相关服务	89	2159305	1705430	453875	974355
软件和信息技术服务业	201	3188089	1668456	1519633	726550
房地产业	181	4236227	2930661	1305566	567938
物业管理	129	1087019	846112	240907	152920
房地产中介服务	16	110827	96805	14023	2569
房地产租赁经营	36	3038381	1987744	1050636	412449
租赁和商务服务业	399	18826734	10665396	8161338	3062184
租赁业	30	135853	115925	19928	34945
商务服务业	369	18690882	10549471	8141411	3027239
科学研究和技术服务业	328	11525498	6269613	5255885	2216099
研究和试验发展	26	1310980	588324	722657	619794
专业技术服务业	277	8652211	4736054	3916158	1405344
科技推广和应用服务业	25	1562306	945236	617071	190961
水利、环境和公共设施管理业	57	37470503	19879486	17591017	3332638
生态保护和环境治理业	32	1083467	675557	407910	193866
公共设施管理业	12	725835	210998	514838	121888
土地管理业	13	35661201	18992932	16668269	3016884
居民服务、修理和其他服务业	70	359584	318059	41525	33055
居民服务业	36	313619	293971	19648	21685
机动车、电子产品和日用产品修理业	13	13190	7797	5394	4047
其他服务业	21	32775	16292	16484	7324
教育	37	270381	247914	22467	58751
教育	37	270381	247914	22467	58751
卫生和社会工作	76	3633139	1709308	1923832	945436
卫生	74	3614219	1694744	1919476	940426
社会工作	2	18920	14564	4356	5010
文化、体育和娱乐业	234	11033926	4476017	6557909	1607510
新闻和出版业	25	1940161	394066	1546096	410183
广播、电视、电影和录音制作业	101	7523660	2570399	4953261	944141
文化艺术业	17	45299	28754	16546	11660
体育	16	60000	56004	3996	17991
娱乐业	75	1464806	1426795	38011	223535

单位:万元

流动资产合计	#应收账款	#存货	固定资产原价	累计折旧	#本年折旧	无形资产	#土地使用权	营业收入
75057453	**6052312**	**22526265**	**72371974**	**7213603**	**858041**	**6168365**	**2516281**	**29500799**
13578709	749274	206143	59892993	2425015	191683	3921540	1525513	7078296
52778	15231	1755	4222820	732690	104849	1109096	1109083	281870
12190396	504252	110986	53523049	951860	–8366	2455959	64064	4490600
48147	3783	919	110798	28316	3847	19743	19708	78564
515642	46457	3974	1338535	494803	47432	204166	201134	222341
17217	8548	219	86612	12699	3454	1210	1151	5166
190771	50951	904	102482	18483	5765	16628	16483	653845
309200	23006	84923	390224	135938	21207	109928	109178	369296
254557	97045	2464	118471	50227	13495	4811	4712	976615
5535745	996003	216881	4549567	2748970	322153	195238	78509	5330801
1644558	159821	10048	3979080	2563426	282028	79308	52472	1773764
1444539	156689	41577	171318	59287	11254	43842	9973	1385606
2446649	679493	165256	399169	126257	28871	72088	16064	2171431
1629330	213004	145778	755750	203963	42648	305688	264599	1122684
840035	176134	33935	120423	60531	12216	17192	16458	848547
81513	24711		5678	2682	353			108312
707782	12158	111843	629649	140751	30079	288496	248141	165825
8090535	729536	918537	3008554	439291	71590	224450	133352	4532930
80643	35351	13474	115497	69059	11335	24		80371
8009891	694185	905063	2893057	370231	60255	224426	133352	4452559
7047013	1357810	463764	1349204	456122	78236	270739	165039	5612757
556993	52750	17275	180654	66932	10761	33348	31299	307036
6046268	1272196	413097	1023435	335771	58924	168846	123352	5208392
443753	32864	33392	145115	53420	8552	68545	10388	97329
31289290	1138688	20065834	698024	98069	25570	198339	58672	1932689
505240	107589	85317	122938	32766	8676	61178	15217	195600
391092	41053	46318	30127	20675	4361	92928		113056
30392957	990046	19934198	544960	44628	12532	44234	43455	1624033
266403	19610	17897	55975	20773	4658	5591	4238	313814
226363	10512	17191	46477	15933	3861	5588	4238	244100
11997	1911	378	1422	928	327			19227
28043	7188	328	8077	3911	470	4		50487
114300	8224	652	137875	33643	7337	34632	20289	222490
114300	8224	652	137875	33643	7337	34632	20289	222490
1684562	197277	40234	472234	208222	31468	96157	82604	923183
1681948	197230	40232	471202	207748	31361	96157	82604	918031
2613	46	2	1032	474	107			5152
5821566	642888	450547	1451799	579536	82698	915991	183467	2431155
983644	35050	71927	190555	83840	6912	59234	56540	431179
4058590	577215	185856	484553	272349	33911	725648	20347	1714103
27266	3507	2489	22133	11199	2535	104		35811
17782	1382	162	39239	24855	2034	8328	8051	21662
734283	25734	190113	715320	187294	37307	122677	98528	228400

13－1 续表

指　　标	营业成本	税金及附加	销售费用	管理费用	财务费用
总　　计	**22905347**	**261889**	**1454151**	**2156776**	**1843440**
交通运输、仓储和邮政业	5704037	41015	56538	297284	1530791
铁路运输业	365531	124	827	6003	111359
道路运输业	3076020	28299	26552	150760	1354673
水上运输业	66473	295		6607	1084
航空运输业	324034	5161	5348	29602	46621
管道运输业	6196	49		1783	2150
多式联运和运输代理业	670948	1399	10520	14488	135
装卸搬运和仓储业	293629	4576	5737	38708	11363
邮政业	901206	1113	7555	49333	3407
信息传输、软件和信息技术服务业	3418042	19177	564557	433042	41628
电信、广播电视和卫星传输服务	1105406	4643	176886	78994	4598
互联网和相关服务	1022440	4332	229790	144436	20229
软件和信息技术服务业	1290196	10202	157881	209613	16801
房地产业	862213	22822	25078	129148	50079
物业管理	705477	5556	6588	80512	5348
房地产中介服务	83244	457	9602	10730	427
房地产租赁经营	73492	16809	8888	37906	44304
租赁和商务服务业	3987666	35605	144513	281086	85164
租赁业	62089	501	2028	11646	1853
商务服务业	3925577	35103	142485	269440	83311
科学研究和技术服务业	4338753	29207	161193	457364	25603
研究和试验发展	210171	2660	7211	47428	6664
专业技术服务业	4063669	25387	145554	380922	－24683
科技推广和应用服务业	64913	1160	8428	29014	43622
水利、环境和公共设施管理业	1810647	70237	6231	59008	87375
生态保护和环境治理业	145118	2061	3239	19570	5688
公共设施管理业	76605	1142	1000	15500	2149
土地管理业	1588923	67035	1991	23937	79539
居民服务、修理和其他服务业	230765	1555	40074	41043	2116
居民服务业	171976	1264	35607	33177	1882
机动车、电子产品和日用产品修理业	18373	77	1368	3071	47
其他服务业	40415	213	3099	4794	188
教育	130571	951	32211	36883	2733
教育	130571	951	32211	36883	2733
卫生和社会工作	593996	1881	109852	142799	3216
卫生	589399	1881	109607	141304	3097
社会工作	4596		245	1495	120
文化、体育和娱乐业	1828657	39439	313904	279120	14735
新闻和出版业	281297	3965	70312	73349	－15903
广播、电视、电影和录音制作业	1333367	30690	197199	145751	－34213
文化艺术业	28451	142	4584	7931	297
体育	15134	367	2348	5939	542
娱乐业	170408	4274	39461	46149	64012

单位:万元

投资收益	营业利润	营业外收入	营业外支出	利润总额	所得税费用	应付职工薪酬	研发费用	应交增值税	期末用工人数(人)
804397	**1374611**	**211067**	**124468**	**1461209**	**232038**	**5449310**	**878723**	**785543**	**413480**
101206	-163913	40281	68147	-191778	40830	1067911	44950	254738	79052
	-171685	65	1798	-173419	100	31240	2775	10923	1354
98784	64364	29581	60696	33248	25034	594209	34274	211822	42139
673	7066	1081	58	8089	729	12891	1120	538	898
470	-105174	629	1176	-105721	1136	122323	367	12275	6429
	-4948	5596	12	637	533	3921	159	150	267
1240	3218	538	1599	2157	1814	18272	3145	1590	1374
115	22062	2003	1238	22827	4912	125266	3111	10143	10081
-77	21184	789	1569	20405	6572	159789		7299	16510
40487	507596	34901	12573	529924	85424	1028055	375537	168810	57038
21041	409644	6848	8585	407907	52053	177689	7757	60683	7875
9864	-134867	13677	1625	-122816	3977	199314	92419	35347	12295
9582	232819	14376	2363	244833	29395	651053	275362	72780	36868
-6545	34099	7075	6801	34374	21457	323645	3740	36542	43722
5286	50467	2499	1097	51870	15192	272357	3735	25572	40179
3	4354	278	352	4281	3145	29479		3513	2200
-11835	-20722	4299	5353	-21776	3121	21810	6	7457	1343
137873	167500	32914	9294	191120	14659	837381	14385	127057	100721
280	2607	1264	599	3272	567	8736	472	2976	756
137593	164893	31650	8695	187848	14093	828646	13913	124082	99965
165173	455932	16902	9795	463039	42817	1134580	340118	125718	61592
24693	47976	3229	1748	49456	2912	80381	29540	8695	4168
72584	408600	12280	7878	413002	39389	1034005	300584	113557	56201
67897	-644	1394	169	581	516	20194	9995	3465	1223
52941	137140	59206	1429	194916	8993	81784	13525	24597	8622
7909	20412	1379	531	21261	1691	23878	8657	4577	2006
5384	18838	787	175	19449	1774	31613	4532	2004	5101
39647	97890	57040	724	154206	5528	26293	336	18015	1515
1108	2651	1235	1047	2838	1632	129528	3099	6407	13760
1097	-1198	996	992	-1194	1226	98427	2076	4363	7377
	2780	72	2	2849	314	8668	303	425	949
11	1069	167	53	1183	92	22433	720	1619	5434
141	16125	1935	2632	15427	1465	89292	4653	3880	7175
141	16125	1935	2632	15427	1465	89292	4653	3880	7175
266674	306295	2654	4189	304759	12342	282717	31072	5554	19498
266671	307588	2285	4175	305698	12342	280390	31072	5370	19182
4	-1294	369	14	-939		2327		185	316
45340	-88813	13965	8562	-83410	2420	474416	47644	32240	22300
15942	-40291	2947	1029	-38373	17	109341	7771	8085	4442
29239	50353	7808	2224	55938	568	295226	34885	17668	10418
15	-39	1265	131	1095	180	10898	606	440	1251
3	-2600	150	15	-2465	10	7939	171	642	1069
141	-96236	1795	5164	-99605	1645	51013	4212	5404	5120

14 教育和科技

长沙统计年鉴

14－1 历年高等学校情况

单位：人

年份	学校数(所)	招生数	毕业生数	在校学生数	校本部教职工数
1949	2			2685	1359
1950	2		428	2450	1558
1952	4	3240	973	6109	1604
1953	5	2836	1399	6490	2256
1955	6	2636	2054	8374	2834
1957	6	3448	1551	13557	3923
1958	10	8083	2494	18839	4407
1960	21	10354	2955	29104	6462
1962	12	3006	4528	25477	7756
1965	9	4973	5435	19412	8038
1966	8	196	1198	18972	8330
1970	7	2288	7688	5837	8486
1975	8	6357	5757	18390	13474
1976	8	5425	6590	16620	13953
1977	8	7168	5902	16544	14830
1978	8	6937	4619	18895	15778
1979	11	7369	4235	21549	16382
1980	11	6702	817	28491	16719
1981	10	7994	761	30720	12815
1982	11	6592	11459	25641	14168
1983	12	8498	7186	26600	15110
1984	14	9783	6346	30035	16193
1985	23	13831	6661	37182	18734
1986	21	11178	7632	40458	19886
1987	21	13121	11333	43114	20510
1988	22	14472	11103	46022	21902
1989	22	12550	12896	46444	21956
1990	21	12787	12726	46041	22297
1991	21	13327	12953	45810	22655
1992	21	15470	12404	48050	18244
1993	21	18769	11737	55810	18270
1994	21	18455	12857	61641	18531
1995	21	19532	15911	64866	18222

14－1 续表

单位：人

年　　份	学校数(所)	招生数	毕业生数	在校学生数	校本部教职工数
1996	21	20013	16365	67420	18205
1997	20	21444	17119	72020	18473
1998	20	23570	17484	78050	18408
1999	23	35823	19152	94493	19913
2000	23	49391	19777	125582	21165
2001	29	54329	21289	158158	24568
2002	30	73379	29094	201881	26331
2003	37	94527	48597	268613	29145
2004	39	107979	60985	329424	33950
2005	45	130337	79277	394399	37698
2006	45	132662	97149	418132	39378
2007	48	147825	108698	454288	47887
2008	49	155192	129419	483917	49401
2009	48	158215	130626	504111	50509
2010	48	149977	140840	508254	50267
2011	50	148780	143310	516765	50930
2012	50	157679	151428	523174	50902
2013	50	169685	153703	530635	51339
2014	50	168438	142835	547514	52972
2015	51	171791	143705	569400	51232
2016	51	179273	151137	590020	51733
2017	51	184950	159359	610379	52666
2018	51	197243	164868	635950	53167
2019	51	210500	172684	665860	55207
2020	52	220743	177151	697407	55925
2021	52	222074	185102	726846	56434
2022	52	246857	205062	762443	58540

14－2 历年中等职业学校情况

单位:人

年　份	学校数(所)	招生数	毕业生数	在校学生数	校本部教职工数
1949	16			2296	513
1950	19	638	311	4955	283
1952	12	2227	708	6069	887
1953	11	1532	1246	6305	966
1955	10	2307	1135	5445	872
1957	16	1573	2057	10006	1900
1958	28	10438	2131	17457	2046
1960	32	11685	1699	28055	2229
1962	15	112	1751	8302	1827
1965	21	3420	2734	7771	2188
1966	12	132	899	5756	1894
1970	8	540	187	676	922
1975	21	3647	2582	9871	2722
1976	21	2964	4040	8171	2878
1977	21	5162	5529	7519	4149
1978	23	5509	2342	9782	3853
1979	30	4497	302	14492	4149
1980	31	4737	5699	12641	4408
1981	31	5054	6512	11425	4928
1982	32	5687	4110	13436	5508
1983	33	6398	4696	14762	5658
1984	32	6521	5746	15621	5622
1985	32	8469	5869	18218	4851
1986	34	6841	6160	18366	4898
1987	39	8457	8701	18681	6111
1988	40	10427	6002	23037	6074
1989	39	9256	5994	26152	6915
1990	40	8140	8581	25626	7926
1991	42	9540	8613	26480	7118
1992	43	13091	8536	30554	6157
1993	43	19526	8352	39202	6399
1994	42	16944	7153	47272	6689
1995	42	18477	9508	55438	6352

14－2 续表

单位:人

年　份	学校数(所)	招生数	毕业生数	在校学生数	校本部教职工数
1996	47	23704	14060	66195	7065
1997	46	27215	16186	76808	6856
1998	47	29772	20282	85987	6899
1999	40	21406	15752	70406	4395
2000	40	19334	24192	84113	5238
2001	40	19478	25748	77270	5378
2002	24	22100	25465	64948	2588
2003	105	45505	30059	107475	6041
2004	112	48194	30227	116187	5697
2005	104	43902	36938	112698	4858
2006	84	42673	41176	123870	5935
2007	81	43490	51593	113018	5855
2008	78	39042	38980	99693	6141
2009	79	65028	39894	137568	6417
2010	67	41159	53368	113709	5708
2011	59	46540	35083	115596	4794
2012	50	43426	47767	120945	4890
2013	50	40367	30648	108232	4379
2014	52	33483	24603	86670	4019
2015	50	33929	21947	91472	4087
2016	51	35891	26565	93027	4325
2017	56	40032	27162	104685	4784
2018	57	42932	30231	111596	5447
2019	57	42995	31745	116484	6136
2020	57	38570	35337	114643	5844
2021	59	41591	38657	114845	6768
2022	58	39505	37349	111713	7095

注:1. 2003 年开始,中等职业教育报表制度改革,现行报表制度包括前普通中专、职业高中。2002 年及以前年份的数据是中等专业学校情况。

2. 2014 年部分数据调整。

14－3　历年普通中学情况

单位：人

年　份	学校数（所）	招生数	毕业生数	在校学生数	教职工数
1949	45			11347	1237
1950	38	4540	2352	10335	819
1952	40	7938	3387	23222	1289
1953	37	9950	5667	26384	1674
1955	37	11441	10172	31460	2199
1957	112	13864	10640	49484	3256
1958	164	25254	10224	49804	3105
1960	101	31992	12295	68205	3648
1962	129	22928	12152	51605	3933
1965	159	30945	17115	75367	5424
1966	293	21095	21298	71433	4598
1970	289	65230	29904	107921	6091
1975	567	136529	74396	237176	13796
1976	1473	198464	94903	331353	19991
1977	1148	192835	125324	372679	23992
1978	662	147133	159281	331109	22128
1979	676	116981	150239	268246	19564
1980	457	80492	52928	234707	19137
1981	466	82847	71738	215852	19292
1982	453	77146	58458	212388	18274
1983	438	65438	53829	199172	17887
1984	412	80035	56619	214658	18001
1985	422	80871	60933	221971	17916
1986	427	77229	53806	236055	18508
1987	433	87389	66953	245438	19421
1988	429	77029	67441	235257	19597
1989	429	82389	65762	238878	19915
1990	438	87892	72833	242065	20133
1991	422	86487	69188	243473	20309
1992	418	86754	68457	246662	20769
1993	421	88993	71579	248075	21347
1994	409	98763	70133	262655	21768
1995	391	106990	72276	284050	22231

14－3 续表

单位:人

年　　份	学校数(所)	招生数	毕业生数	在校学生数	教职工数
1996	379	106047	78143	298924	23364
1997	379	108558	88071	309415	23737
1998	383	119832	95489	319792	24418
1999	379	131057	95136	345200	25946
2000	377	141865	97009	384192	26636
2001	368	149566	109141	413043	27330
2002	355	153589	124346	436307	27567
2003	358	132957	134525	432826	28429
2004	347	111583	144961	395687	27783
2005	339	102616	150972	345167	26814
2006	322	95515	130686	307095	25580
2007	310	99466	110263	292979	24888
2008	298	98650	97313	289960	24582
2009	291	102405	94639	295269	24924
2010	284	111383	96302	307427	24716
2011	280	114280	93657	325136	26871
2012	284	121302	100267	343769	28063
2013	285	126082	107723	357139	28057
2014	292	122120	110251	364653	28279
2015	296	125105	117408	369520	29207
2016	302	129426	121921	374262	30736
2017	313	131366	119528	383593	32986
2018	330	138684	122672	398801	35279
2019	341	148870	128695	417674	38616
2020	345	154888	130240	441520	41429
2021	365	167346	137894	471805	45454
2022	386	179063	146115	502057	48774

14－4 历 年 小 学 情 况

单位:人

年　份	学校数(所)	招生数	毕业生数	在校学生数	教职工数
1949	2640			147114	7810
1950	2378			154514	7881
1952	3685	79618	28137	309698	10697
1953	2787	61714	30528	315487	10753
1955	2487	95171	39718	340451	11270
1957	2737	95487	50993	440851	12179
1958	4073	102730	49306	517473	13467
1960	3768	106735	54607	541157	14664
1962	3475	95669	51696	401229	14214
1965	4755	116549	47117	593692	17203
1966	4485	80245	62524	574329	16919
1970	3575	132014	73946	464530	17310
1975	3668	138992	106360	727790	26935
1976	2693	144455	152006	703398	26093
1977	2787	134963	135165	673741	25873
1978	3231	136850	118693	680090	25719
1979	3069	133973	127970	685466	26752
1980	3244	122705	119369	673804	27056
1981	3272	126340	128653	667152	27046
1982	3253	110548	113744	649570	26687
1983	3268	102405	98641	641960	27525
1984	3276	98470	101218	629737	27503
1985	3270	92389	100920	616305	27098
1986	3257	91033	104750	601606	26521
1987	3260	91680	107676	583871	26929
1988	3241	98996	85465	578286	28119
1989	3243	97335	95557	576904	27973
1990	3212	92649	96433	570704	28193
1991	3201	93372	90896	563850	28290
1992	3181	100555	90813	568617	28363
1993	3135	108385	87421	567721	28982
1994	3048	112303	92437	602788	28792
1995	3014	116075	93875	623662	28283

14－4 续表

单位:人

年　份	学校数(所)	招生数	毕业生数	在校学生数	教职工数
1996	2925	112256	88836	646190	28765
1997	2779	85984	90517	642950	28373
1998	2710	56648	99459	599897	27902
1999	2486	43026	109414	535127	27221
2000	2154	43689	113714	466515	25133
2001	1830	50945	114425	399513	22187
2002	1719	54293	112215	342110	20548
2003	1580	59466	87744	313587	19762
2004	1433	63519	59049	318024	19330
2005	1272	63328	46516	338655	20475
2006	1217	68104	44977	366100	21593
2007	1162	69292	52844	382981	21954
2008	1126	67278	55007	395059	22479
2009	1055	67924	61722	403562	22443
2010	1024	73977	66404	413498	22391
2011	987	74333	66371	425405	20865
2012	938	78853	69948	439532	21410
2013	937	84508	71078	457894	21800
2014	937	87655	70504	481333	22894
2015	939	94184	71580	509396	23641
2016	931	99495	78610	536458	25295
2017	918	110635	79852	574220	27814
2018	937	126247	85016	622174	29511
2019	944	128808	90654	666506	32991
2020	951	130459	93230	710213	35843
2021	923	142657	100110	761276	39409
2022	882	151167	106077	814955	41846

14－5 历年高考录取人数

单位:人

年 份	报名人数	大学录取人数	本 科	专 科	大 学 录取率(%)
1978	54649	2491			4.56
1979	32487	1362			4.19
1980	25700	1711	1407	304	6.66
1981	8537	1136	937	199	13.31
1982	5779	1142	969	173	19.76
1983	6986	2273	862	1411	32.54
1984	7501	3049	1846	1203	40.65
1985	9480	4320	2213	2107	45.57
1986	9308	3799	2008	1791	40.81
1987	9618	4431	2388	2043	46.07
1988	10358	5219	2201	3018	50.39
1989	16418	2674	1113	1561	16.29
1990	19248	3242	1705	1537	16.84
1991	17941	3032	1419	1613	16.90
1992	17455	4504	2028	2476	25.80
1993	15317	5569	2265	3304	36.36
1994	14642	6061	2367	3694	41.39
1995	13006	6073	2573	3500	46.69
1996	13765	5886	2577	3309	42.76
1997	13864	6003	3002	3001	43.30
1998	15241	6855	3469	3386	44.98
1999	16207	10383	5720	4663	64.06
2000	18953	12037	6108	5929	63.51
2001	22893	15177	8319	6858	66.30
2002	28965	21179	10619	10560	73.12
2003	32482	26197	11540	14657	80.65
2004	37886	30726	13020	17706	81.10
2005	50750	38871	16131	22740	76.59
2006	53845	33922	16557	17365	63.00
2007	62871	42250	18966	23284	67.20
2008	66149	43072	20618	22454	65.11
2009	56494	41603	22003	19600	73.64
2010	46553	38393	22187	16206	82.47
2011	42002	34432	21240	13192	81.98
2012	43969	35557	22888	12669	80.87
2013	46790	37710	23781	13929	80.59
2014	49707	39776	25514	14262	80.02
2015	52094	40759	27920	12839	78.24
2016	56395	43627	29861	13766	77.36
2017	55187	50633	33192	17441	91.75
2018	61628	55189	35070	20119	89.55
2019	68723	61554	36754	24800	89.57
2020	73767	65114	38133	26981	88.27
2021	83748	71655	37673	33982	85.56
2022	98113	82840	43992	38848	84.43

14-6 历年高校研究生数

单位:人

年份	培养博士学位				培养硕士学位			
	机构(个)	招生人数	毕业人数	在学人数	机构(个)	招生人数	毕业人数	在学人数
1983	3	8		13	7	324	87	676
1984	3	7		22	7	389	31	1030
1985	4	24	1	44	7	751	224	1552
1986	4	36		80	7	645	342	1853
1987	5	47	10	112	9	670	424	2094
1988	6	73	14	174	9	587	750	1910
1989	4	62	22	212	9	518	637	1771
1990	6	70	42	237	9	578	621	1696
1991	6	92	62	260	9	540	606	1606
1992	7	89	43	282	9	567	445	1694
1993	7	114	102	337	9	702	513	1791
1994	8	191	78	431	9	899	497	2144
1995	7	205	73	544	9	878	564	2425
1996	8	219	90	676	10	1036	703	2779
1997	7	226	129	748	9	962	850	2789
1998	7	285	189	838	9	1198	829	3110
1999	7	479	196	1114	9	1559	1021	3708
2000	5	575	155	1534	6	2411	945	5158
2001	7	794	239	2142	10	3732	1383	8335
2002	5	899	285	2669	6	4075	1331	9501
2003	6	1350	371	3317	10	5983	2272	13390
2004	6	1553	493	4628	11	7585	3163	18214
2005	7	1602	577	5669	11	8237	3943	22657
2006	7	1645	773	6538	11	9463	5612	26663
2007	11	1687	948	7238	11	9988	7081	29670
2008	10	1723	1088	7889	10	10360	8062	31602
2009	10	1776	1136	8489	10	12157	9260	34686
2010	10	1809	1411	8863	10	12865	9521	37487
2011	10	1878	1297	9365	10	13128	10299	39679
2012	10	1918	1399	9935	10	13497	11611	40636
2013	10	1948	1429	10302	10	14052	12392	41788
2014	9	1956	1428	10584	9	14280	13633	41818
2015	8	1990	1415	10970	8	14608	12878	43353
2016	8	2025	1419	10973	10	14972	12944	44558
2017	8	2304	1716	11490	11	19207	13148	50089
2018	8	2812	1498	12674	11	19575	13867	54895
2019	8	2833	1652	13779	11	20007	14753	59630
2020	8	3188	1803	14894	11	22136	17099	64018
2021	8	3411	2089	15894	11	22627	18320	67578
2022	8	3715	2311	16756	11	23812	19467	69876

14－7 历年技工学校情况

单位:人

年 份	学校数(所)	招生数	毕业生数	在校学生数	教职工数
1979	23	3700	1552	4614	913
1980	26	2579	1739	6672	1362
1981	28	1784	4218	4179	1646
1982	27	192	3357	1693	1562
1983	24	1230	1787	1551	1471
1984	21	1181	227	2596	1246
1985	19	1337	1318	2931	1386
1986	23	2557	1390	4671	1658
1987	22	2809	1549	5792	1717
1988	22	3678	2402	7140	1837
1989	25	2894	2198	7283	1951
1990	25	3451	3197	8002	2075
1991	24	3973	3024	8989	2095
1992	28	4543	3321	10381	2245
1993	32	5140	3655	11785	2318
1994	31	5112	4264	12951	2398
1995	34	4742	5342	12575	2416
1996	41	5024	5840	13581	2412
1997	40	4850	5793	12686	2696
1998	41	3528	5566	10541	2642
1999	43	2819	4127	9331	2700
2000	43	3791	3407	7706	2418
2001	42	5562	2940	9870	2613
2002	30	5155	2968	12257	2158
2003	32	8262	3478	14942	2026
2004	33	8729	6215	14810	2069
2005	32	10676	4902	18845	2050
2006	32	9221	5841	18736	1876
2007	24	9634	6502	20208	1923
2008	24	12095	7643	22666	2016
2009	26	15271	11206	32981	3124
2010	26	14549	7354	33685	2897
2011	26	10143	10645	26250	2340
2012	23	6366	7391	18003	1537
2013	24	3551	4392	10308	1310
2014	24	3827	2865	9860	1880
2015	24	4314	1985	9930	1684
2016	14	4516	2193	10363	1764
2017	14	4321	2134	11053	1225
2018	17	6727	3124	13210	1598
2019	23	9224	2462	16890	2075
2020	27	14961	3132	27197	2685
2021	28	16126	5202	34235	3228
2022	30	15571	6357	39340	3314

14-8 高考录取情况(2022年)

单位:人

项目	全市	市区	县市	长沙县	浏阳市	宁乡市
报名人数	98113	51328	46785	20559	12081	14145
录取总人数	82840	43731	39109	16845	10454	11810
总录取率(%)	84.43	85.2	83.59	81.93	86.53	83.49
录取总人数中						
本科	43992	26746	17246	6392	6342	4512
专科	38848	16985	21863	10453	4112	7298
录取总人数中						
历史类(不含艺术类)	20870	9705	11165	5606	3021	2538
物理类(不含艺术类)	34089	19785	14304	4623	5181	4500
职高对口	21079	10368	10711	5455	1293	3963
音乐	2067	1037	1030	331	340	359
美术	474	223	251	95	102	54
体育	1336	363	973	252	364	357
附:保送生(本科)	48	48				
单招生	22322	9459	12863	7458	1396	4009
本科						
专科	22322	9459	12863	7458	1396	4009

注:1. 录取总人数中:音乐、美术、体育含历史、物理类。
2. 录取总人数中不包括保送生和单招生人数。

14-9 大学基本情况(2022年)

单位:人

项目	学校数(所)	招生人数	在校学生数	毕业生数	校本部教职工数	专任教师
大学合计	52	246857	762443	205062	58540	40718
综合大学	14	78229	238910	64730	22959	14659
理工院校	13	56971	170179	49382	11074	8130
农业院校	2	15319	49502	12185	3554	2376
林业院校	1	7925	26864	6296	2347	1675
医药院校	4	21408	68963	15421	4785	3770
师范院校	3	13381	41220	10216	3206	2325
财经院校	9	37835	117697	32957	7320	5372
其他院校	6	15789	49108	13875	3295	2411
成人高校普通本专科						

14－10 成人高等学历教育基本情况(2022 年)

单位:人

项目	合计	小计	# 职工大学	# 广播电视大学	# 教育学院	# 管理干部学院	普通高等学校
学校数(所)	4	4	2	1	1		
在校学生数	282792	5031		5031			277761
本年招生数	130330	2531		2531			127799
本年毕业生数	122834	394		394			122440
教职员工数	238	238		238			
# 专任教师	78	78		78			

14－11 普通中学、小学情况(2022 年)

单位:人

项目	学校数(所)	招生人数	毕业生人数	在校学生人数	教职工人数	专任教师人数
普通中学	386	179063	146115	502057	48774	39270
市区	175	105596	82702	289187	28885	22396
县(市)	211	73467	63413	212870	19889	16874
合计中:教育和集体办	324	151612	128366	424418	39328	
民办	57	25359	15805	71316	8882	
其他部门办	5	2092	1944	6323	564	
小学合计	882	151167	106077	814955	41846	40886
市区	405	99405	61829	507241	24527	24310
县(市)	477	51762	44248	307714	17319	16576
合计中:教育和集体办	861	151087	106070	814440	41805	
民办	13	80	7	515	41	
其他部门办	8					

14－12 特殊教育学校情况(2022年)

单位:人

项　　目	盲、聋、哑学校	专门学校
学校数(所)	4	1
班数(个)	11	3
毕业生数	138	23
招生数	717	37
在校学生数	4445	32
教职工数	479	55
专任教师数	443	50

14－13 幼儿园情况(2022年)

单位:人

项　　目	园数(所)	班数(个)	在园幼儿数	教职工数	# 教　师	# 保健员
总　　计	**2461**	**14078**	**425311**	**57893**	**26870**	**14893**
# 公办	1131	7437	246851	30786	14516	7933
市区	1265	8620	269579	39721	18387	9719
县(市)	1196	5458	155732	18172	8483	5174
长沙县	366	2045	58000	7052	3470	1806
浏阳市	485	2043	57555	6992	3268	2010
宁乡市	345	1370	40177	4128	1745	1358

14－14 全社会 R&D 活动基本情况(2022 年)

项 目	总 计	科研机构	高等学校	企业	事业单位
有 R&D 活动的单位数(个)	2680	43	95	2491	51
R&D 人员(人)	152114	5532	36906	106129	3547
# 女性	38168	1720	14150	21070	1228
# 全时人员	103384	4394	15708	81356	1926
R&D 人员全时当量（人年）	103044	5027	17845	77556	2616
基础研究人员	10578	1145	9044	257	132
应用研究人员	13380	1778	7916	2888	799
试验发展人员	79086	2104	885	74410	1687
R&D 经费内部支出(万元)	4444267	267958	825567	3243131	107612
# 政府资金	910055	229886	525307	90260	64601
按支出用途分					
日常性支出	3923371	233465	585925	3029035	74946
# 人员劳务费	1713208	83091	277364	1309547	43206
资产性支出	520896	34493	239641	214096	32666
按活动类型分					
基础研究支出	479474	47084	392357	19649	20385
应用研究支出	642309	116199	384233	99481	42397
试验发展支出	3322483	104675	48977	3124001	44830
R&D 经费外部支出(万元)	561333	98243	52034	409787	1270

14－15　规模以上工业企业R&D活动人员情况(2022年)

项　　目	有R&D活动的单位数(家)	R&D人员(人)	#全时人员	R&D人员折合全时当量(人年)
总　　计	**1954**	**71604**	**57124**	**52504**
按区县(市)分组:				
芙蓉区	37	556	465	412
天心区	22	916	354	572
岳麓区	282	14333	11303	10537
开福区	52	974	688	692
雨花区	44	6234	5220	5313
望城区	212	7216	5142	4970
长沙县	319	13819	11375	10703
浏阳市	681	16545	13698	12615
宁乡市	305	11011	8879	6690
按企业规模分组:				
大型企业	53	31105	26266	24061
中型企业	213	15608	11614	11096
小型企业	1617	24568	19006	17112
微型企业	71	323	238	234
按登记注册类型分组:				
内资企业	1875	56946	44846	41277
国有	10	1180	467	827
集体	2	15	9	11
股份合作	1	2	2	2
联营企业	1	18	13	13
国有独资公司	14	943	662	639
其他有限责任公司	238	15771	13153	11914
股份有限公司	51	6094	4656	4704
私营独资	63	684	543	507
私营合伙	51	353	250	285
私营有限责任公司	1334	23712	18609	16461
私营股份有限公司	110	8174	6482	5915
其他企业				
港、澳、台商投资企业	36	10773	9238	8547
外商投资企业	43	3885	3040	2680

14－15 续表

项　　目	有R&D活动的单位数(家)	R&D人员(人)	#全时人员	R&D人员折合全时当量(人年)
按工业行业大类分组：				
煤炭开采和洗选业				
石油和天然气开采业				
黑色金属矿采选业	1	64	50	52
有色金属矿采选业	4	62	56	45
非金属矿采选业	8	74	53	52
其他采矿业				
农副食品加工业	84	1319	990	961
食品制造业	52	1137	680	698
酒、饮料和精制茶制造业	13	189	141	149
烟草制品业	1	520	126	377
纺织业	14	422	309	188
纺织服装、服饰业	2	101	54	53
皮革、毛皮、羽毛及其制品和制鞋业	2	32	23	29
木材加工及木、竹、藤、棕、草制品业	23	150	98	114
家具制造业	18	151	115	123
造纸及纸制品业	47	478	335	338
印刷和记录媒介复制业	46	1386	711	1049
文教、工美、体育和娱乐用品制造业	9	168	134	141
石油加工、炼焦及核燃料加工业	5	41	33	39
化学原料及化学制品制造业	326	5278	4101	3724
医药制造业	89	2700	2291	2010
化学纤维制造业				
橡胶和塑料制品业	59	801	554	524
非金属矿物制品业	125	2100	1477	1596
黑色金属冶炼及压延加工业	5	44	30	38
有色金属冶炼及压延加工业	30	1342	1070	780
金属制品业	116	2160	1443	1518
通用设备制造业	198	6391	4833	4512
专用设备制造业	197	10466	8899	7508
汽车制造业	90	7044	5934	6207
铁路、船舶、航空航天和其他运输设备制造业	28	3116	2653	2271
电气机械及器材制造业	123	3659	3048	2201
计算机、通信和其他电子设备制造业	134	16861	14473	12945
仪器仪表制造业	68	1989	1728	1374
其他制造业	4	82	66	58
废弃资源综合利用业	8	235	106	179
金属制品、机械和设备修理业	1	173	122	139
电力、热力的生产和供应业	10	482	101	255
燃气生产和供应业	3	148	98	95
水的生产和供应业	11	239	189	164

14－16　规模以上工业企业按活动类型分R&D经费内部支出情况(2022年)

单位:万元

项　　目	R&D经费内部支出	基础研究支出	应用研究支出	试验发展支出
总　　计	**2312639**	**9206**	**67811**	**2235622**
按区县(市)分组:				
芙蓉区	14243		426	13817
天心区	52472		16252	36220
岳麓区	602980	4190	14275	584516
开福区	23704		417	23287
雨花区	150829	863	5592	144375
望城区	247561	609	11442	235511
长沙县	523825		2279	521546
浏阳市	319524	3544	9888	306092
宁乡市	377500		7242	370258
按企业规模分组:				
大型企业	1164075	8235	46958	1108881
中型企业	494558	534	6603	487421
小型企业	643316	436	13993	628886
微型企业	10691		257	10434
按登记注册类型分组:				
内资企业	1997934	8671	62246	1927016
国有	61126		21386	39740
集体	234			234
股份合作	34			34
联营企业	444			444
国有独资公司	35560	12	384	35164
其他有限责任公司	579147	3836	19340	555971
股份有限公司	288309	1112	431	286767
私营独资	50445		571	49874
私营合伙	8696		38	8658
私营有限责任公司	761075		8103	752972
私营股份有限公司	212865	3712	11994	197159
其他企业				
港、澳、台商投资企业	160382		1984	158398
外商投资企业	154324	534	3581	150208

14－16 续表

单位:万元

项　　目	R&D 经费内部支出	基础研究支出	应用研究支出	试验发展支出
按工业行业大类分组:				
煤炭开采和洗选业				
石油和天然气开采业				
黑色金属矿采选业	1496			1496
有色金属矿采选业	1078			1078
非金属矿采选业	1482			1482
其他采矿业				
农副食品加工业	42716		295	42421
酒、饮料和精制茶制造业	20881	534	32	20315
酒、饮料和精制茶制造业	4950		33	4917
烟草制品业	16165		5441	10724
纺织业	3914			3914
纺织服装、服饰业	676			676
皮革、毛皮、羽毛及其制品和制鞋业	568			568
木材加工及木、竹、藤、棕、草制品业	2794			2794
家具制造业	3715			3715
造纸及纸制品业	10475			10475
印刷和记录媒介复制业	17964		2098	15867
文教、工美、体育和娱乐用品制造业	6411			6411
石油加工、炼焦及核燃料加工业	1333			1333
化学原料及化学制品制造业	140037		2753	137285
医药制造业	61407	208	2376	58823
化学纤维制造业				
橡胶和塑料制品业	24338		219	24119
非金属矿物制品业	67545		1167	66378
黑色金属冶炼及压延加工业	952			952
有色金属冶炼及压延加工业	74205		768	73437
金属制品业	92601		1942	90659
通用设备制造业	260003	105	1880	258018
专用设备制造业	440316	4574	14785	420957
汽车制造业	200403		2239	198164
铁路、船舶、航空航天和其他运输设备制造业	135284	385	573	134327
电气机械及器材制造业	130893		942	129951
计算机、通信和其他电子设备制造业	426077	3400	13164	409513
仪器仪表制造业	57141		213	56928
其他制造业	1736			1736
废弃资源综合利用业	5705		118	5587
金属制品、机械和设备修理业	3563			3563
电力、热力的生产和供应业	40724		16296	24429
燃气生产和供应业	4670		414	4256
水的生产和供应业	8420		65	8355

14－17 模以上工业企业按经费来源分 R&D 经费内部支出情况(2022 年)

单位:万元

项目	R&D 经费内部支出	政府资金	企业资金	境外资金	其他
总计	**2312639**	**75595**	**2236945**	**92**	**8**
按区县(市)分组:					
芙蓉区	14243	939	13304		
天心区	52472	152	52320		
岳麓区	602980	32865	570108		8
开福区	23704	125	23579		
雨花区	150829	4981	145848		
望城区	247561	21560	225910	92	
长沙县	523825	6946	516880		
浏阳市	319524	5083	314441		
宁乡市	377500	2944	374556		
按企业规模分组:					
大型企业	1164075	48522	1115552		
中型企业	494558	8696	485863		
小型企业	643316	18287	624930	92	8
微型企业	10691	91	10600		
按登记注册类型分组:					
内资企业	1997934	71907	1925927	92	8
国有	61126	967	60159		
集体	234		234		
股份合作	34		34		
联营企业	444		444		
国有独资公司	35560	6025	29534		
其他有限责任公司	579147	27729	551319	92	8
股份有限公司	288309	7894	280416		
私营独资	50445	20000	30445		
私营合伙	8696		8696		
私营有限责任公司	761075	6250	754825		
私营股份有限公司	212865	3043	209822		
其他企业					
港、澳、台商投资企业	160382	2648	157734		
外商投资企业	154324	1040	153284		

14－17 续表

单位:万元

项　　目	R&D经费内部支出	政府资金	企业资金	境外资金	其他
按工业行业大类分组:					
煤炭开采和洗选业					
石油和天然气开采业					
黑色金属矿采选业	1496		1496		
有色金属矿采选业	1078	8	1070		
非金属矿采选业	1482		1482		
其他采矿业					
酒、饮料和精制茶制造业	42716	879	41837		
食品制造业	20881	88	20794		
酒、饮料和精制茶制造业	4950		4950		
烟草制品业	16165		16165		
纺织业	3914		3914		
纺织服装、服饰业	676		676		
皮革、毛皮、羽毛及其制品和制鞋业	568	6	562		
木材加工及木、竹、藤、棕、草制品业	2794	78	2715		
家具制造业	3715		3715		
造纸及纸制品业	10475	17	10458		
印刷和记录媒介复制业	17964	90	17874		
文教、工美、体育和娱乐用品制造业	6411		6411		
石油加工、炼焦及核燃料加工业	1333		1333		
化学原料及化学制品制造业	140037	524	139513		
医药制造业	61407	2393	59014		
化学纤维制造业					
橡胶和塑料制品业	24338	212	24126		
非金属矿物制品业	67545	531	67014		
黑色金属冶炼及压延加工业	952		952		
有色金属冶炼及压延加工业	74205	1284	72913		8
金属制品业	92601	431	92170		
通用设备制造业	260003	9158	250753	92	
专用设备制造业	440316	3589	436727		
汽车制造业	200403	922	199481		
铁路、船舶、航空航天和其他运输设备制造业	135284	23398	111886		
电气机械及器材制造业	130893	1111	129782		
计算机、通信和其他电子设备制造业	426077	28254	397823		
仪器仪表制造业	57141	2268	54874		
其他制造业	1736	197	1539		
废弃资源综合利用业	5705	17	5688		
金属制品、机械和设备修理业	3563		3563		
电力、热力的生产和供应业	40724	105	40619		
燃气生产和供应业	4670		4670		
水的生产和供应业	8420	33	8387		

14－18 规模以上工业企业按支出用途分 R&D 经费内部支出情况(2022 年)

单位:万元

项目	R&D 经费内部支出	经常费支出	#人员劳务费	资产性支出
总计	**2312639**	**2116610**	**787113**	**196030**
按区县(市)分组:				
芙蓉区	14243	13658	5309	585
天心区	52472	48879	10194	3593
岳麓区	602980	505969	224721	97011
开福区	23704	22884	8349	820
雨花区	150829	149411	69227	1418
望城区	247561	235911	55891	11650
长沙县	523825	503413	221148	20412
浏阳市	319524	304057	83435	15468
宁乡市	377500	332427	108840	45072
按企业规模分组:				
大型企业	1164075	1050658	405808	113417
中型企业	494558	442203	168321	52356
小型企业	643316	613376	211125	29940
微型企业	10691	10373	1860	318
按登记注册类型分组:				
内资企业	1997934	1825029	660685	172905
国有	61126	58831	22874	2295
集体	234	234	36	
股份合作	34	34	13	
联营企业	444	420	79	24
国有独资公司	35560	33294	7854	2266
其他有限责任公司	579147	520023	166991	59124
股份有限公司	288309	250165	117320	38144
私营独资	50445	42962	8089	7483
私营合伙	8696	8397	1569	299
私营有限责任公司	761075	709775	233551	51301
私营股份有限公司	212865	200894	102308	11971
其他企业				
港、澳、台商投资企业	160382	151513	76927	8869
外商投资企业	154324	140068	49501	14256

14－18 续表

单位:万元

项目	R&D经费内部支出	经常费支出	#人员劳务费	资产性支出
按工业行业大类分组:				
煤炭开采和洗选业				
石油和天然气开采业				
黑色金属矿采选业	1496	911	396	585
有色金属矿采选业	1078	1057	405	21
非金属矿采选业	1482	1436	134	45
其他采矿业				
农副食品加工业	42716	41837	8739	880
酒、饮料和精制茶制造业	20881	19649	6686	1233
酒、饮料和精制茶制造业	4950	4861	918	90
烟草制品业	16165	16165	13959	
纺织业	3914	3862	2108	52
纺织服装、服饰业	676	676	400	
皮革、毛皮、羽毛及其制品和制鞋业	568	555	57	13
木材加工及木、竹、藤、棕、草制品业	2794	2753	606	40
家具制造业	3715	3618	997	97
造纸及纸制品业	10475	10246	2122	229
印刷和记录媒介复制业	17964	17141	6086	823
文教、工美、体育和娱乐用品制造业	6411	6017	802	394
石油加工、炼焦及核燃料加工业	1333	1298	412	34
化学原料及化学制品制造业	140037	121223	34707	18815
医药制造业	61407	56313	21099	5094
化学纤维制造业				
橡胶和塑料制品业	24338	23702	5342	637
非金属矿物制品业	67545	49224	14057	18322
黑色金属冶炼及压延加工业	952	650	310	302
有色金属冶炼及压延加工业	74205	72637	13384	1568
金属制品业	92601	89335	14549	3266
通用设备制造业	260003	221021	84987	38982
专用设备制造业	440316	387677	178306	52639
汽车制造业	200403	192858	60775	7545
铁路、船舶、航空航天和其他运输设备制造业	135284	133159	65699	2125
电气机械及器材制造业	130893	123209	27763	7684
计算机、通信和其他电子设备制造业	426077	398377	173083	27701
仪器仪表制造业	57141	54626	32555	2516
其他制造业	1736	1736	583	
废弃资源综合利用业	5705	5660	2555	45
金属制品、机械和设备修理业	3563	2189	1306	1375
电力、热力的生产和供应业	40724	38911	7095	1813
燃气生产和供应业	4670	4302	1464	368
水的生产和供应业	8420	7720	2669	700

14－19　规模以上工业企业科技活动产出情况(2022年)

项　　目	新产品销售收入(万元)	#出口	专利申请数(件)	拥有发明专利数(件)
总　　计	**28537518**	**4117101**	**17046**	**22361**
按区县(市)分组:				
芙蓉区	102026	8102	83	286
天心区	73010	81	814	1481
岳麓区	5040132	453945	4796	7076
开福区	175447	14925	350	306
雨花区	1859898	6507	639	887
望城区	2137113	127634	1325	1877
长沙县	4825132	1247594	3777	4997
浏阳市	5302536	1966192	1606	2515
宁乡市	9022224	292122	3656	2936
按企业规模分组:				
大型企业	16029843	3440713	6445	8141
中型企业	5830229	438454	3004	4322
小型企业	6586659	237577	7392	9573
微型企业	90786	358	205	325
按登记注册类型分组:				
内资企业	22927518	1289593	15642	20768
国有	642974	541	789	1879
集体	1667		1	0
股份合作	300		10	2
联营企业	7653		2	7
国有独资公司	248574	1025	172	203
其他有限责任公司	7779393	446482	2799	3476
股份有限公司	2776563	473940	2652	3960
私营独资	176879	13228	78	102
私营合伙	74888	9117	15	11
私营有限责任公司	8746246	272923	7216	8096
私营股份有限公司	2472382	72338	1908	3032
其他企业				
港、澳、台商投资企业	3660152	2614618	568	951
外商投资企业	1949847	212891	836	642

14－19 续表

项　　目	新产品销售收入(万元)	#出口	专利申请数(件)	拥有发明专利数(件)
按工业行业大类分组:				
煤炭开采和洗选业				
石油和天然气开采业				
黑色金属矿采选业	16698		5	
有色金属矿采选业	32549	5800	2	23
非金属矿采选业				7
其他采矿业				
农副食品加工业	532948	1825	153	287
食品制造业	424274	2372	228	319
酒、饮料和精制茶制造业	71372	3289	38	117
烟草制品业	590537	541	74	446
纺织业	191890	2001	50	56
纺织服装、服饰业	32268		24	17
皮革、毛皮、羽毛及其制品和制鞋业				30
木材加工及木、竹、藤、棕、草制品业	18241		13	29
家具制造业	49778		49	95
造纸及纸制品业	78387	2821	110	169
印刷和记录媒介复制业	147994	4050	79	190
文教、工美、体育和娱乐用品制造业	68815	774	27	43
石油加工、炼焦及核燃料加工业	16965		9	11
化学原料及化学制品制造业	2977199	199027	881	1281
医药制造业	920963	26103	346	1068
化学纤维制造业				
橡胶和塑料制品业	214932	2908	235	302
非金属矿物制品业	679469	1221	442	604
黑色金属冶炼及压延加工业	8846		2	22
有色金属冶炼及压延加工业	1722122	7526	1251	527
金属制品业	687314	134071	614	788
通用设备制造业	2398810	498214	2531	3518
专用设备制造业	3234746	290744	3688	4584
汽车制造业	2052353	74295	525	563
铁路、船舶、航空航天和其他运输设备制造业	722213	44782	1179	1194
电气机械及器材制造业	4399923	40435	904	890
计算机、通信和其他电子设备制造业	5823094	2772339	1924	2558
仪器仪表制造业	321156	1964	611	966
其他制造业	19235		13	111
废弃资源综合利用业	43846		208	125
金属制品、机械和设备修理业	32477		10	7
电力、热力的生产和供应业			760	1335
燃气生产和供应业			12	7
水的生产和供应业	6106		49	72

14－20　规模以上工业企业新产品开发项目情况(2022年)

项　　目	新产品开发项目数(项)	新产品开发经费支出(万元)
总　　计	**13481**	**2836967**
按区县(市)分组:		
芙蓉区	233	19514
天心区	220	26293
岳麓区	3390	736531
开福区	312	35460
雨花区	464	156277
望城区	1483	296288
长沙县	2903	669535
浏阳市	2450	376255
宁乡市	2026	520815
按企业规模分组:		
大型企业	1758	1321851
中型企业	2461	626836
小型企业	8943	870448
微型企业	319	17832
按登记注册类型分组:		
内资企业	12412	2415173
国有	119	23380
集体	3	359
股份合作	9	414
联营企业	2	485
国有独资公司	160	43011
其他有限责任公司	2036	678473
股份有限公司	897	323508
私营独资	142	61896
私营合伙	82	11205
私营有限责任公司	7499	1031799
私营股份有限公司	1463	240644
其他企业		
港、澳、台商投资企业	614	208954
外商投资企业	455	212840

14－20 续表

项　　目	新产品开发 项目数(项)	新产品开发 经费支出(万元)
按工业行业大类分组:		
煤炭开采和洗选业		
石油和天然气开采业		
黑色金属矿采选业	7	1980
有色金属矿采选业	11	936
非金属矿采选业	16	1936
其他采矿业		
农副食品加工业	433	58544
酒、饮料和精制茶制造业	380	46828
酒、饮料和精制茶制造业	79	11213
烟草制品业	37	8855
纺织业	54	10117
纺织服装、服饰业	29	2414
皮革、毛皮、羽毛及其制品和制鞋业	10	1321
木材加工及木、竹、藤、棕、草制品业	43	3635
家具制造业	68	5750
造纸及纸制品业	129	15365
印刷和记录媒介复制业	162	22336
文教、工美、体育和娱乐用品制造业	53	9162
石油加工、炼焦及核燃料加工业	20	2052
化学原料及化学制品制造业	1074	226655
医药制造业	1024	84691
化学纤维制造业		
橡胶和塑料制品业	264	26594
非金属矿物制品业	595	108427
黑色金属冶炼及压延加工业	15	1260
有色金属冶炼及压延加工业	151	90666
金属制品业	588	104075
通用设备制造业	1586	311447
专用设备制造业	1852	518739
汽车制造业	600	242922
铁路、船舶、航空航天和其他运输设备制造业	466	157322
电气机械及器材制造业	975	154168
计算机、通信和其他电子设备制造业	1673	500493
仪器仪表制造业	760	72318
其他制造业	21	2192
废弃资源综合利用业	55	4573
金属制品、机械和设备修理业	14	3563
电力、热力的生产和供应业	153	14405
燃气生产和供应业	31	4708
水的生产和供应业	53	5310

15 文化、体育、卫生

长沙统计年鉴

15－1 历年文化事业发展情况

单位：个

年 份	电影放映单位	#电影院影剧院	艺术表演团体	艺术表演观众人数（万人）	公共图书馆	文化馆
1949	7	7	9		1	1
1950	6		9		1	2
1952	6	6	10		1	3
1955	6		12		1	6
1957	16	7	14		2	8
1960	24		14		3	7
1962	21	10	17		3	8
1965	102	13	19		4	10
1966	151		4		4	10
1970	138		4		4	10
1975	292		13		4	10
1976	370	18	13		5	10
1977	459		13		5	10
1978	484	31	13	351	5	10
1979	503		14		5	11
1980	510	38	14	506	5	11
1981	504	42	14	431	6	11
1982	506	33	14	432	6	11
1983	537	43	14	323	6	11
1984	780	41	14	271	6	11
1985	844	42	14	207	7	11
1986	822	42	14	186	7	11
1987	818	42	14	154	7	11
1988	817	50	12	87	7	11
1989	802	48	12	70	7	11
1990	807	47	12	118.6	7	11
1991	812	46	12	127	7	11
1992	771	48	12	61.9	7	11
1993	657	34	12	55	7	11
1994	641	32	12	125.3	7	11
1995	644	29	12	130.3	7	11

15－1 续表

单位:个

年 份	电影放映单 位	# 电影院影剧院	艺术表演团 体	艺术表演观众人数（万人）	公共图书馆	文化馆
1996	589	30	12	146	7	11
1997	580	31	13	132	7	11
1998	581	32	13	171.1	7	11
1999	485	32	13	167.3	7	11
2000	458	20	13	121	7	11
2001	458	20	13		7	11
2002			12	57	7	10
2003			12	272	7	10
2004			12	210.2	7	10
2005			12	247	12	10
2006			12	115	12	10
2007			12	216.1	12	10
2008			12	357.2	12	10
2009			12	203.7	12	10
2010			12	271.2	12	10
2011			12	193.7	12	10
2012			9	166.1	12	10
2013			9	149.3	12	10
2014			9	152.5	12	10
2015			12	201.8	12	10
2016			12	179.9	12	10
2017			12	170.6	12	10
2018			12	163.5	12	10
2019			12	135.8	12	10
2020			12	101.8	12	10
2021			12	96.8	12	10
2022			12	109.46	12	10

注:由于放映市场的变化,电影放映单位无法统计。

15－2 历年出版事业发展情况

年份	书籍		课本（万册）	杂志		报纸	
	种数（种）	总印数（万册）		种数（种）	总印数（万册）	种数（种）	总印数（万册）
1951	113	482		3	43		
1952	112	1626		4	245	17	6786
1954	110	589	1563	1	6	10	4503
1955	143	877	1853	2	52	10	5403
1957	267	975	2844	4	169	11	6530
1958	764	5467	3622	6	371	23	19317
1960	676	1361	5070	7	402	16	33318
1962	186	495	2735	2	150	12	6983
1965	233	2549	4568	2	211	7	17000
1970	132	10717	4242			6	10028
1975	185	7640	8618	4	1535	8	33861
1976	134	8373	5974	8	1643	8	38365
1977	88	7384	6606	8	2101	8	36931
1978	134	1983	12102	13	2680	3	30057
1979	317	4736	10614	26	3592	3	31120
1980	426	8563	11190	30	3182	5	20830
1981	568	13442	13002	41	2343	7	29838
1982	780	16082	13595	56	2189	11	33089
1983	985	15300	13882	61	2160	11	45705
1984	998	15818	14000	85	2836	23	55911
1985	1270	18850	16288	124	5149	35	59431
1986	1274	10532	19132	131	5247	38	53400
1987	1482	14073	18757	137	5931	40	60134
1988	2157	37293	23396	146	6037	31	55743
1989	2157	35055	19728	145	4968	31	37317
1990	1892	32135	21393	144	5144	28	40325
1991	1969	35086	21392	146	6349	32	47414
1992	2124	36436	20686	149	7700	32	37592
1993	2069	33503	19726	165	7899	36	57677
1994	2249	29597	18693	162	7288	36	47815
1995	2357	33677	20146	178	7636	36	55721

15－2 续表

年份	书籍		课本（万册）	杂志		报纸	
	种数（种）	总印数（万册）		种数（种）	总印数（万册）	种数（种）	总印数（万册）
1996	2734	39390	21957	180	7700	33	43698
1997	2893	37512	22139	180	7515	36	48190
1998	3262	36375	22489	171	8695	30	54831
1999	3341	30680	21171	183	12271	31	62613
2000	3156	24844	18342	198	10404	44	62354
2001	2612	24851	18007	203	9867	46	69194
2002	2866	32556	23135	213	10844	46	71169
2003	3123	29554	19222	219	12391	44	87814
2004	3353	12345	18830	192	18958	37	78802
2005	3218	8228	21000	202	10925	38	75309
2006	3221	6832	20838	198	9622	38	78381
2007	2535	8231	22735	181	8143	37	75636
2008	4230	12577	16342	184	8467	36	76080
2009	4421	14084	11820	204	11271	42	100554
2010	6222	18783	12202	201	12540	42	101861
2011	8362	21427	12858	205	12140	40	94019
2012	9237	22052	13831	205	12496	40	102698
2013	10064	23745	11890	204	12804	39	105924
2014	9817	27543	14524	204	13247	39	107582
2015	10697	33843	14645	204	13918	38	105635
2016	11622	37518	14107	203	13757	38	70934
2017	11136	31248	14621	207	11473	38	65592
2018	9292	27026	15880	209	8616	38	59510
2019	9504	32146	16601	207	9272	35	55316
2020	9411	32302	15967	209	9414	33	48754
2021	9777	33954	16939	209	9116	33	45129
2022	9882	40125	20392	207	8527	33	31445

注：因新闻出版统计口径变化，从 2007 年开始，一套书只按一本书计算。

15－3　历年市、县属广播事业发展情况

年　份	市台平均日播音时间（时°分′）	市电台覆盖率（%）	县、区广播台、站（个）	市电视台每周播出时间（时°分′）	市电视台覆盖率（%）
1956			1		
1957			3		
1958	8°30′		3		
1960	6°30′		3		
1961	6°30′		3		
1962					
1965			3		
1970			4		
1975			4		
1976			4		
1977			4		
1978			5		
1979			5		
1980	8°30′		5		
1981	11°05′	89.7	5		
1982	11°05′	90	5		
1983	10°00′	46.1	5		
1984	10°30′	63	5		
1985	10°45′	76	5	16°	23.6
1986	11°25′	70	5	22°	23
1987	11°25′	67.1	5	56°	23
1988	11°25′	70	5	35°	50
1989	11°30′		5	56°	80
1990	11°30′		5	56°	90
1991	11°20′		5	56°	90
1992	11°30′	92.7	5	56°	95
1993	16°30′	95	5	56°	98
1994	16°45′	95	5	56°	98
1995	16°30′	95	5	42°	98

15－3 续表

年　　份	市台平均日播音时间（时°分′）	市电台覆盖率（%）	县、区广播台、站（个）	市电视台每周播出时间（时°分′）	市电视台覆盖率（%）
1996	36°30′	96	4	78°	95
1997	49°30′	95	4	125°30′	85.61
1998	36°30′	95	4	174°30′	88.39
1999	36°30′	95	4	238°00′	97.3
2000	37°40′	95	4	206°30′	97.3
2001	43°00′	96.5	4	456°	98.1
2002	54°30′	96.41	4	543°	97.23
2003	60°00′	96.46	4	817°	97.57
2004	64°00′	96.78	4	817°	97.82
2005	88°96′	96.88	4	858°12′	97.88
2006	82°12′	96.91	4	893°56′	97.9
2007	91°30′	96.93	4	916°00′	97.92
2008	139°46′	99.1	4	970°24′	98.48
2009	140°11′	99.14	4	1057°22′	98.49
2010	139°71′	99.14	4	1060°47′	98.49
2011	139°48′	99.3	4	1078°30′	98.61
2012	142°6′	99.3	4	1096°58′	98.62
2013	147°6′	99.32	4	1115°54′	98.68
2014	147°14′	99.41	4	1114°78′	98.89
2015	147°14′	99.41	4	1114°78′	98.91
2016	165°34′	99.41	4	1164°17′	99.04
2017		99.48	4		99.13
2018		99.76	4		99.73
2019		100	4		100
2020		100	4		100
2021		100	4		100
2022		100	4		100

15－4 历年市县训练体育干部、举办运动会情况

单位:人

年 份	训练体育干部			举办运动会（次）	参赛人次
	合 计	#裁判员	#社会体育指导员		
1978	815	455	100	46	
1979	538	330		43	17168
1980	1367	385	650	64	19263
1981	1967	1030	424	115	38496
1982	1802	496	768	118	37696
1983	1045	515	252	99	47746
1984	1318	606	192	130	32596
1985	745	160	336	266	66424
1986	1390	425	655	280	74000
1987	2126	599	263	467	92404
1988	1468	579	125	428	69558
1989	2642	764	380	728	164013
1990	1278	800	267	1149	563139
1991	2233	1563	86	2357	503469
1992	1540	1161	22	444	83537
1993	941	277	34	144	57401
1994	938	539		128	79684
1995	2162	352	1387	283	148479
1996	2504	450	1343	384	194981
1997	1292	373	174	152	263015
1998	1401	548	99	219	75255
1999	2480	956	307	206	84579
2000	2165	785	136	163	116958
2001	1959	608	321	149	33203
2002	865	361	150	35	22700
2003	2223	1689	370	14	489300
2004	238	60	75	28	30000
2005	776	76	700	26	12000
2006	547	58	489	200	300000
2007	3285	60	3225	214	320000
2008	5215	65	5150	301	450000
2009	5952	73	5879	334	480000
2010	2136	11	2125		
2011	1058	32	1026		
2012	451	51	400		
2013	1049	49	1000		
2014	2235	55	2180		
2015	6861	191	6670		
2016	1907	31	1876		
2017	2097	39	2058		
2018	3051	31	3020		
2019	1410	65	1345		
2020	2616	1190	1426		
2021	2991	1803	1188		
2022	3118	1895	1223		

15－5 历年卫生事业发展情况

年份	机构数（个）	# 医院、卫生院(个)	床位数（张）	# 医院、卫生院(张)	卫生工作人员(人)	# 卫生技术人员(人)	# 执业医师和执业助理医师
1949	34	14	747		1468	1253	
1952	522	38	1478		4167	2367	
1957	993	41	3312		8412	4645	
1962	992		8081		9171	7880	
1963	986	122	8177		10070	7725	
1965	1035	138	8454	5713	11235	8779	
1966	993	152	9746	6613	11112	7944	
1970	768	192	8165	4437	10451	7857	4130
1972	937	304	9276	7842	15749	11345	4949
1975	1066	313	11760	9705	18694	13854	6637
1976	1131	241	12132	11017	19687	14656	7233
1977	1192	316	12410	9941	20447	15416	7370
1978	1195	248	12976	11036	21583	16068	7247
1979	1205	323	13343	10851	23075	16722	8018
1980	1250	290	13356	11974	24637	18266	8435
1981	1337	284	13842	11179	26031	19044	8947
1982	1348	255	14000	11283	26755	19805	9305
1983	1330	317	14051	11521	27787	20979	9668
1984	1397	317	14385	11728	29053	22031	10286
1985	1403	291	13743	11503	29620	21611	10187
1986	1319	290	14940	12085	30196	22106	10034
1987	1388	285	15287	12640	30542	22813	10519
1988	1312	284	16158	13619	31960	23918	11386
1989	1397	300	17823	14281	32871	24606	11868
1990	1346	297	18349	14766	34190	26307	12423
1991	1258	300	19352	15705	34834	26546	12297
1992	1323	300	19968	16470	35549	27092	12225
1993	1009	303	20681	17031	34894	25543	11296
1994	1215	305	20878	17245	36473	26875	12210
1995	1100	205	21378	17594	37115	27553	12107

15－5 续表

年份	机构数（个）	# 医院、卫生院	床位数（张）	# 医院、卫生院	卫生工作人员（人）	# 卫生技术人员	# 执业医师和执业助理医师
1996	1295	235	20991	17797	37434	27706	11825
1997	1218	246	20751	18240	38107	27966	11526
1998	1281	249	20569	17974	37954	28579	12070
1999	1216	256	21342	18492	38336	28840	12639
2000	1036	263	20590	17281	36225	27460	12345
2001	1086	265	22538	18998	35303	28187	12310
2002	1127	282	22487	20621	34795	27102	11172
2003	1291	282	23405	21024	38415	29909	11655
2004	1440	258	24360	22264	35937	28142	11412
2005	1519	260	27395	25501	37711	28943	12088
2006	1557	252	28845	27240	40681	31180	12692
2007	2259	265	31891	30046	47340	37402	14683
2008	2385	252	35547	31563	50599	40232	15831
2009	2709	265	41603	35909	55564	44888	17153
2010	2655	255	42629	39983	59738	48791	18258
2011	2680	255	47036	42954	66104	53030	19100
2012	4270	254	51285	46382	69011	55978	20268
2013	4690	279	57919	52507	76479	62123	22936
2014	4586	276	63606	57374	81645	66735	24340
2015	4661	284	66036	59927	84857	69634	25599
2016	4605	286	71335	64805	89246	73603	27271
2017	4493	287	73711	66458	93540	77442	29265
2018	4523	331	77253	69913	98486	81548	30793
2019	4633	336	81242	73664	103086	85866	32286
2020	4681	339	83180	76122	106139	87987	32785
2021	4925	334	87161	78796	113084	94633	35435
2022	5036	339	88763	79920	119085	98570	36782

注：1. 2001 年（含）以前“执业医师和执业助理医师”指标统计口径为“医生”。

2. 2007 年卫生系统新的报表制度将医务室、社区卫生服务中心、社区卫生服务站均统计到“卫生机构”中，故数据增加较大。

3. 2012 年卫生系统新的报表制度将村卫生室、门诊部、诊所（医务室）、专业公共卫生机构、其他医疗卫生机构均统计到“卫生机构”中，故数据增加较大，按 2011 年同口径数据为 2902 个。

15－6 医疗机构诊疗人数(2022年)

类别	医疗机构数（个）	总诊疗人次数（万人次）	
			#门诊人次数
总计	**5036**	**7967.26**	**6367.95**
# 医院	248	3277.02	2812.24
# 卫生院	91	723.84	670.81
# 社区卫生服务机构	370	1859.37	1049.29
社区卫生服务中心	94	1586.96	896.52
社区卫生服务站	276	272.41	152.77

15－7 医疗机构入院、出院人数(2022年)

单位:万人

类别	健康检查人数	入院人数	出院人数
总计	**487.36**	**276.76**	**274.42**
# 医院	249.45	205.43	203.99
# 卫生院	49.62	41.93	41.38
# 社区卫生服务机构	91.86	11.71	11.43
社区卫生服务中心	71.51	11.71	11.43
社区卫生服务站	20.35		

16 区县(市)主要经济和社会指标

16－1　区县(市)年末户籍户数和人口数(2022年)

单位:人

区县(市)	年末总户数(户)	年末总人口	男　性	女　性	城镇人口	乡村人口
全　　市	**2554294**	**7676257**	**3780334**	**3895923**	**5473895**	**2202362**
市区合计	1406329	3952743	1906323	2046420	3493209	459534
芙蓉区	143604	425155	204107	221048	425155	
天心区	207111	538099	260708	277391	523445	14654
岳麓区	330338	937471	451061	486410	815688	121783
开福区	213300	550591	261672	288919	535070	15521
雨花区	295561	805584	389174	416410	767240	38344
望城区	216415	695843	339601	356242	426611	269232
县(市)合计	1147965	3723514	1874011	1849503	1980686	1742828
长沙县	289352	836786	411572	425214	504429	332357
浏阳市	412118	1476656	750954	725702	756777	719879
宁乡市	446495	1410072	711485	698587	719480	690592

16－2 历年分区县(市)年末户籍人口

单位:人

年份	全市	市区合计	县(市)合计	芙蓉区	天心区	岳麓区	开福区	雨花区	望城区	长沙县	浏阳市	宁乡市
2000	5831894	1754142	4077752	313987	356518	314706	376771	392160	713953	735402	1320593	1307804
2001	5870933	1807670	4063263	323035	369082	326408	381347	407798	706877	735958	1318343	1302085
2002	5954592	1889773	4064819	334844	386443	353719	388545	426222	706546	734198	1318611	1305464
2003	6017624	1962561	4055063	345817	401010	376124	395399	444211	704964	734731	1325928	1289440
2004	6103844	2024646	4079198	359797	417866	386266	399750	460967	702481	737560	1332120	1307037
2005	6209248	2086476	4122772	370498	422118	395385	410326	488149	710330	745179	1345410	1321853
2006	6309958	2146096	4163862	381843	429104	416715	415841	502593	717055	755524	1355160	1336123
2007	6373561	2187488	4186073	397760	421136	431013	416085	521494	712314	764869	1363979	1344911
2008	6417367	2365801	4051566	408441	412568	617889	411404	515499	541622	775815	1380303	1353826
2009	6468350	2391675	4076675	406271	407537	625527	414841	537499	541037	781972	1393501	1360165
2010	6501248	2395348	4105900	406641	400566	627763	419868	540510	544314	788566	1407104	1365916
2011	6566185	2967851	3598334	409726	398395	630265	426620	550721	552124	803861	1423524	1370949
2012	6606166	2979005	3627161	408872	396222	626976	433334	556458	557143	813395	1436248	1377518
2013	6628122	2992513	3635609	406273	392340	624428	441605	565405	562462	818874	1439697	1377038
2014	6714121	3035103	3679018	403948	397329	644834	452168	576257	560567	832244	1453246	1393528
2015	6803579	3184995	3618584	403073	445700	645883	461884	648812	579643	743210	1469104	1406270
2016	6959998	3283293	3676705	399936	460205	674871	475865	669357	603059	764869	1489306	1422530
2017	7087939	3397749	3690190	403972	475285	720473	487524	690021	620474	785647	1483717	1420826
2018	7288583	3557549	3731034	424671	496128	783265	505571	720819	627095	806327	1493770	1430937
2019	7382401	3643794	3738607	426994	506621	803944	515391	738450	652394	818383	1491285	1428939
2020	7472869	3737939	3734930	428143	516990	852631	526292	759867	654016	826417	1488160	1420353
2021	7600387	3870861	3729526	429701	531030	899289	541024	786917	682900	833514	1480623	1415389
2022	7676257	3952743	3723514	425155	538099	937471	550591	805584	695843	836786	1476656	1410072

注:望城区从 2011 年开始撤县设区,数据纳入市区合计。

16－3　区县(市)人口自然变动情况(2022年)

区县(市)	出生人口(人)	死亡人口(人)	自然增长人数(人)	出生率(‰)	死亡率(‰)	自然增长率(‰)
全　　市	**59883**	**55381**	**4502**	**7.84**	**7.25**	**0.59**
市区合计	35779	25994	9785	9.15	6.65	2.50
芙蓉区	2860	3321	－461	6.69	7.77	－1.08
天心区	4634	4219	415	8.67	7.89	0.78
岳麓区	9682	4657	5025	10.54	5.07	5.47
开福区	4657	3776	881	8.53	6.92	1.61
雨花区	7277	4787	2490	9.14	6.01	3.13
望城区	6669	5234	1435	9.67	7.59	2.08
县(市)合计	24104	29387	－5283	6.47	7.89	－1.42
长沙县	6546	6032	514	7.84	7.22	0.62
浏阳市	8764	11037	－2273	5.93	7.46	－1.54
宁乡市	8794	12318	－3524	6.22	8.72	－2.49

16－4　区县(市)人口机械增长情况(2022年)

区县(市)	迁入人数(人)	迁出人数(人)	机械增长人数(人)	机械增长率(‰)	自然、机械净增人数(人)	净增率(‰)
全　　市	**149706**	**41697**	**108009**	**14.14**	**112511**	**14.73**
市区合计	135105	28273	106832	27.31	116617	29.81
芙蓉区	9505	4409	5096	11.92	4635	10.84
天心区	17552	3599	13853	26.10	14368	26.88
岳麓区	47117	8025	39092	42.57	44117	48.04
开福区	16893	3520	13373	24.50	14254	26.12
雨花区	28872	5189	23683	29.74	26173	32.87
望城区	15166	3531	11635	16.88	13070	18.96
县(市)合计	14601	13424	1177	0.32	－4106	－1.10
长沙县	9352	5795	3557	4.26	4071	4.87
浏阳市	2437	3702	－1265	－0.86	－3538	－2.39
宁乡市	2812	3927	－1115	－0.79	－4639	－3.28

16－5 历年分区县(市)年末常住人口

单位:人

年份	全 市	市区合计	县(市)合计	芙蓉区	天心区	岳麓区	开福区	雨花区	望城区	长沙县	浏阳市	宁乡市
2000	6138719	2122873	4015846	390074	396827	409939	423645	502388	686349	774707	1307572	1247218
2001	6200800	2220025	3980775	410289	428547	423318	433394	524477	673420	763529	1303121	1240705
2002	6268778	2273184	3995594	417362	437439	438665	442120	537598	677953	769660	1303096	1244885
2003	6283499	2304859	3978640	417794	442319	443720	454530	546496	678439	770218	1306304	1223679
2004	6290000	2310860	3979140	419095	443619	444820	455530	547796	678539	770318	1306404	1223879
2005	6393000	2372600	4020400	431600	448100	455300	467600	570000	686000	778300	1319400	1236700
2006	6465000	2413421	4051579	440809	455086	464847	474851	577828	692760	786069	1328470	1244280
2007	6529200	2498341	4030859	447418	460588	482435	484299	623601	688188	790656	1310784	1241231
2008	6585600	2682518	3903082	460403	451650	673884	479420	617161	519050	803428	1329107	1251497
2009	6642200	2725458	3916742	460700	452296	694057	484405	634000	522200	805249	1333923	1255370
2010	7040709	3092034	3948675	523989	475196	801720	567140	723989	523650	979420	1279469	1166136
2011	7403600	3891900	3511700	541600	523200	869600	595300	799800	562400	1050600	1293400	1167700
2012	7661800	4086300	3575500	553000	541300	953200	617500	842900	578400	1098000	1300100	1177400
2013	7874600	4243700	3630900	562400	560200	1000600	637800	881400	601300	1138200	1314100	1178600
2014	8131100	4431900	3699200	575700	586400	1055900	657000	925000	631900	1196800	1321300	1181100
2015	8282700	4689900	3592800	581500	702100	1090600	672500	999200	644000	1072000	1332400	1188400
2016	8590300	4931800	3658500	607600	754200	1184000	702200	1011200	672600	1113600	1347200	1197700
2017	9029400	5224400	3805000	628100	787300	1261100	721100	1109100	717700	1233600	1358100	1213300
2018	9280000	5393900	3886100	629400	792400	1314400	752100	1153700	751900	1279000	1382400	1224700
2019	9635600	5669700	3965900	630800	804200	1426600	783900	1197100	827100	1314500	1405900	1245500
2020	10060800	5988300	4072500	642800	837200	1528600	821800	1266500	891400	1376300	1431200	1265000
2021	10239300	6139800	4099500	644900	857400	1579800	850000	1273000	934700	1400100	1430100	1269300
2022	10420600	6269500	4151100	651100	871700	1628000	874800	1281000	962900	1427500	1445900	1277700

注:1. 望城区从 2011 年开始撤县设区,数据纳入市区合计。

2. 因区划调整,2015 年长沙县、天心区、雨花区人口数据调整。

3. 2011－2020 年为全国第七次人口普查修订后的数据。

16－6 历年分区县(市)年末常住城镇人口

单位:万人

年份	全 市	芙蓉区	天心区	岳麓区	开福区	雨花区	望城区	长沙县	浏阳市	宁乡市
2010	476.58	52.40	47.24	67.43	55.47	71.70	24.18	49.61	58.41	50.14
2011	508.05	54.16	52.02	73.33	58.16	79.20	26.10	54.13	60.10	50.85
2012	528.62	55.30	53.81	80.42	60.05	83.51	26.93	56.60	60.65	51.35
2013	555.55	56.24	55.70	84.79	61.85	87.37	31.40	60.65	65.61	51.94
2014	589.09	57.57	58.31	90.50	63.54	91.79	36.41	68.60	68.50	53.87
2015	624.84	58.15	67.85	95.86	64.98	97.41	40.18	68.41	73.13	58.87
2016	666.23	60.76	73.23	107.09	67.83	98.58	44.80	73.98	77.67	62.29
2017	721.07	62.81	77.09	115.75	69.65	108.13	52.96	85.44	82.01	67.23
2018	760.34	62.94	77.78	122.99	72.63	112.48	57.36	94.44	86.36	73.36
2019	794.51	63.08	79.14	133.82	75.71	116.71	64.38	97.82	88.26	75.59
2020	830.98	64.28	82.85	143.85	79.38	123.47	69.86	102.56	88.73	76.00
2021	851.53	64.49	84.95	149.29	82.11	124.12	74.39	104.52	90.08	77.58
2022	867.72	65.11	86.37	153.86	84.51	124.90	76.71	106.61	91.32	78.33

16－7 历年分区县(市)年末常住人口城镇化率

单位:%

年份	全 市	芙蓉区	天心区	岳麓区	开福区	雨花区	望城区	长沙县	浏阳市	宁乡市
2010	67.69	100	99.41	84.11	97.81	99.03	46.17	50.65	45.65	43.00
2011	68.62	100	99.43	84.33	97.70	99.02	46.41	51.52	46.47	43.55
2012	68.99	100	99.41	84.37	97.25	99.07	46.56	51.55	46.65	43.61
2013	70.55	100	99.43	84.74	96.97	99.13	52.22	53.29	49.93	44.07
2014	72.45	100	99.44	85.71	96.71	99.23	57.62	57.32	51.84	45.61
2015	75.44	100	96.64	87.90	96.62	97.49	62.39	63.82	54.89	49.54
2016	77.56	100	97.10	90.45	96.60	97.49	66.61	66.43	57.65	52.01
2017	79.86	100	97.92	91.78	96.59	97.49	73.79	69.26	60.39	55.41
2018	81.93	100	98.16	93.57	96.57	97.50	76.29	73.84	62.47	59.90
2019	82.46	100	98.41	93.80	96.58	97.49	77.84	74.42	62.78	60.69
2020	82.60	100	98.96	94.11	96.59	97.49	78.37	74.52	62.00	60.08
2021	83.16	100	99.08	94.50	96.60	97.50	79.59	74.65	62.99	61.12
2022	83.27	100	99.08	94.51	96.60	97.50	79.67	74.68	63.16	61.31

16－8 区县(市)地区生产总值(2022年)

单位:万元

指标	芙蓉区	天心区	岳麓区	开福区	雨花区	望城区	长沙县	浏阳市	宁乡市
地区生产总值	13271629	13021565	15621201	11802312	24782464	10531250	21144199	17224521	12270648
农、林、牧、渔业	45	14099	112884	11738	61715	672423	1003054	1456721	1480186
工业	531710	1403334	3028768	609252	9216359	3305367	9526210	8625470	4730676
建筑业	1169520	2675727	1500211	984690	4566387	1290436	1892274	444542	506609
批发和零售业	2122387	1169427	1366878	1842396	2101315	1339982	1425621	1948962	1513855
交通运输、仓储和邮政业	540291	621874	470059	636454	659887	298550	807499	343322	313461
住宿和餐饮业	402631	349924	328816	449070	343711	286756	437420	413011	433836
金融业	3092864	1460335	1183780	1623986	1794748	148833	644912	401644	261938
房地产业	962248	858302	1134361	627054	946609	795709	842024	468556	593969
营利性服务业	2733161	3178665	2867066	3420002	3310825	1471859	2486260	1783891	1412930
非营利性服务业	1716772	1289877	3628378	1597670	1780908	921335	2078925	1338402	1023189
第一产业	30	13514	109105	11340	59625	620857	946422	1364844	1387380
第二产业	1701230	4079061	4521149	1593942	13755466	4588900	11397676	9029563	5237286
第三产业	11570369	8928990	10990947	10197030	10967373	5321493	8800101	6830114	5645982

16－9　区县(市)地区生产总值增长速度(2022年)

单位:%

指　　标	芙蓉区	天心区	岳麓区	开福区	雨花区	望城区	长沙县	浏阳市	宁乡市
地区生产总值	4.1	4.9	4.7	4.1	4.5	4.6	4.5	5.0	4.7
农、林、牧、渔业	－40.3	－8.8	－3.1	1.2	2.8	3.5	3.8	3.8	3.8
工业	3.9	6.7	4.0	6.0	7.8	6.8	6.0	5.9	6.0
建筑业	6.7	5.3	12.2	4.4	2.1	4.1	3.8	15.6	9.6
批发和零售业	0.9	－3.0	－0.1	2.5	2.0	1.9	0.5	2.0	5.3
交通运输、仓储和邮政业	2.4	4.1	5.6	4.7	3.0	6.2	4.9	5.6	5.1
住宿和餐饮业	3.8	3.8	3.1	3.2	3.7	3.0	3.6	3.9	2.9
金融业	7.0	7.0	7.0	7.0	7.0	7.0	7.0	7.0	7.0
房地产业	－13.9	－2.3	－11.3	－9.1	－17.1	－13.4	－12.3	－1.6	－11.4
营利性服务业	8.2	7.5	6.2	3.2	5.8	10.7	6.3	3.5	5.1
非营利性服务业	7.6	6.9	8.4	10.9	8.1	12.3	7.0	7.0	8.9
第一产业	－50.2	－8.9	－3.1	1.2	2.8	3.1	3.5	3.5	3.5
第二产业	5.8	5.8	6.6	4.9	5.7	5.9	5.5	6.1	6.4
第三产业	3.8	4.5	4.0	4.0	3.1	3.7	3.3	4.0	3.7

16-10 区县(市)规模以上工业企业主要经济指标(2022年)

单位:万元

区县(市)	资产总计	负债合计	营业收入	利润总额
全　　市	**131784691**	**70782341**	**94283844**	**5823443**
芙蓉区	811984	375532	611299	10152
天心区	11690407	7918966	4175486	134229
岳麓区	35346600	19073704	14357846	1069301
开福区	1981833	1159275	1316064	140436
雨花区	16702585	7700899	20469338	1703309
望城区	10273124	5813385	9156037	468655
长沙县	22789139	13408942	15546837	351687
浏阳市	16392905	6159964	13271731	963346
宁乡市	15796115	9171675	15379207	982329

16-11 区县(市)单位GDP能耗上升或下降

单位:%

年份	全　市	芙蓉区	天心区	岳麓区	开福区	雨花区	望城区	长沙县	浏阳市	宁乡市
2006	-3.89	-4.35	-4.28	-5.28	-5.59	-2.06	-5.54	-4.90	-4.67	-4.41
2007	-4.69	-4.80	-5.04	-5.74	-5.08	-5.69	-4.36	-4.38	-4.23	-4.50
2008	-6.10	-6.29	-6.25	-6.04	-6.03	-6.01	-6.23	-6.32	-5.84	-6.50
2009	-4.53	-5.56	-4.66	-4.42	-4.61	-4.81	-4.52	-4.68	-5.52	-4.50
2010	-2.29	-1.66	-2.21	-2.02	-1.60	-3.19	-1.23	-3.22	-2.28	-3.54
2011	-3.96	-3.77	-3.69	-3.49	-3.36	-3.71	-3.68	-3.93	-4.18	-4.22
2012	-6.04	-5.21	-5.62	-6.21	-5.44	-5.99	-7.80	-6.07	-6.20	-6.46
2013	-4.56	-4.72	-4.79	-4.20	-4.55	-4.88	-4.12	-5.66	-5.93	-5.77
2014	-5.71	-5.49	-5.30	-5.67	-5.39	-5.86	-7.67	-6.03	-6.48	-7.88
2015	-5.77	-4.79	-4.91	-6.91	-5.23	-4.67	-4.20	-4.09	-7.60	-11.94
2016	-4.26	-5.33	-3.35	-6.72	-3.47	-1.30	-2.26	-4.38	-7.74	-5.93
2017	-5.60	-5.70	-5.14	-5.43	-5.54	-5.49	-5.59	-7.11	-6.16	-6.24
2018	-4.77	-4.54	-5.36	-4.72	-5.00	-5.77	-4.32	-5.56	-5.04	-4.71
2019	-4.85	-4.68	-4.83	-4.77	-3.95	-4.78	-5.62	-5.59	-6.43	-5.44
2020	-2.77	-2.85	-2.59	-3.25	-3.56	-0.74	-3.85	-1.85	-4.96	-1.37
2021	-3.30	-3.90	-3.40	-3.20	-3.50	-3.30	-3.40	-3.30	-3.50	-3.60
2022	-6.00	-8.40	-3.20	-3.30	-3.60	-3.10	-5.10	-7.40	-8.20	-8.40

16－12 区县(市)单位GDP电耗上升或下降

单位:%

年份	全 市	芙蓉区	天心区	岳麓区	开福区	雨花区	望城区	长沙县	浏阳市	宁乡市
2006	－2.14	－9.88	－3.17	－5.35	－8.23	2.94	17.62	－1.04	4.92	－7.83
2007	－4.45	－10.43	－3.02	－3.98	－9.27	－7.76	－7.03	－2.20	7.94	0.24
2008	－5.48	－9.53	－0.70	－9.14	－6.17	6.47	－3.89	－16.97	－15.83	－4.29
2009	－3.05	－4.79	－19.39	－4.39	－15.60	－14.95	－13.97	－27.29	－1.76	2.45
2010	－1.52	－2.41	－4.17	－5.67	－4.81	－1.51	－1.63	－2.85	8.40	－0.78
2011	0.22	－2.56	－1.62	－3.52	－0.96	－0.36	7.49	0.13	10.51	－2.03
2012	－1.46	－5.10	－4.80	－6.61	－4.50	－5.21	6.30	2.77	5.37	－8.84
2013	－2.31	－3.16	－2.92	－2.75	－2.99	－2.69	－6.62	3.60	－5.15	－4.69
2014	－7.58	－8.04	－7.55	－9.06	－8.84	－6.83	－11.63	－2.07	－7.72	－12.71
2015	－1.69	－1.55	－4.00	－2.83	－2.28	－5.07	5.49	7.36	－4.67	－14.59
2020	－2.77	－2.85	－2.59	－3.25	－3.56	－0.74	－3.85	－1.85	－4.96	－1.37
2017	0.23	－3.84	－2.29	－1.04	－4.52	－2.53	－5.84	4.18	7.03	3.36
2018	6.98	5.24	4.61	5.71	4.76	3.76	7.07	8.95	8.94	7.41
2019	0.60	－2.71	－1.70	0.56	3.05	－1.76	12.55	－3.81	－3.06	5.85
2020	－0.01	0.58	－5.83	－1.86	－0.38	0.05	0.80	－6.53	6.58	9.65
2021	9.50	7.10	7.20	18.20	6.30	7.70	14.70	2.30	12.20	10.80
2022	2.00	4.30	－8.90	12.50	6.30	8.70	－6.80	－1.70	5.40	2.90

16－13 区县(市)房地产主要指标完成情况

区县(市)	商品房销售面积(万 m^2)
全 市	**1699.36**
芙蓉区	49.41
天心区	109.10
岳麓区	409.25
开福区	169.42
雨花区	253.69
望城区	265.08
长沙县	253.41
浏阳市	90.46
宁乡市	99.52

16－14 区县(市)财政收入(2022年)

指　　标	全市	市本级	芙蓉区	天心区
地方一般公共预算收入	12020004	4729128	383287	704804
税收收入	8528809	3263467	273575	466288
增值税	3099191	855009	155556	252170
企业所得税	1032397	475729	34932	70619
个人所得税	537942	292217	33185	26630
资源税	7561	27		
城市维护建设税	532184	417029		
房产税	431906	133560	25804	25794
印花税	199316	69712	6991	14863
城镇土地使用税	205990	99093		
土地增值税	1315341	329856	14771	75200
车船税	133077	28784		
耕地占用税	79811	8017	2336	876
契税	933145	552587		
烟叶税	9462			
环境保护税	8087	922		
其他税收收入	3399	925		136
非税收入	3491195	1465661	109712	238516
专项收入	1144436	794345	1349	1951
行政事业性收费收入	306228	106963	4412	5496
罚没收入	254061	110257	17548	3912
国有资本经营收入	37	37		
国有资源(资产)有偿使用收入	1054550	96116	22289	175790
其他收入	731883	357943	64114	51367
政府性基金预算收入合计	11115392	5067277		－1395

单位:万元

岳麓区	开福区	雨花区	望城区	长沙县	浏阳市	宁乡市
749696	640906	791610	900861	1317602	1011444	790666
622271	452097	467705	690697	931204	764148	597357
264739	222030	236477	242331	424594	236331	209954
118238	53978	73966	37098	68694	43154	55989
40015	36207	29859	12241	24839	23814	18935
			39	-51	4001	3545
			28961	37973	23497	24724
28781	24356	30819	33932	69396	28364	31100
13739	8525	22061	12009	26601	11159	13656
			39109	32020	16002	19766
150028	82972	89099	171802	114382	174409	112822
			3935	36161	55557	8640
6713	23995	-16541	1441	5221	41410	6343
			107409	90841	95524	86784
					5291	4171
			378	408	5635	744
18	34	1965	12	125		184
127425	188809	323905	210164	386398	247296	193309
2054	2891	4151	30486	238004	36309	32896
37790	7664	6211	53665	30163	24664	29200
27788	1153	6068	20488	22609	24364	19874
52484	119660	256999	89655	73620	104205	63732
7309	57441	50476	15870	22002	57754	47607
885	-721	-133	1727430	1597950	1274516	1449583

16－15　区县(市)财政支出(2022年)

单位:万元

指　　标	全市	市本级	芙蓉区	天心区	岳麓区	开福区
一般公共预算支出	15662586	5352373	555753	778985	909936	823333
一般公共服务	1612417	362522	79021	126047	125844	123321
科学技术	795282	417660	9917	18813	31715	24938
交通运输	320393	118075	5793	1294	6395	6297
农林水	1031038	145012	6745	20473	46902	33610
节能环保	266593	108203	331	3233	7065	17609
城乡社区	3811967	2021978	159593	216030	167631	247746
文化旅游体育与传媒	201956	94582	3252	4709	6168	2766
教育支出	2929915	710248	116621	178327	243527	137300
卫生健康	1088029	203042	45426	77740	96955	65433
商业服务业等	186824	76773	1185	1806	2828	8898
社会保障和就业	1455845	337590	82448	65464	102855	103963
公共安全	750049	453916	10609	17466	15040	12457
其他支出	1212278	302772	34812	47583	57011	38995

16－15 续表

单位:万元

指　　标	雨花区	望城区	长沙县	浏阳市	宁乡市
一般公共预算支出	980262	1260769	1955654	1740502	1305019
一般公共服务	141128	106713	263108	129679	155034
科学技术	13066	37935	149808	62174	29256
交通运输	6538	33677	61938	47612	32774
农林水	32536	126065	192383	257118	170194
节能环保	7641	54204	31276	20162	16869
城乡社区	297650	178611	192901	205057	124770
文化旅游体育与传媒	2726	27484	22814	25224	12231
教育支出	237789	245761	388500	397467	274375
卫生健康	74990	108547	126149	150092	139655
商业服务业等	8903	11214	60170	10830	4217
社会保障和就业	83899	160112	126150	227517	165847
公共安全	21663	41029	88976	45790	43103
其他支出	51733	129417	251481	161780	136694

16－16 区县(市)社会消费品零售总额

单位:万元

年份	全市	芙蓉区	天心区	岳麓区	开福区	雨花区	望城区	长沙县	浏阳市	宁乡市
2003	5057128	1270555	633040	338459	881412	817150	180061	288431	345839	302181
2004	5943647	1476313	745127	411283	1028856	971598	217274	334322	405041	353833
2005	6912442	1482042	772772	528408	1110198	1305888	242434	461069	501801	507830
2006	8079595	1709166	901755	637662	1274871	1537468	292354	542785	588404	595130
2007	9715761	2011392	1095920	782911	1545687	1851834	358666	653604	705911	709836
2008	11813109	2413867	1322424	969696	1860685	2234927	437546	805544	885143	883278
2009	13573325	2703412	1489120	1187630	2071616	2582495	456075	1053421	1013072	1016485
2010	16220858	2991828	1765838	1475320	2435324	3130759	554907	1427685	1213832	1225365
2011	19505532	3437831	2066179	1802807	2844006	3794804	693292	1950191	1443624	1472798
2012	22231254	3833486	2343046	2131939	3123076	4292964	849474	2330219	1641245	1685805
2013	25284617	4226546	2677534	2503172	3442926	4811682	1050515	2766702	1864457	1941083
2014	28314880	4455917	2959137	2972440	3796756	5141761	1357580	3312598	2104834	2213858
2015	31502425	4746144	3197794	3362951	4107805	5470871	1720418	3866697	2439069	2590676
2016	34819847	5036397	3327238	3844181	4309852	5795012	2270386	4414287	2805323	3017171
2017	38222477	5257349	3637380	4518010	4533848	5848521	2832682	4924422	3177602	3492665
2018	41692424	5442502	3861623	4993855	4816143	6230483	3469575	5333345	3576382	3968517
2019	45894043	5950521	4222145	5485312	5284554	6755284	3988410	5834181	3963984	4409652
2020	44697628	5757399	4086629	5474384	5114062	6616949	3975174	5604041	3824395	4244595
2021	51115732	6586152	4630306	6149437	5840188	7550833	4610420	6434423	4419568	4894404
2022	52355636	6698670	4659632	6250524	6058612	7681618	4841309	6635884	4557518	4971869

注:根据第四次全国经济普查结果对2003－2019年区县(市)社会消费品零售总额进行了调整。

17 全国三十五个直辖市、省会和副省级城市主要经济社会指标

长沙统计年鉴

全国三十五个城市主要经济社会指标(2022 年)

单位:亿元

城　市	地区生产总值				第一产业增加值			
	2022 年	位次	比上年 ± %	位次	2022 年	位次	比上年 ± %	位次
长　沙	**13966.11**	**13**	**4.5**	**2**	**451.3**	**11**	**3.6**	**17**
郑　州	12934.69	14	1.0	28	185.64	24	3.7	15
太　原	5571.17	26	3.3	14	48.07	32	4.0	10
合　肥	12013.10	17	3.5	11	379.20	14	3.9	13
武　汉	18866.43	7	4.0	7	475.79	10	3.2	20
南　昌	7203.50	23	4.1	6	248.60	22	3.6	17
石家庄	7100.60	24	6.4	1	558.30	7	5.2	2
南　宁	5218.34	28	1.4	26	601.51	4	4.4	5
成　都	20817.50	6	2.8	18	588.42	5	3.8	14
西　安	11486.51	18	4.4	3	323.58	18	3.7	15
贵　阳	4921.17	29	2.0	24	203.60	23	4.0	10
昆　明	7541.37	22	3.0	17	326.96	17	4.4	5
兰　州	3343.50	31	0.8	31	65.00	30	5.0	3
乌鲁木齐	3893.00	30	0.3	33	31.00	33	2.8	26
西　宁	1644.35	35	2.1	22	62.96	31	4.4	5
呼和浩特	3329.10	32	2.6	19	160.55	25	4.3	8
银　川	2535.63	33	4.0	7	91.80	29	4.7	4
沈　阳	7695.80	21	3.5	11	335.19	16	2.1	29
长　春	6744.56	25	-4.5	35	551.32	8	2.1	29
哈尔滨	5490.10	27	2.5	21	672.10	3	2.6	27
福　州	12308.23	15	4.4	3	683.38	2	3.0	24
海　口	2134.77	34	1.3	27	99.19	27	5.6	1
南　京	16907.85	9	2.1	22	315.56	20	3.4	19
杭　州	18753.00	8	1.5	25	346.00	15	1.8	31
广　州	28839.00	5	1.0	28	318.31	19	3.2	20
济　南	12027.50	16	3.1	16	420.50	12	3.1	23
北　京	41610.90	2	0.7	32	111.50	26	-1.6	34
上　海	44652.80	1	-0.2	34	96.95	28	-3.5	35
天　津	16311.34	10	1.0	28	273.15	21	2.9	25
重　庆	29129.03	4	2.6	19	2012.05	1	4.0	10
大　连	8430.90	19	4.0	7	563.00	6	3.2	20
青　岛	14920.75	12	3.9	10	478.05	9	2.2	28
宁　波	15704.30	11	3.5	11	382.00	13	4.1	9
深　圳	32387.68	3	3.3	14	25.64	35	0.8	33
厦　门	7802.66	20	4.4	3	29.27	34	1.4	32

注:空缺数据未收集到,后同。

续表 1　　　　单位:亿元

城市	第二产业增加值				第三产业增加值			
	2022年	位次	增速(%)	位次	2022年	位次	增速(%)	位次
长沙	**5589.58**	**12**	**6.2**	**6**	**7925.24**	**12**	**3.4**	**9**
郑州	5174.58	14	2.0	24	7574.47	14	0.2	32
太原	2466.10	24	5.8	7	3057	28	1.7	22
合肥	4394.50	16	5.3	10	7239.4	16	2.4	15
武汉	6716.65	6	7.3	3	11673.99	8	2.3	18
南昌	2484.61	23	4.6	13	3470.29	26	3.7	6
石家庄	2334.10	26	5.4	9	4208.20	22	7.0	1
南宁	1182.81	30	0.1	29	3434.03	27	1.2	27
成都	6404.12	8	5.5	8	13824.96	6	1.5	24
西安	4071.56	18	10.7	2	7091.37	17	1.3	25
贵阳	1739.57	27	3.7	16	2977.99	29	0.9	29
昆明	2413.39	25	3.2	19	4801.02	19	2.7	13
兰州	1150.80	32	-2.9	33	2127.80	31	2.4	15
乌鲁木齐	1133.00	33	-1.0	31	2729.00	30	0.7	30
西宁	618.45	34	11.4	1	962.94	35	-2.7	35
呼和浩特	1155.82	31	2.7	23	2012.73	32	2.5	14
银川	1261.70	29	7.3	3	1182.13	34	1.3	25
沈阳	2885.47	21	3.7	16	4475.13	21	3.5	8
长春	2694.97	22	-9.3	34	3498.27	25	-1.8	34
哈尔滨	1285.00	28	0.6	27	3533.00	24	3.2	11
福州	4656.90	15	5.2	11	6967.95	18	4.0	4
海口	406.30	35	6.8	5	1629.27	33	-0.1	33
南京	6069.64	9	1.7	25	10522.65	9	2.2	19
杭州	5620.00	11	0.4	28	12787.00	7	2.0	20
广州	7909.29	4	1.1	26	20611.40	3	1.0	28
济南	4180.20	17	3.2	19	7426.70	15	3.0	12
北京	6605.10	7	-11.4	35	34894.30	1	3.4	9
上海	11458.43	3	-1.6	32	33097.42	2	0.3	31
天津	6038.93	10	-0.5	30	9999.26	10	1.7	22
重庆	11693.86	2	3.3	18	15423.12	5	1.9	21
大连	3712.50	19	4.5	14	4155.40	23	3.7	6
青岛	5197.34	13	2.8	22	9245.36	11	4.5	3
宁波	7413.50	5	3.2	19	7908.80	13	3.8	5
深圳	12405.88	1	4.8	12	19956.16	4	2.4	15
厦门	3233.56	20	3.8	15	4539.83	20	4.7	2

续表 2

城市	规模以上工业增加值		固定资产投资	
	2022 年比 2021 年 ±%	位次	2022 年比 2021 年 ±%	位次
长沙	**8.3**	**7**	**5.1**	**14**
郑州	4.4	15	-8.5	30
太原	8.5	6	0.2	23
合肥	6.3	8	9.1	7
武汉	5.0	13	10.8	2
南昌	6.0	10	7.6	9
石家庄	10.6	4	10	6
南宁	1.9	26	-17.8	34
成都	5.6	11	5.0	15
西安	13.9	3	10.5	3
贵阳	4.4	15	-4.2	28
昆明	3.0	23	-3.1	26
兰州	-0.4	31	-3.5	27
乌鲁木齐	6.2	9	0.3	22
西宁	26.9	1	-18.3	35
呼和浩特	3.0	23	12.6	1
银川	10.3	5	3.7	18
沈阳	3.1	22	6.1	11
长春	-10.1	34	-11.8	32
哈尔滨	1.0	28	-7.6	29
福州	3.8	18	5.9	13
海口	20.5	2	-12.7	33
南京	2.4	25	3.5	20
杭州	0.3	30	6.0	12
广州	0.8	29	-2.1	25
济南	1.6	27	3.8	17
北京	-16.7	35	3.6	19
上海	-0.6	32	-1.0	24
天津	-1.0	33	-9.9	31
重庆	3.2	21	0.7	21
大连	5.1	12	6.5	10
青岛	3.8	18	4.5	16
宁波	3.8	18	10.4	4
深圳	4.8	14	8.4	8
厦门	4.3	17	10.2	5

续表 3

单位:亿元

城市	社会消费品零售总额				地方一般公共预算收入			
	2022 年	位次	增速(%)	位次	2022 年	位次	增速(%)	位次
长沙	**5235.56**	**11**	**2.4**	**6**	**1202**	**13**	**1.2**	**9**
郑州	5223.14	12	-3.3	20	1130.79	14	-7.6	24
太原	1761.40	28	-6.0	28	437.48	26	3.3	6
合肥	5021.60	13	-1.8	18	909.25	16	7.7	1
武汉	6936.20	9	2.1	8	1504.74	11	3.7	5
南昌	3012.00	20	4.6	3	457.68	25	-5.6	20
石家庄	2548.40	22	1.9	9	718.00	19	5.4	4
南宁	2358.78	24	-0.2	13	392.68	28	0.2	11
成都	9096.50	6	-1.7	17	1722.40	8	1.5	8
西安	4642.11	17	-5.2	25	834.09	18	-2.6	18
贵阳	2402.11	23	-5.7	27	402.16	27	-5.7	21
昆明	3385.26	19	0.0	12	505.25	23	-26.7	34
兰州	1598.20	29	-9.1	31	221.00	32	-20.1	32
乌鲁木齐	1033.00	31	-11.8	33	314.82	29	-16.7	31
西宁	531.70	34	-14.4	35	131.70	35	-14.4	30
呼和浩特	1059.81	30	-4.1	22	230.87	31	0.9	10
银川	791.62	33	0.4	11	168.86	34	-1.4	13
沈阳	3864.52	18	-3.0	19	713.67	20	-7.7	25
长春	1907.84	26	-14.0	34	459.69	24	-25.5	33
哈尔滨	2195.90	25	-7.7	30	262.20	30	-28.3	35
福州	4679.52	16	2.9	5	698.52	21	-6.8	23
海口	1003.05	32	-5.1	24	204.82	33	-1.7	15
南京	7832.41	7	-0.8	15	1558.21	10	-9.9	28
杭州	7294.00	8	5.8	1	2451.00	4	2.7	7
广州	10298.15	4	1.7	10	1854.73	6	-1.5	14
济南	4878.10	15	-4.8	23	1001.10	15	-0.6	12
北京	13794.20	3	-7.2	29	5714.40	2	-3.7	19
上海	16442.14	1	-9.1	31	7608.19	1	-2.1	16
天津			-5.2	25	1846.55	7	-13.8	29
重庆	13926.08	2	-0.3	14	2103.40	5	-8.0	26
大连	1846.90	27	-3.3	20	669.70	22	-9.2	27
青岛	5891.80	10	-1.4	16	1273.20	12	5.5	3
宁波	4896.70	14	5.3	2	1680.23	9	-2.5	17
深圳	9708.28	5	2.2	7	4012.27	3	-5.8	22
厦门	2665.36	21	3.1	4	883.77	17	6.6	2

续表 4

单位:亿元

城市	进出口总额(海关口径)				出口额			
	2022 年	位次	增速(%)	位次	2022 年	位次	增速(%)	位次
长　沙	**3315.90**	**19**	**19.2**	**7**	**2462.50**	**16**	**24.5**	**7**
郑　州	6069.70	13	3.1	24	3596.30	13	1.3	26
太　原	1467.07	23	-20.2	35	971.82	21	-14.6	34
合　肥	3610.95	17	8.6	16	2301.84	17	13.4	14
武　汉	3532.20	18	5.3	19	2153.00	18	11.6	15
南　昌	1345.56	25	4.3	20	954.89	22	6.7	23
石家庄	1235.10	26	-16.3	34	803.70	24	-6.2	33
南　宁	1510.07	22	22.9	5	742.68	25	27.6	5
成　都	8346.40	9	1.6	27	5005.10	9	3.7	24
西　安	4474.10	15	0.8	29	2801.50	14	17.3	10
贵　阳	593.33	29	15.2	10	371.06	28	-5.6	32
昆　明	1997.41	21	16.4	9	946.40	23	1.2	27
兰　州	168.80	33	19.0	8	65.30	34	77.7	1
乌鲁木齐	513.57	30	33.2	2	388.78	27	49.6	4
西　宁	32.41	35	41.5	1	16.48	35	77.5	2
呼和浩特	182.70	32	14.4	11	93.00	33	15.4	12
银　川	156.60	34	24.3	4	122.61	32	18.6	9
沈　阳	1406.56	24	-0.7	31	522.27	26	7.7	22
长　春	1107.58	27	-6.2	33	208.46	29	25.6	6
哈尔滨	387.00	31	12.5	14	136.30	31	-20.4	35
福　州	3656.90	16	10.2	15	2564.60	15	16.6	11
海　口	605.60	28	28.6	3	170.80	30	62.0	3
南　京	6292.13	12	0.3	30	3827.91	11	-1.8	28
杭　州	7565.00	11	2.7	25	5141.00	8	10.6	16
广　州	10948.40	5	1.1	28	6194.79	4	-1.8	28
济　南	2208.90	20	13.9	12	1431.80	20	22.0	8
北　京	36445.50	3	19.7	6	5890.00	5	-3.8	31
上　海	41902.75	1	3.2	23	17134.21	2	9.0	17
天　津	8448.52	8	-1.4	32	3803.59	12	-1.9	30
重　庆	8158.35	10	2.0	26	5245.32	7	1.5	25
大　连	4792.10	14	12.8	13	2086.70	19	8.0	20
青　岛	9117.20	7	7.4	17	5361.10	6	9.0	17
宁　波	12671.30	4	6.3	18	8230.60	3	8.0	20
深　圳	36737.52	2	3.7	22	21944.80	1	13.9	13
厦　门	9225.59	6	4.0	21	4657.39	10	8.2	19

续表 5

城市	实际使用外商直接投资(亿美元)				城镇居民人均可支配收入(元)			
	2022 年	位次	增速(%)	位次	2022 年	位次	增速(%)	位次
长　沙	**30.99**	**12**	**54.4**	**5**	**65190**	**9**	**4.9**	**5**
郑　州	12	20	-75.3	31	46287	23	2.3	30
太　原	3.05	28	76.9	4	43694	31	5.6	2
合　肥	12.05	19	4.5	16	56177	13	5.6	2
武　汉	20.45	15	2.9	17	58449	12	5.7	1
南　昌	4.17	25	-37.8	29	52622	19	4.3	10
石家庄	2.94	29	51.2	6	44745	28	4.0	14
南　宁	7.49	23	29.5	7	42636	34	3.0	22
成　都	25.9	13			54897	15	4.3	10
西　安	11.73	21	119.5	3	48418	22	3.2	19
贵　阳	2.31	30			46242	25	5.4	4
昆　明	4.77	24	-33.9	28	53832	17	2.5	28
兰　州	0.30	34	-55.3	30	45277	27	4.7	7
乌鲁木齐	0.36	33	-27.6	26	46276	24	0.3	33
西　宁					40197	35	2.4	29
呼和浩特	4.07	26	154.4	2	54616	16	3.0	22
银　川	1.32	32	12.0	12	44392	29	4.7	7
沈　阳	39.20	9	375.1	1	51702	21	2.2	31
长　春	3.13	27	-33.7	27	43240	33	0.1	34
哈尔滨	1.5	31			43981	30	2.9	24
福　州	11.04	22	-5.8	21	55638	14	4.1	12
海　口	20.32	16	-20.8	25	43535	32	-0.2	35
南　京	48.50	8	10.5	13	76643	6	4.1	12
杭　州	78.10	5	-4.4	20	77043	3	3.1	20
广　州	85.40	4	5.7	15	76849	4	3.3	18
济　南	31.40	11	18.0	8	59459	11	3.5	17
北　京	174.10	2	12.7	11	84023	2	3.1	20
上　海	239.56	1	0.4	18	84034	1	1.9	32
天　津	59.50	6	10.4	14	53003	18	2.9	24
重　庆	18.57	18	-16.9	23	45509	26	4.6	9
大　连	20.30	17	16.7	9	51904	20	2.7	26
青　岛	55.10	7	-10.6	22	62584	10	3.9	15
宁　波	37.27	10	13.8	10	76690	5	3.8	16
深　圳	109.7	3	0.1	19	72718	7	2.6	27
厦　门	22.12	14	-18.8	24	70467	8	4.9	5

续表 6

城市	农村居民人均可支配收入(元)				住户存款余额(亿元)(本外币)			
	2022 年	位次	增速(%)	位次	2022 年	位次	增速(%)	位次
长 沙	**40678**	**3**	**6.5**	**8**	**9771.94**	**19**	**17.6**	**20**
郑 州	28237	13	5.4	24	11393.49	15	15.9	24
太 原	22822	21	5.9	17	7761.93	24	18.2	17
合 肥	28727	12	7.0	3	8005.88	23	24.3	4
武 汉	29304	10	7.7	2	14064.63	10	20.9	9
南 昌	24218	18	5.7	21	5790.39	26	21.2	8
石家庄	19834	27	6.2	11	11716.23	14	18.3	15
南 宁	19001	30	6.7	4	5521.82	27	12.7	34
成 都	30931	9	6.2	11	22403.00	6	17.8	18
西 安	18285	32	5.2	25	14505.38	9	20.9	9
贵 阳	21925	24	6.6	7	4664.52	28	15.9	24
昆 明	20722	25	6.2	11	7391.22	25	13.8	32
兰 州	17178	33	6.1	14	4594.79	30	11.9	35
乌鲁木齐	26110	16	5.0	27	4647.52	29	15.4	28
西 宁	15797	34	5.7	21	2204.27	35	16.3	22
呼和浩特	23938	19	6.7	4	3372.46	32	16.6	21
银 川	19349	28	6.5	8	2693.87	33	15.9	24
沈 阳	22352	22	3.2	32	12473.97	12	12.8	33
长 春	18919	31	2.4	34	8839.33	22	14.7	29
哈尔滨	22260	23	3.5	31	9645.70	20	17.8	18
福 州	26826	15	6.4	10	9155.65	21	20.3	11
海 口	20388	26	5.8	19	2566.10	34	14.4	31
南 京	34664	7	6.0	15	13289.68	11	22.7	6
杭 州	45183	2	5.8	19	19814.00	7	25.3	2
广 州	36292	5	5.1	26	26479.87	3	16.3	22
济 南	23844	20	5.6	23	10226.30	18	19.5	14
北 京	34754	6	4.4	28	58621.40	1	20.3	11
上 海	39729	4	3.1	33	52637.59	2	23.4	5
天 津	29018	11	3.8	30	19211.25	8	18.3	15
重 庆	19313	29	6.7	4	25458.85	4	14.5	30
大 连	24759	17	4.2	29	10237.5	17	15.8	27
青 岛	27701	14	6.0	15	10948.24	16	21.3	7
宁 波	45487	1	5.9	17	11749.75	13	25.2	3
深 圳					24610.06	5	19.9	13
厦 门	32323	8	8.1	1	4210.27	31	27.7	1

注:1. 深圳无农村居民。2. 西安、长春为人民币口径。

续表 7

城市	城市居民消费价格指数(上年=100)	
	2022 年	位次
长　　沙	**101.7**	**27**
郑　　州	101.2	34
太　　原	102.1	15
合　　肥	102.4	3
武　　汉	102.3	8
南　　昌	101.8	24
石 家 庄	101.2	34
南　　宁	101.7	27
成　　都	102.4	3
西　　安	102.2	12
贵　　阳	101.9	20
昆　　明	101.7	27
兰　　州	102.3	8
乌鲁木齐	101.6	31
西　　宁	102.5	1
呼和浩特	102.1	15
银　　川	102.0	18
沈　　阳	101.7	27
长　　春	101.9	20
哈 尔 滨	101.9	20
福　　州	102.4	3
海　　口	101.6	31
南　　京	102.2	12
杭　　州	102.4	3
广　　州	102.4	3
济　　南	101.4	33
北　　京	101.8	24
上　　海	102.5	1
天　　津	101.9	20
重　　庆	102.1	15
大　　连	102.2	12
青　　岛	102.0	18
宁　　波	102.3	8
深　　圳	102.3	8
厦　　门	101.8	24

18 国民经济主要指标解释及计算方法

长沙统计年鉴

国民经济主要指标解释及计算方法

1. 地区生产总值 是指按市场价格计算的一个地区所有常住单位在一定时期内生产活动的最终成果。

2. 三次产业 我国国民经济三次产业的划分如下：

第一产业 农、林、牧、渔业（不含农、林、牧、渔服务业）。

第二产业 是指采矿业（不含开采辅助活动），制造业（不含金属制品、机械和设备修理业），电力、热力、燃气及水生产和供应业，建筑业。

第三产业 即服务业是指除第一产业、第二产业以外的其他行业。包括：批发和零售业，交通运输、仓储和邮政业，住宿和餐饮业，信息传输、软件和信息技术服务业，金融业，房地产业，租赁和商务服务业，科学研究和技术服务业，水利、环境和公共设施管理业，居民服务、修理和其他服务业，教育，卫生和社会工作，文化、体育和娱乐业，公共管理、社会保障和社会组织，国际组织，以及农、林、牧、渔业中的农、林、牧、渔服务业，采矿业中的开采辅助活动，制造业中的金属制品、机械和设备修理业。除上述第一、二产业外的其他行业。

3. 增加值 是指常住单位在生产过程中创造的新增价值和固定资产的转移价值。它反映本单位对社会所作的贡献，社会经济各部门（即第一、第二、第三产业）的增加值之和为地区生产总值。

4. 农林牧渔业总产值 是以货币表现的农林牧渔业的全部产品总量和对农林牧渔业生产活动进行的各种支持性服务活动的价值，它反映一定时期内农林牧渔业生产的总规模和总成果。

5. 农用化肥施用量 指报告期内实际用于农业生产的化肥数量，包括氮肥、磷肥、钾肥及复合肥。施用量要求按实物量和折纯量两种方法计算。

6. 工业总产值 是以货币表现的工业企业生产的产品总量，反映一定时期工业生产的总成果和总规模，1995 年第三次全国工业普查，对其计算方法和包括范围均进行了修订。

7. 轻工业 指提供生活消费品和制作手工工具的工业，是为满足人们的吃、穿、用需要的工业，按其所使用的原料不同，可分为两大类：①以农产品为原料的轻工业，是指直接或间接以农产品为基本原料的轻工业；②以非农产品为原料的轻工业，是指以工业品为原料的轻工业。

8. 重工业 是指生产生产资料的工业，为国民经济各部门提供物质技术基础的工业。按其生产和产品用途，可以分为下列三类：①采掘工业，是指对自然资源的开采；②原材料工业，是指提供国民经济各部门使用的原料、动力和燃料的工业；③制造工业，是指对原材料进行加工制造的工业。

9. 能源消费总量 指一定时期内用于生产和生活的各种能源消费量的总和。包括原煤和原油及其制品、天然气、电力的消费量，可分为三部分，即终端能源消费量、能源加工转换量和损失量。它是观察能源消费水平、构成和增长速度的总量指标。

10. 货（客）运量 指运输业实际运送的货物（旅客）数量。货运按吨计算，客运按人计算。货物不论运输距离长短，货物类别，均按实际重量统计；旅客不论行程远近或票价多少，均按一人一次作为客运量统计。

11. 货物（旅客）周转量 指运输业运送的货物（旅客）数量与其相应运输距离的乘积之总和，通常以吨公里和人公里为计算单位。它是反映运输业生产总成果的重要指标。

12. 邮电业务总量 指以货币表现的邮电部门为用户传递信息和提供其他邮电服务的总量。它综合反映了一定时期邮电工作的总成果，是研究邮电业务量构成和发展趋势的重要指标。

13. 建筑业总产值 是以货币表现的建筑业企业在一定时期内生产的建筑业产品和服务的总和。建筑业总产值包括建筑工程产值、安装工程产值和其他产值三部分内容。

14. 固定资产投资额 是以货币表现的在一定期内建造和购置固定资产的工作量以及与此有关的费用的总和。它是反映固定资产投资规模、速度、比例关系的综合性指标。

15. 新增固定资产 是指已经完成建造和购置过程，并以交付生产或使用单位的固定资产价值。它是反映固定资产投资成果的价值量指标。

16. 房屋施工面积 指报告期内施工的全部房屋建筑面积。包括本期新开工的面积、上期跨入本期继续施工的房屋面积、上期停缓建在本期恢复施工的房屋面积、本期竣工的房屋面积以及本期施工后又停缓建的房屋面积。多层建筑应填各层建筑面积之和。

17. 房屋竣工面积 指在报告期内房屋建筑按照设计要求已全部完工，达到住人和使用条件，经验收鉴定合格或达到竣工验收标准，可正式移交使用的各栋房屋建筑面积的总和。

18. 社会消费品零售总额 指各种经济类型的批发零售贸易业、餐饮业和其他行业对城乡居民和社会集团的消费品零售额总和。这个指标反映通过各种商品流通渠道向居民和社会集团供应的生活消费品来满足他们生活需要，是研究人民生活、社会消费品购买力、货币流通等问题的重要指标。居民的消费品零售额:指销售给城乡居民用于生活消费的商品。社会集团的消费品零售额:指销售给机关、团体、部队、学校企业、事业单位和城市街道居民委员会、农村村民委员会用公款购买的用作非生产、非经营使用的消费品。

19. 商品交易市场成交总额 指市场所有摊位商品交易总额之和。

20. 旅游收入 游客(入境游客和国内游客)在旅游过程中(由游客或游客的代表为游客)支付的一切旅游支出就是国家(省、区、市)的旅游收入。旅游支出应包括(过夜)旅游者和一日游游客在整个游程中行、游、住、食、购、娱,以及为亲友、家人购买纪念品、礼品等方面的旅游支出,不包括为商业目的购物、购买房、地、车、船等资本性或交易性的投资、馈赠亲友的现金及给公共机构的捐赠。旅游收入包括国际旅游(外汇)收入和国内旅游收入。

21. 国际旅游(外汇)收入 入境游客在中国(大陆)境内旅行、游览过程中用于交通、参观游览、住宿、餐饮、购物、娱乐等全部花费。

22. 国内旅游收入 指国内游客在国内旅行、游览过程中用于交通、参观游览、住宿、餐饮、购物、娱乐等全部花费。

23. 利用外资 指我国各级政府、部门、企业和其他经济组织通过对外借款、吸收外商直接投资以及用其他方式筹措的境外现汇、设备、技术等。

24. 外商直接投资 指外国企业和经济组织或个人(包括华侨、港澳台胞以及我国在境外注册的企业)按我国有关政策、法规,用现汇、实物、技术等在我国境内开办外商独资企业、与我国境内的企业或经济组织共同举办中外合资经营企业、合作经营企业或合作开发资源的投资(包括外商投资收益的再投资),以及经政府有关部门批准的项目投资总额内企业从境外借入的资金。

25. 外商直接投资实际到位资金 外商直接投资指外国投资者在我国境内通过设立外商投资企业、与中方投资者共同进行合作开发以及设立外国公司分支机构等方式进行投资,包括外国投资者以现金、实物、技术等作为投资,外商投资收益的再投资,以及在批准的项目投资总额内,企业从境外借入的资金。

26. 进出口总额、海关进出口总额 指实际进出我国国境的货物总金额。包括对外贸易实际进出口货物,来料加工装配进出口货物,国家间、联合国及国际组织无偿援助物资和赠送品,华侨、港澳台同胞和外籍华人捐赠品,租赁期满归承租人所有的租赁货物,进料加工进出口货物,边境地方贸易及边境地区小额贸易进出口货物(边民互市贸易除外),中外合资企业、中外合作经营企业、外商独资经营企业进出口货物和公用物品,到、离岸价格在规定限额以上的进出口货样和广告品(无商业价值、无使用价值和免费提供出口的除外),从保税仓库提取在中国境内销售的进口货物,以及其他进出口货物。进出口总额用以观察一个国家在对外贸易方面的总规模。我国规定出口货物按离岸价格统计,进口货物按到岸价格统计。

27. 居民消费价格指数 是综合反映居民所购买各种消费品和生活服务项目价格变动程度的重要经济指标。通常简记为CPI。在居民消费价格指数中分为八大类,即食品、烟酒及用品、衣着、家庭设备用品及维修服务、医疗保健和个人用品、交通和通信、娱乐教育文化用品及服务、居住。

28. 商品零售价格指数 反映市场各种零售商品(不含服务项目)价格变动的指数。它包括销售给居民和社会集团的生活消费品和办公用品价格,还包括餐饮业商品价格。

29. 年末自来水生产能力 指年末城建部门管理的自来水厂和社会单位自备水源的取水、净水、送水、出厂输水干管等环节的实际生产能力。

30. 年末实有铺装道路长度 指除土路外,路面经过铺装宽度在3.5米以上的道路,包括高级、次高级道路和普通道路。

31. 年末实有公共汽车(电车)辆 指年底可参加营运的全部车辆数,包括年底营运的车辆数和库存查封未参加营运的车辆,不包括非营运车辆,如架线车、油罐车、工程车、货车及其他专用车辆和借入的客运车辆。

32. 城市园林绿地面积 指城市专用绿地、生产绿地、防护绿地、郊区风景名胜区等的全部面积。

33. 城市人口 用自来水普及率、用气普及率指城市人口中的非农业人口用自来水,用煤气(包括人工煤气、液化石油气、天然气用气人口)的普及情况。

34. 工业废水排放总量 指经过企业厂区所有排放口排到企业外部的工业废水量。包括生产废水、外排的直接冷却水、超标排放的矿井地下水、与工业废水混排的厂区生活污水。

35. 工业废水排放达标量 指各项指标全部达到国家或地方排放标准的外排工业废水量,包括经过处理后外排达标的和未经处理外排达标的两部分。

36. 工业废气排放总量 指企业燃料燃烧和生产工艺过程中产生的各种排入空气的含有污染物的气体的总量,以标准状态下亿标立方米表示。

37. 工业粉尘排放量 指企业在生产工艺过程中排放的能在空气中悬浮一定时间的固体颗粒物重量。如钢铁企业的耐火材料粉尘、焦化企业的筛焦系统粉尘、烧结机的粉尘、石灰窑的粉尘、建材企业的水泥粉尘等。不包括电厂排入大气的烟尘。

38. 工业粉尘去除量 指企业在生产工艺过程中产生的废气，经过各种废气治理设施处理后，去除的粉尘重量。

39. 工业固体废物产生量 指企业在生产过程中产生的固体状、半固体状和高浓度液体状废弃物的总量，包括危险废物、冶炼废渣、粉煤灰、炉渣、煤矸石、尾矿、放射性废物和其他废物等；不包括矿山开采的剥离废石和掘进废石（煤矸石和呈酸性或碱性的废石除外）。

40. 文化事业机构 指从事专业文化工作和为专业文化工作服务的单独核算、独立建制的单位。不包括文化主管部门直属单位举办的其他行业和各部门的业务文化组织。

41. 艺术表演团体 指从事戏曲、音乐、舞蹈、杂技等专业艺术表演的，有独立账户，实行单独核算的团体。不包括半工半艺、半农半艺的业余剧团。

42. 等级裁判员人数 指经考核正式批准授予等级裁判员称号的人数。裁判员等级分为国际裁判、国家级裁判、一级裁判、二级裁判、三级裁判。

43. 医院 指名称为医院，设有固定床位能收容病人住院并能为病人提供医疗、护理服务的医疗机构。包括综合医院、中医医院、中西医结合医院、民族医院、各类专科医院和护理院，不包括专科疾病防治院、妇幼保健院和疗养院。

44. 卫生技术人员 指卫生事业机构支付工资的全部固定职工和合同制职工中现任职务为卫生技术工作人员。包括执业医师、执业助理医师、注册护士、药师（士）、检验技师、影像技师（士）、卫生监督员和见习医（药、护、技）师（士）等卫生专业人员。不包括从事管理工作的卫生技术人员（如院长、副院长、党委书记等）。

45. 执业医师和执业助理医师 指具有医师执业证书及其“级别”为“执业医师和执业助理医师”且实际从事医疗、预防保健工作的人员，不包括实际从事管理工作的执业医师和执业助理医师。执业医师类别分为临床、中医、口腔和公共卫生。

46. 劳动力资源总数 指在劳动年龄内，具有劳动能力，在正常情况下，可能或实际参加社会劳动的人口数。劳动力资源的范围为：劳动年龄内（16 周岁以上），有劳动能力，实际参加社会劳动和未参加社会劳动的人员。劳动力资源也可划分为：经济活动人口和非经济活动人口。

47. 经济活动人口 指在劳动年龄内，有劳动能力，参加或要求参加社会经济活动的人口，包括从业人员和失业人员。

48. 从业人员 指从事一定社会劳动并取得劳动报酬或经营收入的人员。

49. 失业人员 指在劳动年龄内，有劳动能力，在调查期间无工作并以某种方式正在寻找工作的人员。

50. 在岗职工 指在本单位工作并由单位支付工资的人员。以及有工作岗位，但由于学习、病伤、产假等原因暂未工作，仍由单位支付工资的人员。

51. 从业人员工资总额 指各单位在一定时期内直接支付给本单位全部从业人员的劳动报酬总额。包括计时工资、计件工资、奖金、津贴和补贴、加班加点工资、特殊情况下支付的工资，是在岗职工工资总额、劳务派遣人员工资总额和其他从业人员工资总额之和。

52. 可支配收入

老口径（2012 年及以前年份使用）

城市居民人均可支配收入是指居民家庭可用于最终消费支出和其他非义务性支出以及储蓄的总和，即居民家庭可以用来自由支配的收入。它是家庭总收入扣除交纳的所得税、个人交纳的社会保障支出以及调查户的记账补贴后的收入。

计算公式为：可支配收入 = 家庭总收入 - 交纳的所得税 - 个人交纳的社会保障支出 - 记账补贴

农村居民人均可支配收入指农村住户获得的经过初次分配与再分配后的收入。可支配收入可用于住户的最终消费、非义务性支出以及储蓄。

计算方法：

农村住户可支配收入 = 农村住户总收入 - 家庭经营费用支出 - 税费支出 - 生产性固定资产折旧 - 财产性支出 - 转移性支出

新口径（2013 年因报表制度改革，人均可支配收入按新口径计算）

可支配收入指调查户在调查期内获得的、可用于最终消费支出和储蓄的总和，即调查户可以用来自由支配的收入。可支配收入既包括现金，也包括实物收入。按照收入的来源，可支配收入包含五项，分别为：工资性收入、经营净收入、财产净收入、转移净收入和自有住房折算净租金。计算公式为：

可支配收入 = 工资性收入 + 经营净收入 + 财产净收入 + 转移净收入 + 自有住房折算净租金

其中：经营净收入 = 经营收入 - 经营费用 - 生产性固定资产折旧 - 生产税净额（生产税 - 生产补贴）

财产净收入 = 财产性收入 - 财产性支出

转移净收入 = 转移性收入 - 转移性支出

53. 消费支出 指住户用于满足家庭日常生活消费需要的全部支出，包括用于消费品的支出和用于服务性消费的支出。根据用途不同，消费支出可划分为食品烟酒、衣着、居住、生活用品及服务、交通通信、教育文化娱乐、医疗保健、其他用品及服务八大类。根据来源不同，消费支出可划分为现金消费支出、实物消费支出（含自产自用、来自单位、来自政府和其他社会组织）。

54. 城乡居民储蓄存款年末余额 包括城镇居民储蓄和农民个人储蓄两部分的年末余额。不包括工矿企业、部队、机关团体等集团存款。

55. 单位GDP能耗 指在一定时期内，某地区每创造一万元生产总值（GDP）所耗用的各种能源的总和。目前国家考核的指标是以包含生产和生活的各种能源消费量的总和和形成的GDP之间的总量对比。

56. 单位规模工业增加值能耗 指在一定时期内，某地区规模以上工业企业每创造一万元工业增加值所耗用的各种能源的总和。

57. 当年价格 指报告期的实际价格，如工厂的出厂价格，农产品的收购价格、商业的零售价格等。按当年价格计算，是指一些以货币表现的物量指标，如工农业总产值、国民生产总值等，按照当年的实际价格来计算总量。

58. 不变价格 用某一时期的同类产品的平均价格作为固定价格，来计算各个时期的产品价值。目的是消除各时期价格变动的影响，使产品价值在前后时期之间、地区之间、计划与实际之间具有可比性，中华人民共和国成立以来我国分别使用了1952年、1957年、1970年、1980年、1990年、2000年、2010年、2015年、2020年不变价格。

59. 可比价格 指在不同时期的价值指标对比时，扣除了价格变动的因素，以确切表示物量的变化。

60. 平均每年增长速度 在我国计算平均增长速度有两种方法，一种是习惯上经常使用的“水平法”，又称几何平均法，是以间隔期最后一年的水平同基期水平对比来计算平均每年增长（或下降）速度。另一种是“累计法”，又称代数平均法或方程法，是以间隔期内各年水平的总和同基期水平对比来计算平均每年增长（或下降）速度。

公式为：平均增长速度 = 期次最后一期水平/基期水平 ×100% −100%